다시 보는

미디어와 젠더

여성커뮤니케이션 연구총서 10

다시 보는 미디어와 젠더

Media and Gender

이나영 김명혜 최이숙 나미수 김세은 김훈순 이경숙 한희정 정영희 김수아 지음

이화출판

책머리에

20세기의 많은 사람들이 21세기는 여성의 시대가 될 것이라고 내다봤다. 그런 예견에 걸맞게 대한민국은 최초의 여성 대통령 시대를 맞이했다. 또 다양한 분야에서 여성들이 두각을 드러내고 있으며 각계에서 여풍이 거세다는 뉴스도 접한다.

이러한 현상이 고무적이기는 하지만 성차별, 성폭력, 성희롱 등으로 여전히 고통받고 있는 여성들의 현실을 전적으로 바꾸기에는 아직 역부족이다. 우리 사회의 젠더 의식이 점차 개선되고 있다고는 하지만 뿌리 깊은 가부장 이데올로기는 여성뿐만 아니라 남성들까지 적잖이 억압하고 있다.

이러한 가부장 이데올로기가 만연한 데는 현대인의 사회적 현실 구성을 담당하는 미디어에도 많은 책임이 있다. 미디어의 젠더 재현은 예전에 비해 언뜻 많이 개선된 것처럼 보이지만 여전히 남성 중심적인 시각과 가치관에 많은 영향을 받고 있다. 수용자들은 오랫동안 남성 중심적 시각으로 재현되어 상식화된 미디어 텍스트들을 별 의심 없이 자연스럽게 받아들였다. 이와 같은 남성 중심적 미디어 재현은 남성들이 절대

다수를 차지하고 있는 미디어 생산 조직의 문제이기도 하지만, 잘못된 미디어 텍스트들에 대해 별다른 대응을 하지 않는 수용자들의 무관심과 무감각의 문제라고도 할 수 있다.

이에 미디어의 관행적인 젠더 재현을 비판적으로 읽어내는 미디어 리터러시media literacy가 어느 때보다 더 필요하다. 남성이나 여성 모두가 정당하게 대접을 받으며 행복한 삶을 누리기 위해서는 여성뿐만 아니라 남성들도 미디어 리터러시를 갖출 필요가 있다. 거대화되고 있는 미디어 산업 시스템은 여성과 남성 모두를 이윤 창출의 도구로 이용하고 있기 때문이다.

지금껏 다양한 학회 활동과 더불어 꾸준히 미디어와 젠더에 관련한 총서를 발행해온 한국여성커뮤니케이션학회는 이러한 현실 속에서 학생들이 젠더 재현에 관한 미디어 리터러시를 갖추는 데 도움을 줄 교재의 필요성을 절감했다. 이에 미디어와 젠더를 가르칠 때 꼭 필요한 내용을 다루면서도, 현재의 한국 실정에 적합한 교재를 만들고자 이 책을 기획, 발간하게 되었다. 특히 이 책은 한국여성커뮤니케이션학회 창립 20주년을 맞아 이를 기념하는 저술 사업으로서, 공모를 통해 미디어와 젠더 문제를 꾸준히 연구해온 학회 회원들 중 총 10명의 저자를 선정해 진행되었다.

이 책은 교재로서 제 역할에 충실할 수 있도록, 미디어와 젠더의 핵심적 이론과 지식, 이슈를 제공한다. 각 장 말미에는 같이 생각해보면 좋을 문제를 제시했다. 또 더 읽을 만한 서적과 영상 자료를 소개하는 것으로 학생들의 이해를 돕고자 했다. 교재라는 특성상 논쟁적인 이슈에 대해서는 다양한 학문적 관점으로 심층적으로 접근하는 대신, 학생들이 꼭 알아야 할 개념과 이론, 사실들을 중심으로 서술했다. 더불어 여성 문제뿐만 아니라 남성을 포함한 젠더 문제를 두루 다루자는 공감대를 형성, 남성과 여성을 한데 아우르는 젠더 문제를 여러 장에 걸쳐 소개했다.

▶▶

이 책은 크게 3부로 나뉘어 있다. 1부는 페미니즘 이론과, 한국 여성의 역사에 대해 소개하고 있다. 2부는 미디어 생산과 수용 과정에서 나타나는 젠더 문제를 다루고 있다. 3부는 뉴스, 드라마, 영화, 광고, 오락 프로그램과 사이버 공간 같은 미디어텍스트에서 젠더가 어떻게 재현되고 있는지, 또 문제점은 무엇인지 지적하고 있다.

1장은 미디어와 젠더 문제를 이해하는 데 도움이 되는 이론을 중심으로 구성되었다. 이 장은 여성해방운동의 대두 배경을 간략히 소개하는 것으로 시작해 페미니즘과 미디어 연구의 접점인 제2기 페미니즘의 자유주의, 급진주의, 맑스주의/사회주의 페미니즘의 개념과 연구 성과를 상세히 소개하고 있다. 또한 제2기 페미니즘 이후 등장한 포스트페미니즘, 포스트식민주의, 퀴어 이론과 남성성 연구 등을 소개하고 있다.

2장은 역사 속의 한국 여성들이 미디어 속에서 어떻게 재현되었는지를 살펴봄으로써 대략적인 한국 여성의 역사를 짚어보고자 했다. 고구려 건국의 강력한 조력자인 소서노를 필두로 고려시대, 조선시대, 일제강점기, 해방 이후부터 현재에 이르기까지 미디어에서 재현된 한국 여성들의 모습을 통해 각 시기 한국 여성의 삶과 사회상을 엿보고 있다.

3장은 미디어 조직의 특성과 성별화된 미디어 노동을 다루고 있다.

특히 미디어 조직에서 여성은 비정규직 노동에 종사하고 주변화되어 있음을 구체적인 자료와 함께 제시하고 있다. 또한 조직의 구성에서도 남녀가 수평적, 수직적으로 분할되어 있고 여성은 미디어 조직에서 전통적으로 여성적 영역에 주로 배치되고 있으며 핵심적인 의사결정권을 가지는 위치에 도달하지 못하고 있음을 이야기한다. 이와 같은 현실은 남성 중심적 시각과 관행으로 미디어가 반복 재생산될 수밖에 없음을 보여준다.

4장은 여성 수용자에 대해 기술하고 있다. 그동안 수용 연구는 미디어텍스트 해독에서 수용의 즐거움으로 이행되어왔으며 여성 수용자들도 예외가 아님을 밝히고 있다. 일상생활에서 여성이 미디어를 수용하는 방식은 가정생활과 밀접한 상관관계가 있으며 그 과정에서 성별화된 미디어 수용이 나타난다고 기술하고 있다.

5장은 뉴스가 편파적이고 구성된 현실이라는 문제 제기를 하며 시작한다. 특히 뉴스 속 여성 재현은 여성의 상징적 소멸과 남성적 시각에서의 재현이라는 문제를 안고 있다. 뉴스가 여성을 다루는 방식도 문제인데, 이는 뉴스 생산 조직 구조와도 밀접한 연관이 있으며 뉴스 수용자로서의 여성의 위치와도 상관관계가 있음을 보여주고 있다.

6장은 텔레비전 드라마 속의 여성의 일상을 사랑, 가족, 일이라는 범주 속에서 관찰하고 있다. 이 장은 드라마가 다양한 가부장적 서사 전략을 통해 자연스럽게 가부장적 질서로 편입시키고자 함을 지적하고 있다.

7장은 오락 프로그램과 리얼리티 프로그램에서 여성과 남성이 이용되는 방식에 대해 서술하고 있다. 특히 아이돌의 신체의 가시화를 통해서 신자유주의 체제하의 미디어가 젊은 남성과 여성의 몸을 관음적 대상으로 전시하고 소비하는 방식에 대해 논의하고 있다.

8장은 영화 속의 젠더 재현을 다루고 있는데, 남성 중심적 상업 영화가 여성을 모성, 성적 대상, 팜므 파탈, 괴물/피해자로 재현하는 방식과 이에 대안적으로 여성 영화가 여성을 재현하는 방식을 대비시키고 있다.

9장은 광고 속에서 여성과 남성이 시대적으로 어떻게 재현되어왔는지를 보여주고 있다. 여성은 종종 성적 대상으로 재현되거나 희생적 모성으로 재현되는 현상이 반복되고 있으며 최근 들어서는 남성의 섹슈얼리티도 광고에 공공연히 동원되고 있음을 지적한다.

10장은 PC 통신의 등장과 함께 시작된 사이버 공간에서 여성과 남성이 각각 어떤 활동을 하고 있는지, 또 군가산점제 같은 논란으로 사이버 공간에서 성별화가 어떻게 일어나고 있는지 보여주고 있다.

▶▶

폭발적으로 증가하는 모든 미디어 현상을 다루기에는 총 10장으로 구성된 이 책 한 권이 부족할지도 모른다. 그러나 주요 논점과 시각을 제공함으로써 학생들이 좀 더 비판적으로 미디어를 해독하고 생산 문제에 대해서도 적극 개입할 수 있는 자세를 가질 수 있도록 도움을 주고자 했다. 교육 현장에서 남녀 모두가 적극적으로 젠더 문제를 인식하고 나아가 상대의 입장을 이해하고 소통함으로써 더 나은 사회를 만들어가는 데 이 책이 밑거름이 되기를 바란다.

마지막으로 이 책은 여러 사람의 도움이 있었기에 가능했다. 책이 발간될 수 있도록 교재 발간을 제안하고 물심양면으로 지원을 아끼지 않은 제9대 한국여성커뮤니케이션학회 백미숙 회장에게 감사드린다. 마지막까지 원고 집필에 애써주었던 저자들에게도 감사드린다. 특히 모든 행정적인 일을 도맡아 진행했던 김수아 선생의 노고를 치하하고 싶다. 책의 출간에 대해 여러 가지 구체적인 조언을 아끼지 않은 이화여자대학교출판문화원에도 고마운 마음을 전한다.

저자들을 대표하여

김명혜 씀

차례

1부

이론과 역사

페미니즘과 미디어 이론

1장

이나영

1. 왜 페미니즘인가?

신문, 잡지, TV, 라디오, 영화, mp3, 인터넷, 스마트폰 등은 일상과 밀착되어 있는 미디어 매체이다. 눈부신 기술의 발전 덕분에 우리는 굳이 TV와 라디오를 켜지 않더라도 스마트폰을 통해 최신 뉴스를 보거나 음악을 들으며, SNS를 통해 주류 언론에 조명되지 않는 사건들을 다른 사람들과 공유한다. 미디어는 이제 정보, 오락, 사회화의 가장 강력한 행위자일 뿐만 아니라 우리의 삶이 되었다.

그러나 미디어는 삶의 현실을 가치중립적으로 반영하기보다는 의미와 가치를 둘러싼 투쟁의 장이자 이데올로기적 협상과 경합의 장이다. 미디어 연구는 이러한 투쟁의 장에 대한 관심과 분석, 도전을 의미한다. 미디어가 의미를 생산하는 장이라는 이해는 단순한 소비자를 넘어 미디어에 보다 적극적으로 참여하는 시민으로서의 역할을 고민하게 한다. 그러므로 미디어 연구는 미디어 텍스트에 '대한' 연구를 넘어 미디어 문화, 재현[1] 체계, 생산과 소비의 효과 등에 대한 다면적 분석을 통해 미디어와 긴밀히 연관된 우리의 삶과 사회를 해석하는 도구를 제공해주며 세상을 바꿀 수 있는 가능성을 열어준다.

이 지점에서 미디어 연구는 페미니즘과 만난다. 페미니즘이라는 용어는 1960년대 후반부터 시작된 서구의 제2기 여성해방 운동, 또는 제2의 물결Second Wave의 흐름 속에서 본격적으로 사용되기 시작했다. 당시 페미니즘은 '여성을 위한(여성을 대변하는) 여성에 의한 정치적 행위, 해방의 정치학이자 인식론'으로 이해되었다. 페미니스트들은 여성이 처해 있는 부당한 물적 조건을 변화시키려고 하기 때문에 역사적 주체agent로서 집단 여성이 부당함을 인지하는 것, 변화가 가능하다는 것을 인지하는 것에서 출발한다(Kim & McCann, 2003: 1). 그러나 페미니즘은 젠더 불평등에 관한 이론에 그치지 않는다. 흑인 페미니스트 벨 훅스(hooks, 2000)의 주장처럼 페미니즘은 "성차별주의와 성차별주의에 근거한 착취와 억압을 종식시키려는 운동"으로 인종, 종족 계급, 나이, 섹슈얼리티, 장애 등 다른 형태의 억압의 매트릭스 안에서 지속되고 있는 젠더 불평등과 부정의를 변화시키려는 실천이다. 따라서 페미니즘은 존재론(존재와 실재에 대한 이론)이자 인식론(어떻게 지식이 생산되는가에 대한 이론)이며, 정치학(권력 관계들과 권력에 연관된 실천들)이다(Kim & McCann, 2003: 2).

페미니스트들에게 미디어는 늘 관심의 대상이 되어왔다. 오랫동안 여성은 주류 미디어에서 소외되거나, 부정적이고 비현실적인 모습으로 묘사되어왔기 때문이다. 이를 통해 기존의 성차별주의가 강화되고 정당화되며, 심지어 젠더에 대한 사회적 의미가 (재)구성되어왔다.

1 재현
이 책과 이 장을 통틀어 가장 많이 등장하는 단어이다. 재현representation에 대한 개념은 이론의 발전, 시대적 변화와 함께 '현실을 단순히 반영하거나 묘사하는 것'이라는 사고에서 출발하여 '현실에 대한 사람들의 사고, 가치 체계, 실천 등의 저장고,' '현실에 대한 의미를 새롭게 구성하는 매개체' 이자 '의미 투쟁의 장' 등 다양하게 발전되어왔다.
대표적인 문화연구 학자 스튜어트 홀은 재현이란 "현실에 대한 사고, 가치 체계를 어떻게 의미화하느냐"의 문제라고 정의한 바 있다. 언어는 대표적인 재현 체계라 할 수 있는데, 글자, 소리의 존재 때문이 아니라 우리가 표현하고자 하는 생각, 느낌, 개념을 재현하기 위해 언어의 특정 요소를 사용하기 때문이다.

미디어가 사회적 규범을 구성하는 데 중요한 역할을 한다는 미디어 연구자들의 통찰과 젠더 불평등의 재생산 방식에 대한 페미니스트들의 도전이 바로 이 지점에서 교차한다. 즉, 젠더가 재현되고 협상되며, 구성되고 변화할 수 있는 장으로 미디어를 비판하고 분석하며 개입하는 것이 바로 페미니즘과 미디어 연구가 만나는 이유일 것이다.

그러나 미디어 연구 또한 페미니스트들의 비판에서 자유롭지는 못하다. 오랫동안 주류 미디어 학계는 여성을 배제하거나 무시해왔으며 하나의 사회적 범주로서 젠더를 고려하지 않거나 사소한 것으로 치부해왔기 때문이다. 따라서 페미니스트들은 성차별적인 미디어 매체를 비판하면서 동시에 여성의 위치와 젠더 억압을 충분히 고려하지 않은 학계의 연구 경향에 대해 도전해왔다. 이들은 다양한 방법론과 접근법을 활용하면서 성차별적인 재현 방식, 불평등한 미디어 산업 구조와 노동시장, 여성들의 쾌락과 욕망, 정체성 등을 분석해왔으며 대안적 재현 양식의 생산 가능성을 탐색하고 실천해왔다.

그러나 페미니스트 미디어 학자 로잘린 질(Gill, 2007)의 말처럼 페미니스트 미디어 연구는 다양한 관점과 접근의 복수성으로만 설명할 수 있을 만큼 내적으로 지극히 이질적이다. 페미니즘 자체가 시대적 변화와 함께 다른 의미로 분화, 성상하면서 다양한 이론직 집근이 존재하듯, 미디어 연구 또한 이론적, 분석적 성장을 거듭해왔으며 하나로 정의하기 불가능할 만큼 다양한 내용을 담지하고 있기 때문이다. 이는 미디어의 급속한 변화와 맥을 같이한다.

이 글은 페미니즘의 발달과 분화에 따라 발전해온 여성과 젠더에 관한 이론이 미디어 연구에 개입되는 방식을 중심으로 논의를 전개하고자 한다. 지면의 제약상 서구 여성운동의 역사와 다양한 페미니즘 이론과 방법론을 모두 다루기보다는 미디어 연구와 연관성이 있는 페미니즘 이론을 중심으로 페미니스트 미디어 연구의 발전사를 개괄하는 데 그 목적을 두고자 한다.

2. 제2기 여성해방운동과 미디어 연구의 만남

1) 서구 여성운동의 역사와 배경

페미니스트들에 의한 본격적인 미디어 비판의 역사는 20세기 중후반, 소위 페미니즘 제2의 물결Second Wave의 시기로부터 시작되었다. 당시 여성들은 이전 시기 페미니스트들이 알지 못했던 새로운 도전, 즉 '미디어에 점령당한 세상'(Gill, 2007: 9)과 마주하면서 다양한 대중매체와 젠더 불평등을 연관 짓기 시작했다.

그러나 실제 여성운동을 통한 미디어 비판의 역사는 이보다 훨씬 오래 전인 제1기 여성운동, 제1의 물결First Wave[2] 당시로 거슬러 올라간다. 제1기 여성운동은 공식적으로 강요되던 성차별을 종식시키고 여성의 권리를 향상시키고자 19세기와 20세기 초반 세계 곳곳에서 일어났던 여성운동을 일컫는다. 근대 시민 사상인 보편적 천부인권론과 자유주의 사상에 의해 각성된 많은 여성들이 자연권과 시민권에서 배제된 여성의 권리를 주창했던 운동으로 참정권 운동으로 불리기도 한다. 이러한 물결 속에서 1860년대 영국과 미국의 페미니스트들은 신문과 잡지들이 소위 '신여성'들을 조롱하거나 무시한다고 비판하면서 여성성에 대한 보다 진취적이고 평등한 정의를 요구했다. 이들은 여성의 권리 신장(이중 가장 중요한 것이 선거권이었다)을 위한 정치적 캠페인을 위해 여성들만의 잡지가 필요하다는 데

2 제1의 물결
1960년대 후반부터 등장한 여성운동의 또 다른 경향인 '제2의 물결'Second Wave과 비교하여 전 세계적으로 커다란 영향을 미친 첫 번째 집단적 여성운동이라는 의미에서 후대의 페미니스트들이 고안해낸 개념이다. 여기서는 첫 번째 물결, 제2의 물결이라는 용어를 제1기, 제2기 여성운동이라는 용어와 같이 사용하고자 한다.

메리 울스턴크래프트

당시 페미니스트들에게 사상적으로 가장 영향을 끼친 사람은 아마 영국 출신의 메리 울스턴크래프트Mary Wollstonecraft일 것이다. 근대 페미니즘의 어머니라고 불리는 그는 『여권의 옹호A Vindication of the Rights of Woman』(1751)에서 인간은 동등한 이성과 동등한 권리를 가지고 태어났지만 성별에 따른 불평등한 교육과 편견 체계 아래서 다르게 형성되어간다고 주장하고, 인간으로서 여성의 권리를 요구했다(한정숙, 2012). 여성도 모든 공적 권리와 의무의 주체인 시민이 될 수 있어야 한다는 믿음을 기반으로 여성과 남성의 평등, 생득적 동등권을 지향한 그녀의 이론은 이후 여성 참정권 운동에 지대한 영향을 미쳤으며 자유주의 페미니즘의 기초를 닦았다.

뜻을 같이하기도 했다(Carter & Stiner, 2004: 1).

전 세계적으로 활발했던 제1기 여성운동은 1920년대와 1950년대 사이 서구 대부분의 국가에서 여성 참정권이 실현되자 점차 소멸되었다. 그리고 1960년대가 되자 새로운 거대한 물결이 다가오기 시작했다. 1960년대 서구는 정치적 격변기였다. 상대적인 물질적 풍요로움 속에서도 커져가는 빈부격차와 인종차별로 인해 소수 인종과 시민권의 문제가 사회적 이슈로 떠올랐으며, 신좌파, 흑인 민권운동, 동성애 권리운동, 성 혁명, 반전운동 등이 등장했다. 남성과 비교적 동등하게 자란 젊은 전후 세대 여성들은 남성들과 같은 공간에서 공부하고 의식화되었으며 나란히 바리케이드를 치고 사회적, 정치적 부조리에 맞서 거리에 나섰다. 그러나 투쟁의 경험 속에서 동지인 줄만 알았던 남성들로부터 경험한 성차별과 성폭력은 이들로 하여금 혁명과 변화, 평등과 진보에 대한 사고를 재고하게 했다. 여성들은 점점 자신들이 여성이라는 이유만으로 받게 되는 부당한 대우와 폭력의 경험이 단지 개별적인 것이 아니라 사회 구조적인 문제에 기인한다고 보고 집단 여성의 각성과 여성들끼리의 연대를 지향하게 된다. 여성운동을 상징하는 '개인적인 것이 정치적인 것이다The Personal is Political'[3]라는 슬로건은 이러한 배경에서 탄생했다(이나영, 2009; 배은경, 2012).

3 개인적인 것이 정치적인 것이다
제2기 여성운동 시기 서구에서 대중적으로 사용되었던 구호로, 여성 개인의 경험이 단순히 사사로운 것이 아니라 사회적, 정치적인 구조와 연관되어 있다는 인식에서 출발한다. 예를 들면, 개인이 겪는 사적인 성적 억압의 경험은 우리 사회의 젠더 체계의 결과이며 그렇기 때문에 집단 여성의 공통된 경험이 되기도 한다. 그러므로 이를 해결하기 위해서는 사회적 의제화와 집단적인 행동이 필요하다는 의미에서 '정치적'이다.

당시 페미니스트들이 생각한 가장 중요한 과제 중 하나는 여성 억압의 기원을 체계적으로 밝히면서 설득력 있는 이론을 발전시키는 것이었다. 계급적 이해만으로는 동지가 될 수 없었던 남성들에 대한 불만과 저항은 여성들의 독특한 경험을 설명해줄 고유한 이론을 필요로 했다. 이들은 자본주의가 계급 억압의 근원이라면 여성 억압의 근본적인 원인은 도대체 무엇인가라는 질문에서 이론적 논의를 시작했다.

린다 니콜슨(Nicolson, 1997)에 의하면, 1960년대 말부터 1970년대 서구를 휩쓴 제2기 여성운동은 내용상 크게 두 가지 경향을 가진다고 한다. 하나는 19세기 자유주의 정신을 계승한 일군의 전문직 여성 또는 중산층 전업주부들로 이루어진 여권 운동Women's Rights movement이며, 마르크스주의에 영향을 받고 신좌파 운동에서 성장한 여성들이 주도한 여성해방 운동Women's Liberation Movement이 다른 축을 이룬다. 전자는 여성도 남성과 동등한 인간이라는 믿음에서 출발하여 정치, 경제, 사회, 모든 측면에서 남성과 동등한 권리를 주장했으므로 '평등equality의 페미니즘'이라 불리는 자유주의 페미니즘이다. 후자는 남녀 간에는 본질적으로 차이가 없다는 자유주의 페미니스트들의 주장에 맞서 젠더 차이에 주목했기 때문에 '차이difference의 페미니즘'이라고도 불린다. 차이의 페미니즘은 급진주의, 문화주의, 사회주의 페미니즘, 정신분석학적 페미니즘, 페미니스트 입장론 등을 포괄하는 개념으로 쓰인다. 두 가지 모두 이론적 접근 방식은

보부아르와 젠더 이론의 탄생

1949년 프랑스 파리에서 출간된 시몬느 드 보부아르Simone de Beauvoir의 『제2의 성Le Deuxième Sexe』은 생물학적으로 결정되는 것이 아니라 사회문화적으로 구성된 것으로서 젠더에 대한 새로운 이해를 소개한 것으로, 추후 젠더 논의에 대한 페미니스트들의 선구적 이론화에 기여하게 된다. "여성은 태어나는 것이 아니라 만들어진다One is not born, but rather becomes, a woman"는 그의 주장은 여성과 남성 간의 특정한 생물학적 차이가 사회문화적인 차별로 환원되고 있음에 대한 '선언'이었다(이나영, 2009). 그는 여성성이라는 것이 여성들의 본질이 아니라, 남성을 주체로 여성을 타자로 위치 짓는 방식으로, 사회적으로 만들어지고 강요된 것에 불과하다고 주장한다(배은경, 2012: 297). 보부아르는 성차를 여성에 대한 남성 지배를 정당화 · 안정화시키기 위해 문화, 정치를 통해 역사적으로 특수한 방식으로 정의된 것으로 보았던 것이다. 그는 '완벽한' 남성 '주체'에 대한 변별적 '타자'로서의 여성의 지위에 의문을 던지면서 남성을 기준으로 여성의 열등함, 우월함, 동등함을 증명하던 역사적 관행을 거부하고자 했다. 위계적인 관계 속에서 상대적으로 타자로 위치 지어온 여성이라는 개념을 통해, 보부아르는 여성의 열등함을 증명해온 과학, 생물학, 임상 심리학에 반박하고, 절대적 성차로 인한 열등한 타자로서의 여성, 혹은 평등한 존재이나 본질적으로 다른 존재라는 당대의 관념에 도전했다(이나영, 2009). 여성성에 관한 전통적 이해를 넘어서 성차가 어떻게 사회적 관계와 행위를 통제하는지 폭로했던 보부아르의 통찰은 제2기 여성운동이 본격적으로 시작된 1960년대 후반이 지나서야 젠더 역할(성별 역할)에 대한 급진적인 질문과 분석으로 발전하게 된다.

한편 보부아르의 주요한 기여 중 하나는 문화 속에 젠더가 작동하는 방식에 대한 질문을 던졌다는 점이다. 그는 세상에 대한 재현이 남성들에 의해 남성들의 관점으로 이루어진 것으로 이를 통해 남성들은 절대적 진리를 혼란스럽게 한다고 주장한 바 있다. 문화적 재현에 대한 그의 통찰은 향후 문화적 생산물을 통해 젠더가 재생산되는 방식을 탐구한 페미니스트들에게 많은 영감을 주었다.

다르지만 여성 억압의 원인을 찾고 해결 방안을 모색한다는 점에서 기원론이라 불리기도 한다(Nicholson, 1997). 생식기와 호르몬 등으로 구분되는 타고난 생물학적 섹스와 변별화된 사회문화적 성인 젠더를 강조하고 이론화하는 데 기여했기 때문에, 이분화된 섹스/젠더 시스템을 구축했다고 평가받기도 한다. 이후 젠더는 사회적으로 기대되는 성 역할과 정체성을 넘어 사회적 관계를 구축하는 주요한 제도이자 질서, 또는 불평등한 억압의 축으로 이해되기 시작했다.

이후 1980년대까지 페미니즘은 '관습적'으로 자유주의, 급진주의, 마르크주의와 사회주의(통칭하여 사회주의라 지칭하는 학자들도 있음), 정신분석학 등으로 구분되어왔으며, 1980년대 이후 흑인 페미니즘, 유색 인종 페미니즘, 제3세계 페미니즘, 포스트식민 페미니즘, 포스트모던 페미니즘 등으로 분화되어왔다고 이해된다.

그러나 이러한 유형학은 대체로 후세대 페미니스트들의 편의에 의해 이루어지는 경우가 많으며, 이들이 속한 학제의 특성 및 개별적 정체성과 연관되기도 한다. 사회의 변화에 따라 특정 이론적 사조가 사회적 설명력을 얻거나 잃는 과정과 맞물려 있기도 하다. 실제로 페미니즘'들'은 내용상 배타적이라기보다 상호 관계적이며 중첩적인 경우가 많다. 특정 사회의 조건과 이에 따른 여성들의 위치, 실천의 방향이 현실에서는 늘 복합적이기 때문이다. 그러므로 지나치게 특정 유형학에 매몰되면 페미니즘 내부의 다양성과 상호 연관성을 간과할 뿐만 아니라, 지금도 사회와 더불어 변화하고 있는 다이내믹한 운동과 실천으로서의 페미니즘을 이해하기 어렵게 된다. 무엇보다 기존의 유형학적 틀은 서구 백인 여성의 경험에 기반을 둔 소수 페미니스트들의 사고에 기인한 것으로 여성운동의 역사와 이론을 포괄하기에 협소할 뿐만 아니라 다른 여성들의 경험이 간과될 우려가 있다. 이에 수많은 흑인, 유색 인종, 제3세계 페미니스트들은 세상을 변화시키고자 하는 여성들의 도전과 저항을 비가시화하면서 여성운동의 역사를 식민화하고 있다고 비판해왔던 것이다.

그럼에도 불구하고 필자는 시기별로 서구를 중심으로 페미니즘 이론을 역사화하면서 미디어 연구와의 접점을 소개하고자 한다. 특히 이 장에서는 주로 제2기 여성운동을 주도했던 페미니즘 이론이 미디어 연구에 미친 영향을 중심으로 논의를 전개하고자 한다. 이는 서구 이론에 크게 빚지고 있는 한국의 미디어 연구의 경향으로 인한 기술의 용이함 때문이기도 하지만, 오래된 이론이 단순히 낡은 것, 폐기되어야 할 것이 아니라 복합적인 한국의 상황에서 맥락에 따라 여전히 유효한 설명력을 지닌다는 점을 우회적으로 강조하고 싶기 때문이다.[4]

4 한국사에서 여성의 위치는 이 책의 2장 「미디어 속에 나타난 한국 여성의 역사」를, 한국의 페미니스트 미디어 연구의 역사는 6장 「텔레비전 드라마 속 여성들의 일상: 사랑, 가족, 일」을 각각 참고하기 바란다. 장르별 구체적인 페미니스트 연구 또한 각 장별 본문을 참조하기 바란다.

2) 자유주의 페미니즘: 스테레오타입과 사회화

앞서 지적했듯 자유주의 페미니즘Liberal Feminism의 뿌리는 18~19세기 여성운동에 영향을 준 자유주의 사상에 근거한다. 자유주의 페미니스트들은 남녀 간에는 본질적인 차이가 없다고 믿기 때문에 여성도 법 앞에서 동등하게 취급되어야 한다고 주장한다. 이들이 진단하는 젠더 불평등의 원인은 여성의 사회적 진출을 막는 불평등한 제도와 사회적 편견, 부정적이며 정형화된 이미지, 가정이나 사회에서 다르게 이루어지는 사회화 과정(성별화된 사회화) 때문이다. 그러므로 법률적, 제도적 개혁을 통해 동등한 정치적 권리와 사회적 처우, 교육받고 일할 권리, 재산을 소유할 권리 등을 보장받으면 여성도 남성과 동등한 기량을 발휘할 수 있으며 종국에는 젠더 불평등이 사라질 것이라 주장한다.

자유주의 페미니스트들은 여성에 대한 정형화된 이미지를 생산하는 주요한 장으로 대중매체에 주목하기 시작했다. 이러한 경향은 1960년대 미국 여성운동의 부활을 촉발했다고 평가받는 베티 프리던

Betty Friedan으로부터 출발한다. 여성 잡지의 편집장을 역임했던 베티 프리던은 전 세계적으로 페미니즘의 고전이 된 저서『여성의 신비 The Feminine Mystique』(1963)에서 '행복한 아내'의 이상에 맞설 수 없는 평범한 여성들이 지니는 불안감, 두려움과 좌절을 부추기는 언론을 강하게 비판한 바 있다(van Zoonen, 1994: 11). 20세기 초반에서 중반까지의 여성 잡지를 분석한 그는 1930~1940년대에는 여성의 커리어를 강조하던 신여성 이미지가 지배적이었다면, 1950년대는 자신의 욕망과 야망을 접고 남편과 아이들을 통해 최고의 성취감을 발견하는 '행복한 전업주부' 이미지가 이를 대체했다고 주장했다(Kearney, 2012: 1). 보부아르가 사회적으로 구성되는 젠더의 이론화에 커다란 전환점을 가져왔다면, 프리던은 젠더가 재생산되는 장으로서 미디어의 중요성을 이해했다는 점에서 선구자라 평가할 수 있다.

당대의 또 다른 페미니스트 저메인 그리어Germaine Greer 또한 그의 저서『여성, 거세당하다The Female Eunuch』(1971)에서 대량생산되고 있는 로맨스 소설들이 여성들로 하여금 이성애적 로맨스와 행복이라는 동화 같은 이야기를 사실로 믿게 한다고 분노한 바 있다(van Zoonen, 1994: 11). 한편으로 여성의 재현에 관한 가장 유명한 초창기 연구 중 하나는 대표적인 미국의 여성 단체인 전미여성연합(NOW: National Organization of Women)에 의해 이루어졌다. 18개월 동안 방영된 미국 TV 광고 1,200개를 분석한 이 방대한 연구는 주로 여성들이 남성에게 의존적인 전업주부, 장식품의 역할을 하거나 멍청한 존재로 묘사되고 있음을 확인했으며, 연구자와 활동가들의 만남, 이론과 실천의 결합을 통해 광고에 재현된 성 역할 고정관념을 실증적으로 보여주었다는 점에 의의가 크다(Gill, 2007: 10).

이들 선구자들의 영향과 페미니즘의 이론적 발전에 힘입어 1970년대 후반부터 본격적으로 페미니스트 미디어 연구가 시작되었다. 미국의 학자 게이 터크만(Tuchman, 1978)은 그의 대표적인 연구 "여성의 상징적 전멸Symbolic annihilation of women"에서 미디어가 여성의 존재를 삭제하거나 사소화하면서, 인간성을 근본적으로 부정하고 조롱하며 하나의 캐릭터로 정형화한다고 비판한 바 있다(Carter & Stiner, 2004: 13). 이후 정형화된 이미지stereotypes를 중심으로 대중매체에서 나타난 여성상에 대한 내용 분석content analysis과 성 역할의 사회화에 관한 논의는 페미니스트 미디어 연구에서 가장 활발하게 진행된 연구 분야 중 하나가 되었다.

자유주의 페미니스트들은 주로 '반영 모델reflection model'과 '사회화 모델socialization model'을 근거로 미디어 텍스트의 내용을 분석하고 비판해왔다. 미디어는 사회의 지배적 가치를 반영하지만 실제 미디어에서 여성은 상징적으로 부재하거나 왜곡되어 묘사된다. 더군다나 사회 속 여성들의 역할은 변화하고 있는데, 미디어는 이를 제대로 반영하지 않고 오히려 전통적인 성 역할 개념을 강조하거나 성 차별적인 방식으로 여성들을 재현하고 있다. 문제는 이러한 재현 방식이 어린이들의 젠더 사회화에 영향을 미쳐 왜곡된 여성 이미지와 성 역할을 자연스러운 것, 정상적인 것으로 받아들여 앞으로 일상 속 실천을 통해 재생산할 우려가 있다는 것이다. 따라서 이들이 제시하는 해결책은 대중매체가 여성을 올바르게 묘사할 수 있는 법적, 제도적 장치를 마련하고, 저널리즘이나 방송국에서 일하는 여성들의 지위를 제고할 것이 제시된다. 제작자의 자질이나 대중의 편견에서 비롯된 문제가 많기 때문에 이를 시정할 수만 있다면 문제의 상당 부분이 해결될 수 있을 것이라 믿는 것이다. 시민 단체의 감시와 압력, 대중매체에 여성이 많이 진출하는 것 또한 장기적으로 중요한 해결책으로 제시된다.

자유주의 연구자들이 미디어 연구에 미친 수많은 긍정적인 영향에도 불구하고 몇 가지 측면에서 분명한 한계를 지니고 있다. 우선 '어떻게'라는 질문은 있으나 '왜'라는 질문이 부재하다. 따라서 여성의 표상되는 방식에 대한 답을 주지만 '왜' 특정한 방식으로 여성들이 끊임없이 묘사되어왔는가에 대한 보다 근본적인 질문에는 적절한 답을 제공하지 못한다. 긍정적인 여성 이미지란 결국 남성과 같아지는 것인가? 가정주부가 여성 전사 혹은 전문직 여성이 되는 것이 긍정적인 여성 이미지로 전환되는 것인가? 보다 근본적으로 성별 역할 전도만으로 불평등한 현실이 해결될 수 있을 것인가? 여성이 남성과 동등한 기회를 얻고 '현실적'으로 재현된다면 성 평등한 사회는 보장되는 것인가? 단순히 참여 여성의 숫자만 늘린다고 성차별적 조직 문화와 사회 구조가 바뀌는 것은 아니다. 실제 미디어 산업은 경제적으로 이익이 된다면 '긍정적'인 여성 이미지를 수용하거나 변화하는 여성상을 반영하는 데도 적극적이다. 그러나 이는 잠정적 치료제일 뿐이다.

이들이 '믿을 만한' 결과를 생산한다고 여겨지는 내용 분석을 많이 활용하고 있는 이유는 이 연구 방법이 소위 '객관성'에 대한 전통적 과학에 대한 요구를 충족시킨다고 여겼기 때문이다. 이 또한 기존의 남성 중심의 과학에 저항하지 않고 그 기준을 받아들이고 맞추려는 한계를 잘 보여준다(van Zoonen, 1994: 69). 현실 속의 성차별은 이보다 훨씬 뿌리 깊고 복잡하며 조직적이어서 단순한 수치로 계량화하기 어렵다.

결국 이들 분석의 근본적인 문제는 정치, 경제, 문화적 권력관계에 관한 보다 포괄적인 구조를 간과하고 남성 주체를 바람직한 '인간'

모델로 하는 자유주의적 사고에 기반을 두고 있다는 점이다. 근본적인 구조의 문제, 문화 속에 뿌리 깊은 인식의 문제에 도전하지 못하기 때문에 기존의 이분법적 성 역할을 해체하거나 성차별적 구조를 바꾸는 데까지 나가지 못한다는 점이 자유주의 페미니스트들의 가장 큰 한계이다.

그럼에도 당연하게 여겨졌던 미디어 텍스트의 성차별적 재현 방식과 미디어 제도의 변화를 이끌어, 이전까지 자연스럽다고 느껴졌던 이데올로기에 대한 실질적인 도전의 발판을 마련했다는 점은 결코 폄하되어서는 안 될 자유주의 페미니스트들의 커다란 기여이다. 생물학적 섹스와 사회문화적 성인 젠더 간의 구분을 통해 성별이 자연적으로 주어진 것이 아니라 사회적 구성물임을 인지하게 하여 이후 미디어 연구에서 주요한 분석 요소를 제공한 점 또한 높이 살 만하다.

5 섹슈얼리티
일반적으로 섹슈얼리티는 성적 욕망, 느낌, 환상, 행위를 포괄하는 것으로 우리 사회·문화 속에서 여성과 남성으로서의 성적 정체성을 인지하는 것과 연관된다. 그러므로 섹슈얼리티는 성적 행위에만 한정되는 것이 아니라 감정 및 관계들을 포함하며, 정체성 구성과도 긴밀히 연관된다. 이때, '성적'이라 여겨지는 것은 고정된 것이 아니라 유동적인 것이다. 한 개인에게 성적인 것이 다른 사람에게 역겨운 것이 되거나 정치적인 것이 되기도 하며, 상이한 시공간에 따라 실천 양상뿐만 아니라, 그 의미마저 달라지기 때문이다.

3) 급진주의 페미니즘: 가부장제와 포르노그래피

여성과 남성 간의 차이를 차별화하는 주요 기제로 섹슈얼리티 sexuality[5]의 정치학에 주목한 페미니스트 사조를 폭넓게 지칭하여 급진주의 페미니즘Radical Feminism이라 한다(이나영, 2009). 급진주의 페미니즘은 그 내용상 여러 갈래가 존재하지만 공통점은 여성 억압의 원인을 남녀 간의 성적 차이(섹슈얼리티)에 기인한 것으로 보며 여성에 대한 남성 지배 체제를 가부장제로 이론화했다는 점이다. 자본주의가 계급 억압의 근원이라면 여성 억압의 근원은 그보다 훨씬 뿌리 깊은 가부장제에 기인한다. 강간, 가정폭력, 살해, 성적 착취와 성매매 등을 통해 남성들은 여성에 대한 폭력을 행사하고 통제를 강화하며, 가부장제를 유지하고 재생산한다. 이들이 제시하는 여성 해

가부장제

케이트 밀레트Kate Millet는 『성의 정치학Sexual Politics』(1970)에서 일찍이 베티 프리던이 '이름 없는 문제'라고 불렀던 여성 문제를 '가부장제patriarchy'라고 칭했다. 밀레트는 모든 문화와 사회 전반에 영향을 미치는 심오한 조직 원칙을 가부장제라 이해했으며, 이를 '내적 식민화'라 함으로서 남녀 간의 관계를 정치적 영역의 한 형태라고 개념화한 최초의 페미니스트였다(Gerhard, 2001: 92–93). 또 다른 급진주의 페미니스트 슐라미스 파이어스톤Shulamith Firestone은 『성의 변증법The Dialectic of Sex』(1970)에서 성차별이 계급차별이나 인종차별보다 훨씬 심각하며 비가시적이라고 주장하면서, 남성이 여성을 지배하는 체계를 분석하기 위해 '성 계급sex class'이라는 용어를 제안한다(1997[1970]: 19–26). 이후 많은 페미니스트들이 다양한 방식으로 가부장제를 정의했는데, 통상 여성, 아동을 비롯한 소수자, 약자들을 소수 권력자 남성들이 지배하는 체계라 이해된다. 여기에는 종종 성적 착취와 폭력이 동반된다.

방의 해결책은 다양한데 남성 지배 문화 속에서 여성들을 의식화, 정치화시키는 문화 운동의 필요성을 주장하거나, 자매애를 강조하여 가부장제에서 해방된 여성들만의 연대 체제를 지지하는 분리주의(레즈비언, 문화주의 페미니즘) 운동을 펴기도 하고, 여성의 재생산 능력을 기술적으로 해결하자고 주창하기도 한다.

급진주의 페미니즘은 법적, 제도적 개선만으로 여성 문제가 해결되지 않는다고 보고 보다 근본적이고 구조적인 문제에 관심을 두었으며, 성에 의한 여성 억압을 의제화하여 여성운동의 기폭제 역할을 했다는 데 그 의의가 있다. 구체적으로 출산과 모성, 낙태, 포르노그래피, 성폭력, 가정폭력, 성매매, 동성애 등 섹슈얼리티와 관련된 여성들의 경험을 드러내고 공론화하는 데 성공했으며 이를 해결할 법적, 제도적, 문화적 장치들을 마련하는 데도 기여했다. 특히 문화주의 계열의 페미니스트들은 그동안 비하되었던 여성성을 새롭게 평가하고, 성적자기결정권의 중요성을 인지하는 데 주요한 기여를 했다고 평가받는다.

급진주의 페미니즘에서 미디어 비판의 핵심은 여성을 성적 대상으로 재현하고 여성들의 경험을 억압함으로써 미디어가 가부장제의 요구에 복무한다는 점이다(Dworkin, 1981; van Zoonen, 1994: 27). 이들의 관점에서 보면 영화, TV, 잡지, 비디오, 광고 등 대부분의 대중매체는 여성의 몸을 성애화하고 여성성을 폄하하거나 비하한다. 이처럼 만연한 여성의 성적 대상화는 남성의 욕구와 필요에 언제든 응하는 것이 여성의 역할이라는 메시지를 보내며 남성들의 폭력적 행위를 장려하여 여성의 존엄성을 해치고 가부장제를 재생산한다(Lober, 1999: 66).

특히 포르노그래피는 남성의 성적 쾌락과 만족을 위해 여성을 성적으로 대상화한 가장 극단적인 사례이자 가부장제를 재생산하는 주요한 도구로 이해된다. 안드리아 드워킨Andrea Dworkin, 캐시린 맥키넌Catherine MacKinnon, 캐슬린 배리Kathleen Barry 등 대표적인 급진주의 페미니스트들은 포르노그래피가 여성에 대한 비하이자 폭력이며 이를 조장하는 남성 지배의 도구라고 주장한다. 드워킨(1996)은 포르노가 단순한 언어나 그림이 아니라 여성이 가진 모든 속성을 성애화하고 물상화하기 때문에 "여성에 관한 모든 이데올로기의 근원이 되는 이데올로기"로서 여성 종속에 대한 핵심적 "이론이자 실천"이라고 주장한다. 매키넌(2000) 또한 포르노가 "남녀 차별에 관한 성 이론"이자 여성의 종속과 착취를 조직적으로 실행하는 정치적 실천 행위라고 주장해왔다. 그는 포르노그래피가 종속과 지배의 성애화가 사회적인 성별 구성과 결합된 것으로 단순한 성적 표현물을 넘어 강간, 성매매와 마찬가지로 남성 우위의 섹슈얼리티를 제도화한 것이라 지적했다. "포르노는 이론이고 강간은 실천"이라는 1970년대 페미니스트들의 모토 중 하나는 이러한 맥락에서 나왔다(이나영, 2006a). 이들은 포르노물에 반대하는 캠페인을 벌이면서 반포르노법을 만들고자 했다. 더 포괄적으로는 가부장제 사회의 욕구에 복무하는 가부장적 미디어를 불안정하게 하고 남성 중심적 미디어에 대응하기 위해, 여성의 관점에서 여성들을 위한 여성들에 의한 재현물을 생산하고자 했다.

이들에 대한 비판은 다양한데, 그중 여성을 하나의 단일한 집단으로 상정하여 공통점을 지나치게 강조하고 여성들 내부의 차이를 무시했다는 점이 대표적이다. 또한 여성을 남성에 의한 일방적인 피해자로 보았다는 점, 생물학적 성차sex에 기반을 둔 성별 차이gender를 자연스러운 것으로 받아들이는 본질주의의 혐의 또한 주요 한계로 제기된다. 몰역사적인 가부장제의 개념화로 인해 남성에 의한 여성 지배가 역사적으로 보편적인 구조인 것처럼 상정하여 실질적인 해결의 전망을 불투명하게 한다는 점 또한 논리적 한계라 할 수 있다.

미디어와 연관성에서만 보면, 여성은 성적 피해자이기만 하고 주체적으로 포르노를 즐길 수 없는가? 그렇다면 실제 많은 여성이 성차별적인 미디어를 즐기는 이유는 무엇인가? 남성 중심의 위계질서를 해체하고 자매애로 뭉쳐 여성들만의 평등한 미디어 조직 문화가 과연 가능한 것인가? 이러한 비판적 질문들이 종종 제기된다. 실제 생물학적 여성이라고 해서 젠더 의식을 가지고 있는 것은 아니며, 여성들이 모두 평화롭고 평등한 관계를 본능적으로 지향하지는 않는다. 여성들이 만든 여성주의 재현물들이 일반 관객들에게 호소력을 갖지 않는다는 점 또한 설명되어야 할 딜레마로 드러났다. 무엇보다 미디어 학자들은 급진주의 페미니스트들이 재현과 현실을 동

일시한다고 비판한다.[6]

급진주의 페미니즘은 많은 논란거리를 제공함에도 불구하고 다른 한편으로 미디어 연구와 페미니스트 운동에 가장 많은 영향을 끼친 이론 중 하나로 평가받는다. 그중 남성에 의한 여성 지배를 가부장제로 이론화하고, 섹슈얼리티에 주목했으며 여성이 특정 방식으로 재현되는 원인을 찾으려고 했다는 점은 가장 큰 기여일 것이다.

특히 '폭력의 행위로서 포르노'라는 급진주의 페미니스트들의 정의는 재현의 속성과 사회현실 간의 관계에 대한 질문을 던진다는 점에서 유용하다. 현실과 재현을 구분하지 못하고 동일시한다는 다수의 비판이 완전히 틀린 것은 아니지만, 재현이 여성과 섹슈얼리티에 대한 믿음과 신화가 재구성되는 사회적 실천 방식의 하나라는 사실을 상기시킨다는 점에서 의미가 있다(van Zoonen, 1994: 21). 실제 우리가 재현 양식을 소비하는 것은 단순히 개인적인 쾌락의 차원을 넘어선다. 여성의 몸과 섹슈얼리티에 관한 성별화된 사회문화적 구성 양식과 분리되기 어려우며 이는 개인의 의식과 무의식에 이미 깊숙이 각인되어 있기 때문이다. 그러므로 이들의 주장은, 포르노그래피를 배타적 장르로 다루기보다 여성을 남성 시선의 대상으로 두는 폭넓은 문화적 현상으로 확대시켜 생각해볼 수 있다는 점에서 미디어 연구에 많은 함의를 던진다. 재현과 현실, 사회적 실천의 긴밀한 연관성의 문제는 이후 많은 페미니스트 미디어 학자들에게 주요한 연구 질문이 되었다(van Zoonen, 1994: 27). 또한 여성들만의 문화 공간을 창출해내고 여성들의 경험을 드러내는 표현물들을 창작하고자 했던 이들의 열망은 시공간을 넘어 후세대들의 수많은 실험으로 이어졌고 후일 여성주의 비평, 여성 문화, 여성 영화 등이 발전하는 밑거름이 되었다.

6 도미니크 스트리나티(Strinati, 1995)라는 학자는 급진주의 페미니스트 관점이 다음과 같은 이유에 근거하여 비판받고 있다고 소개한다. 첫째, 미디어와 관객 사이에 하나의 단순하고 직접적인 인과관계는 존재하지 않는다. 둘째, 미디어는 하나의 단일한 방식으로 젠더를 재현하지는 않는다. 셋째, 여성들과 남성들 사이에 미디어 재현에 관한 하나의 이해관계란 존재하지 않는다. 넷째, 이들의 가부장제 개념은 계급과 같은 다른 주요한 권력 구조를 간과한다.

4) 마르크스주의와 사회주의 페미니즘: 자본주의와 이데올로기

칼 마르크스Karl Marx의 역사유물론에 영향을 받은 마르크스주의와 사회주의 페미니즘Marxist Feminism & Socialist Feminism은 공히 자본주의 사회의 경제 구조와 삶의 물질적 측면이 젠더 불평등의 원인이라 지적한다(Lober, 1999: 32). 특히 프리드리히 엥겔스Friedrich Engels의 영향을 받은 마르크스주의 페미니스트들은 생산 양식의 변화와 사유재산 제도의 발전에 따라 계급이 발생하듯 남성이 여성을 지배하는 가족 제도가 발생했다고 보며, 그렇기 때문에 자본주의 체제가 계급 모순과 여성 억압의 원인이라고 주장한다. 사적 소유의 모순은 공사의 분리, 성별 노동 분업, 일부일처제 가족 제도 등을 통해 남녀 간의 지배 체제와 지속적으로 연결된다. 보다 구체적으로 설명하자면, 자본주의 사회에서 여성은 재생산과 가사 노동을 주로 전담하는 것으로 규정되지만 실제 생산 노동에도 참여하는데, 이러한 이중적 역할이 자본주의를 발전시키는 원동력 가운데 하나가 된다는 것이다. 무임금 재생산 노동을 임금 생산노동에 비해 무가치한 것으로 여기는 관행과 여성의 본업이 가정이라는 통념이 결부되어 노동시장에서 여성은 언제든 쓰고 버릴 수 있는 값싼 산업 예비군reserve army of labor으로 취급된다. 결국 자본은 미래의 노동자를 출산하고 양육하는 재생산노동과 저임금 생산노동 모두에 여성을 활용하여 이중의 이득을 보게 된다.

이들의 관점에서 보면 미디어는 자본주의 체제 유지와 계급 재생산에 복무하는 자본가들의 도구이다. 미디어 매체는 중산층 계급 이데올로기를 전파하는 도구로 활용되고 여성 노동자 계급의 현실은 비가시화된다. 또한 여성들의 허위의식을 조장하고 대중문화 소비의 객체로 전락시킨다. 미디어는 자본주의 계급 사회에서 불평등한 지위를 재생산하는 데 복무할 뿐이다. 따라서 연구의 핵심은 미디어 산업 구조나 여성 노동자들의 위상, 또는 텍스트에서 재현되는 계급 이데올로기 등이며, 이를 통해 자본의 논리를 파악하는 것이다.[7] 이들이 생각하기에 젠더 불평등을 근본적으로 해결하기 위해서는 자본주의의 모순을 타파하는 것이 급선무이다. 이 지점이 바로 마르크스주의자들의 미덕이자 한계이기도 하다. 자본주의 체제만 무너지면 성 평등은 자연스럽게 해결되는 것인가? 그렇다면 왜 구舊 사회주의 체제에서도 젠더 불평등은 여전히 존재했으며 노동자 가족 내의 가정폭력, 여성 비하, 가족 내 성별 분업은 왜 지속되었는가?

이에 대한 답을 찾기 위해 사회주의 페미니스트들은 여성 억압의 원인으로 자본주의와 가부장제 모두 문제시하며 계급뿐만 아니라 젠더 요인도 중시한다. 이들은 자본주의 사회가 아닌 사회주의 체제 내에서도 지속되는 여성 억압의 문제, 같은 노동자 집단 내에서 여성 종속과 성폭력의 문제를 설명하기 위해서는 급진주의 페미니스트들의 통찰이 필요하다고 믿는다. 무임금 재생산 노동 담당자로서 가족 내 여성의 종속적 위치와 저임금 노동자로서 여성의 사회적 위치는 서로 긴밀히 연결되어 있으며 가부장제와 자본주의 모두에 이익이 된다는 것이다.

미디어 연구에서 이들의 가장 큰 기여는 젠더와 가부장적 관계의 재생산을 이데올로기와 연관하여 분석할 수 있는 길을 열어주었다는 점이다.[8] 마르크스주의와 사회주의 이론에서 이데올로기는 자본주의 생산 양식이 유지되기 위해 필수적인 조건이 무엇이며 왜 노동자들이 억압에 맞서 싸우지 않는지를 설명하는 데 주요한 개념이다 (van Zoonen, 1994: 23). 마르크스주의는 이데올로기로서 대중문화를

7 이러한 이슈와 연관된 자세한 내용은 이 책의 3장 「성별화된 미디어 조직, 성별화된 미디어 노동」을 참조하기 바란다.

8 여성의 관점에서 대중매체의 이데올로기를 분석하는 대표적 연구자로 안젤라 맥로비Angela McRobbie와 앤 카플란Ann Kaplan 등이 있다.

철저히 계산된 자본의 논리로 파악하고(원용진, 1993: 42) 젠더 개념을 중요하게 수용하지 않는다. 반면 사회주의 페미니스트들은 가족, 학교, 교회, 미디어 등의 이데올로기적 장치는 경제적 조건으로부터 상대적 자율성을 지닌다고 주장한 루이 알튀세르Louis Althusser의 이론을 받아들여 자본으로부터 문화의 상대적 자율성을 인정하면서도 젠더를 이데올로기의 핵심 요소로 이해한다. 특히 안토니오 그람시Antonio Gramsci의 영향으로 지배 이데올로기가 '상식'이 되어가는 과정을 설명하는 헤게모니 이론을 적극 수용한다. 이들이 보기에 미디어는 여성성/남성성, 젠더에 관한 지배 이데올로기를 재생산하는 도구이거나 헤게모니의 중재자이다. 이러한 이데올로기 개념에 기반을 둔 영국의 문화 연구 경향은 사회주의 페미니스트들과 접점을 이루기 때문에 많은 학자들은 이들을 같은 범주에 넣기도 한다.

젠더 불평등의 해결책은 주류 미디어를 개혁하면서도 독립된 페미니스트 미디어를 만드는 이중 전략이 제시된다(van Zoonen, 1991/2013: 29). 경제 구조와 문화적 변혁을 제도적 개선과 동시에 가져가고자 한 이들의 전략은 지금까지 많은 페미니스트들이 지향하는 운동의 방향이 되었다.

사회주의 페미니즘은 그 수많은 미덕에도 불구하고 사회정치적 구조 속에 한정된 일방적 권력 개념을 강조함으로써 물적 조건으로부터 상대적으로 자유로운 담론적 실천으로서의 권력관계를 간과했다는 평가를 받는다. 텍스트의 지배적 의미 분석에만 몰두하여 저항적 해독의 가능성을 상대적으로 간과하고 있다는 비판을 받기도 한다.

그러나 텍스트가 놓인 정치경제학적 측면을 간과하지 않으면서 문화적 측면을 결합시킨 점, 실질적으로 여성들이 처한 경제적 조건, 계급 모순 등을 고려하는 점은 마르크스주의와 사회주의 페미니즘의 공통된 미덕일 것이다. 급진주의의 가부장제 개념을 확대하여 남녀 간의 불평등한 권력관계라 정의하고 이를 대중매체에서 여성과 남성이 재현되는 방식과 그러한 재현 방식에 사람들이 반응하는 방식을 결정하는 데 주요한 요소로 이해한 점은 사회주의 페미니즘의 주요 기여이다(Strinati, 1995: 198). 특히 많은 미디어 연구자들은 사회주의 페미니즘이 정신분석학, 기호학, 구조주의 언어학적 도구를 활용하여 분석의 정교함을 꾀하고 당시 새롭게 등장한 영국의 문화연구cultural studies의 통찰을 근간으로 다양한 논의를 전개했다는 점을 높이 사고 있다. 이들이 수행한 재현 체계 내의 이미지, 기호로서 여성의 의미 연구는 '이미지 자체에 관한 연구'에서 '이미지가 위치하는 재현 체계 내의 맥락에 의해 의미가 생산되는 방식에 관한 연구'로 전환되는 데 크게 기여했다. 따라서 사회주의 페미니즘은 대중매체와 대중문화에 관한 페미니스트 연구의 발전에 전반적으로 크게 기여했다고 평가받는다(Strinati, 1995: 201).

5) 정신분석학적 페미니즘: 시선의 권력과 시네 페미니즘

정신분석학적 페미니즘Psychoanalytic Feminism은 지그문트 프로이트Sigmund Freud[9]를 여성의 관점에서 재해석하기 시작한 1970년대 일단의 서구 페미니스트들의 경향을 지칭한다. 이들은 여성에 대한 남성 지배의 원인이 남성들의 여성에 대한 욕망과 거부라는 양가적인 무의식적 심리적 구조에 기인한다고 보고, 오이디푸스 콤플렉스Oedipus complex[10]를 가부장적 사회 구조와 연결시켰다. 대표적인 사회주의 정신분석학자 낸시 초도로우Nancy Chodorow는 대상관계 이론Object relations theory을 통해 여성성/남성성이라는 성별 정체성 획

9 지그문트 프로이트
19세기 말에서 20세기 초반에 활약한 오스트리아 출신의 정신병리학자로, 정신분석학의 창시자로 잘 알려져 있다. 인류 문명에 끼친 무의식의 존재와 역할에 관한 그의 논의는 물적 조건이 인간의 의식을 구성한다는 마르크스의 이론과 함께 지금까지 모든 학문 분야에 가장 큰 영향을 미친 이론으로 평가받는다.

10 오이디푸스 콤플렉스
그리스 신화 속 인물 오이디푸스에서 딴 말로서 프로이트가 정신분석학에서 사용한 용어이다. 전통적인 정신분석학에서는 남성이 부친을 증오하고 모친에 대해서 품는 무의식적인 성적 애착을 주로 지칭하며 이를 극복하는 과정을 적절한 성별 정체성을 발전시키는 과정과 연결시킨다. 한편, 여자 아이가 부친에 대하여 성적 애착을 가지며 모친에 대하여 증오심을 가지는 성향을 엘렉트라 콤플렉스Electra complex라고 한다.

들을 사회적으로 요구되는 모성(어머니 됨)과 여성에 의한 초기 양육 과정과 연결시킨다. 그의 설명에 따르자면, 남자 아이들은 자라면서 어머니와의 관계를 포기하고 아버지의 세계에 들어가지만 여아는 초기 어머니와의 관계를 지속하면서 성장하게 된다. 양육의 실제적인 전담자인 어머니와 동일시하며 자라는 여아들이 상대적으로 부재한 아버지와 동일시하면서 어머니와의 관계 단절을 겪어야 하는 남아에 비해 타자와의 지속적인 관계성 발전에 훨씬 유리하다는 것이다. 그러므로 여성성은 단순히 페니스 부재, 혹은 부재한 페니스 선망으로 특징지어지지 않는다. 그는 젠더 차이와 가부장제 재생산의 원인이 유아기 성별화된 양육 시스템에 있기 때문에 모성 이데올로기를 극복하고 부부 공동육아를 실천하는 것을 하나의 해결 방안으로 제시한다. 이 같은 주장은 젠더의 재생산과 가부장적 관계를 단순히 심리적 수준이 아니라 사회 구조와 이데올로기적 차원에 위치시켰다는 점에서 의미가 있다(van Zoonen, 1994: 23). 초도로우의 논의는 페미니스트 미디어 연구자들로 하여금 멜로드라마 내의 여성들의 관계와 관객의 수용 방식을 다르게 이해하게 할 여지를 제공했다. 이로써 멜로드라마 내 여성들의 다양한 관계들은 여성의 성장 경험과 여성의 인간관계에 부합하는 것으로 이해될 수 있으며, 여성 관객들은 이를 통해 반가부장적인 의미를 찾을 수 있다는 주장들이 제기되기 시작했다.

한편 프랑스의 철학자 자크 라캉Jacques Lacan과 자크 데리다Jacques Derrida의 영향을 받은 프랑스의 정신분석학 페미니스트들은 소설, 드라마, 영화, 음악 등 문화적 생산물과 거세 공포증에 시달리는 남성 무의식 간의 연관성에 논의의 초점을 맞추었다. 이들은 가부장적 문화의 많은 부분들이 유아기 어머니에 대한 억압된 성적 욕망과,

권력 없는 여성으로부터 차이를 보증하는 상징인 팔루스 상실의 남성적 불안이 반영된 것이라 주장한다(Lober, 1998: 107). 이들은 여성의 감정, 섹슈얼리티와 몸과의 연결성을 조명해줄 수 있는 여성들만의 문화를 창조하는 것이 주요한 저항의 거점이라 제시한다.

프랑스 정신분석학적 페미니즘의 의의는 남성성과 여성성이 (재)생산되는 무의식적 자원을 분석했다는 점과 서구문화에서 남성적 권력의 상징인 팔루스의 지배적 위치를 분명히 했다는 점, 여성적 글쓰기, 여성 중심의 비평 등 여성들만의 특수한 몸적 경험과 섹슈얼리티 경험을 찬양하고 이를 드러내줄 수 있는 문화 생산물을 강조했다는 점이다(Lober, 1998: 103). 그럼에도 서구 부르주아 이성애 핵가족에 기반을 둔 이론이자 서구의 문화적 경향을 보편화하는 이론으로 비판받기도 한다. 무엇보다 여성성과 남성성에 대한 본질론적이며 신체 결정론적 관점의 한계를 내포하고 있다는 평가를 받는다.

정신분석학적 페미니즘은 여성주의 영화와 소위 관객 이론Theory of spectator에 지대한 영향을 미쳤다. 로라 멀비Laura Mulvey는 정신분석학적 관객 이론으로 남성적인 시선gaze의 힘에 관해 논의한 저명한 영화 이론가이다. 대표적인 논문 「Visual Pleasure and Narrative Cinema」(1975)[11]에서 멀비는 프로이트의 관음주의voyerism라는 개념을 빌려 시각적 쾌락으로서의 영화 보기라는 논의를 전개한다. 영화의 관객은 깜깜한 방과 같은 어두운 객석에서 몸을 숨기고 밝은 방을 몰래 훔쳐보듯 영화 화면을 들여다보는데, 이때 관객은 여성을 대상화하는 남성적 시선(여자 주인공의 몸을 훑는 남자 주인공과 카메라의 시선)과 동일시하면서 쾌락을 느끼게 된다. 문제는 할리우드 주류 영화에서 이러한 시각적 쾌락은 '남성-보는 주체, 여성-보이는 대상male looking/female to-be-looked-at-ness'이라는 구조(남녀 간

11 로라 멀비의 글을 자유주의 페미니즘의 전통 안에 포함시키는 관점도 있지만(Kearney, 2012: 9) 이 글에서는 정신분석학적 계보에 포함시키고자 한다. 멀비 논의의 더욱 자세한 내용은 이 책의 8장 「스크린을 통해 본 여성」을 참고하기 바란다.

의 불평등한 권력관계를 반영)에서 나온 것이자 이를 재생산하는 기제라는 점이다(Gamman & Marshment, 1988; Strinati, 1995: 199). 주로 보는 주체이자 이상적 관객으로 남성이 상정되고 남성들을 위한, 남성들에 의한 이미지 생산과정에서부터 불평등한 젠더 관계는 약호화된다. 결론적으로 페미니스트 영화를 활성화함으로써 남성적 쾌락에 저항할 것을 주장한 멀비의 논의는 시네 페미니즘의 확대에 기여했을 뿐만 아니라 주체 구성, 이데올로기에 관한 논의와 결합되어 향후 페미니스트 수용자 분석에 영향을 미쳤다는 점에서 그 의의가 크다.

3. 포스트페미니즘과 미디어 연구의 발전

이상과 같은 페미니즘의 제2의 물결은 내부적인 관점의 차이에도 불구하고 이론적, 실천적으로 많은 성과를 거두었지만 1980년대 이후 새로운 사회적, 정치적 변화에 따라 전환기를 맞이하게 된다. 한편으로는 레이거노믹스와 대처리즘으로 대변되는 신보수주의의 등장으로 이전 시기 페미니스트들의 성과에 대한 반동적 현상이 일어났으며, 다른 한편으로는 수많은 포스트 이론들의 등장으로 이론적 위기와 확장의 기회가 동시에 제공된 것이다. 이에 앤 브룩스(Brooks, 1997/2003)는 1980년대 이후 페미니즘의 조류를 대중적 포스트페미니즘popular postfeminism과 학문적 포스트페미니즘academic postfeminism, 두 가지로 구분한다. 전자는 신자유주의와 정치적 보수주의의 맥락에서 미디어에 의해 추동된 것으로 페미니즘을 지나간 과거로 치부하는 역풍backlash 현상을 지칭하며, 후자는 포스트모더니즘과 포스트구조주의, 포스트식민주의 등과 페미니즘의 이론적 교차에 의해 평등에서 차이, 차이에서 차이들로 진화해온 문화적, 정치적, 이론적 분화를 한 묶음으로 통칭한 것이다(백미숙 · 이종숙, 2011: 170).

한편 질(Gill, 2007)은 포스트페미니즘을 세 가지 차원에서 구분하여 설명한다. 첫째는 제2의 물결과의 인식론적 단절epistemological break로 포스트구조주의, 포스트모더니즘, 포스트식민주의 등 반근본주의적 이론의 영향을 받은 새로운 이론화 경향을 가리킨다. 둘째는 시대적 구분에 따른 페미니즘의 또 다른 역사적 전환을 지칭(제3의 물결이라 불리기도 함)하며, 셋째는 페미니즘과 상반되는 반동적 경향으로서 1980년대와 1990년대 서구에 불어 닥친 페미니즘에 대한 역풍과 깊은 연관이 있다고 설명한다.

이 장에서는 우선 1980년대 이후 페미니즘의 인식론적 전환과 학문적 발전에 초점을 맞추어 미디어 연구에 미친 영향을 논한 후, 결론에서 대중문화를 통해 확산되는 형태의 포스트페미니즘과 이를 둘러싼 쟁점들, 페미니스트들의 도전을 소개하고자 한다.

1) 변화의 배경

페미니즘 내부의 반성과 변화: '차이들'의 페미니즘으로

1980년대와 1990년대를 지나면서 페미니즘은 성차를 기반으로 좁게 정의된 차이의 정치학, 혹은 고정된 특정한 정체성에 기반을 둔 정체성의 정치학을 넘어 '차이들differences'로 초점을 옮겨왔다. 1980년대까지도 개인의 정체성은 변별적 요소들의 조합이라 이해되었지만 젠더의 특권은 여전히 유지되었다. 이에 1980년대 중반부터 페미니스트들은 같은 젠더로서의 공통점 위에 정체성의 다른 요소들(인종, 계급, 섹슈얼리티 등)이 덧붙여지는 것으로 이해되는 부가적 모델additive model을 비판하면서, 성차를 넘어 다양한 억압의 문제, 더 나아가 억압의 축들이 교차하는 지점에서 새롭게 발생하는 문제들에 관심을 가지기 시작했다. 더불어 페미니스트들은 통합되고 다른 것과 분리되어 선구성된 것이라는 근대적 관념에 기댄 여성 주체 개념에 의문을 제기하기 시작했다. 그들은 여성들이 처한 다양한 억압의 양상들과 모순적 위치성에 대한 깨달음에서 나아가, 정체성의 상대적/관계적 측면, 위치성과 상황에 따라 고정되거나 재규정되는 측면, 혼성적hybrid인 모습 등 정체성과 주체에 관한 지속적인 이론화 작업을 발전시켜나갔다. 이러한 변화의 배경에는 포스트모더니즘 혹은 포스트구조주의의 등 외적 영향 이외에도 페미니즘 내부의 자성이 있었다. 외적인 영향의 내용은 다음 절에서 논의하고 여기서는 흑인과 유색 인종 페미니스트들의 내적 비판을 먼저 소개하고자 한다.

미국 내 흑인이 중심이 된 유색 인종 페미니즘Women of Color 또는 흑인 페미니즘Black Feminism은 백인 중심적인 이론과 운동에서 제외되어왔던 흑인 중심의 유색 인종 여성들이 "우리가 과연 누구인가"에 대한 질문을 던지는 것으로 시작되었다. 유색 인종 페미니즘은 1981년 전미여성학회NWSA: National Women's Studies Association에서 공식화된 용어이다(Kim & McCann, 2003: 150). "인종차별주의에 대응하는 여성들Women Respond to Racism"이라는 당시 주제가 말해주듯, 이들은 백인, 이성애, 중산층 중심의 페미니스트들의 인종차별에 대한 무관심, 그로 인한 페미니스트들 간의 차이와 경계 짓기, 유색 인종 여성들의 주변화를 비판했다. 1980년대 초반, 글로리아 안잘듀아와 셰리 모라가Gloria Anzaldúa and Cherríe Moraga의 『This Bridge

Called My Back: Writings by Radical Women of Color』(1981)은 유색 인종 여성들의 경험을 정치화하면서 백인중심주의에 도전한 대표적 저서로, 여성들의 위치성에 근거한 경험을 다양한 서사 방식으로 잘 드러내고 있다(이나영, 2006b).

페미니즘이 제1세계, 백인, 중산층, 이성애 여성 중심의 경험을 일반화, 보편화한다는 흑인과 유색 인종 여성들의 비판은 젠더, 계급, 인종, 민족, 섹슈얼리티 등 정체성의 복수성과 억압의 교차성 intersectionality이라는 측면에서 페미니즘 이론을 확장하고, 포스트구조주의의 주체, 정체성, 진리, 권력과 지식 생산 등에 관한 이론과 접점을 이루는 데 큰 기여를 하게 된다. 이들의 통찰로 인종과 국적에 따른 여성들 간 차이에 대한 이해가 페미니즘 내부에서 의미 있게 진행되어왔다. 또한 미디어 연구에서 계급, 인종, 종족, 민족 등의 문제가 젠더와 함께 탐구되어야 할 주요 요소로 인식되게 하는 데 커다란 영향을 미쳤다.

미디어 연구 경향의 변화

이전 시기 페미니스트 미디어 연구자들은 미디어가 여성성과 젠더에 관한 가부장적 가치를 전달하는 주요 도구이자, 사회 통제 기구로 작용한다고 주장했었다. 또한 그들은 미디어가 여성을 제대로 반영하는 것만큼이나 여성들의 삶의 변화에 긍정적인 역할을 해줄 것을 희망했다. 그러나 페미니스트들의 비판은 일면적이고, 열망은 유토피아적 상상임이 드러났다. 이러한 '실패'는 앞서도 지적했듯 제2기 여성해방 운동을 뒷받침하고 있던 페미니즘의 이론적 한계에도 기인하지만 미디어 이론 자체의 한계와도 무관하지 않다. 미디어를 여성과 여성성에 대한 정형화된 이데올로기적 가치를 전달하는 통제의 주체로 보는 '전이 모델transmission model'이나 재현물이 현실을 리얼하게 반영해야 한다는 사고에 근거한 '현실 반영 이론reality reflection thesis'은 모두 미디어 텍스트의 다중적이며 복합적 의미 생산과정과 내용, 효과를 간과한 것이었다. 특히 과연 무엇이 여성에 대한 현실적인realistic 이미지인가? 이때 현실적이라는 말의 의미는 무엇인가? 무엇보다 여성은 과연 누구인가? 이들은 단일한 집단인가? 이와 같은 질문은 새로운 이론적 과제를 던져주었다.

이제 페미니스트 미디어 연구자들은 젠더를 둘러싼 의미 구성이 이루어지는 투쟁의 장으로 미디어를 재개념화하기 시작했다. 단순히 텍스트 수준에서만 그러한 것이 아니라 생산과 소비(관객과 독자) 등 콘텍스트 수준에서도 일어나는 것으로 이해하기 시작한 것이다. 여기에는 세 가지 차원의 이론적, 현실적 배경이 놓여 있다.

첫째, 젠더 개념의 변화이다. 페미니즘 이론이 차이들의 문제로 진화한 것처럼 미디어 이론에서도 젠더는 이제 더 이상 생물학적 성차를 기반으로 한 성별 구분을 지칭하지 않게 되었다. 반 주넨은 이 시기 미디어 연구자들이 사회구성주의에 영향을 받은 젠더 개념을 받아들이기 시작했다고 지적한다. 여기에는 '분석적 범주로서 젠더'를 주창한 페미니스트 산드라 하딩Sandra Harding의 논의가 대표적이다. 하딩은 젠더가 단순히 생물학적 성차의 결과이거나 개별적 수준이나 문화에 따라 달라지는 변수가 아니라고 지적하고, 젠더를 통해 인간은 사회적 행위를 사고하고 조직한다고 주장했다(Harding, 1986: 17; van Zoonen, 1991/2013: 33-34). 이로써 미디어와 젠더는 사회적 행위와 의미를 구성하는 장으로서 긴밀한 연관 관계를 지니게 되었다.

또 하나 변화의 주요한 배경에는 앞에서 언급했듯이 문화 연구cultural studies의 영향이 있었다. 특히 1980년대는 영국의 문화 연구를 언급하지 않고 미디어 연구를 말하기 어려울 정도로 그 영향은 전반적으로 넓고 깊었다. 문화 연구에는 다양한 접근 방식이 있으나 주된 경향은 공유된 문화가 생산되고 바뀌며 변형되는 과정으로서의 커뮤니케이션이라는 개념 아래, '의미를 둘러싼 투쟁의 장'으로 미디어를 개념화하는 것이다(van Zoonen, 1991/2013: 32). 이에 따라 미디어 텍스트는 필연적으로 다의적이며, 미디어는 미디어 기구, 미디어 텍스트와 관객 사이의 지속적인 협상의 결과물이 된다(Fiske, 1987). 그러므로 미디어는 젠더와 여성성/남성성에 관한 다중적이며 때로는 모순되는 의미를 구축한다. 이러한 개념은 재현의 의미뿐만 아니라 미디어를 통해 전달되는 이미지를 수동적으로 받아들이는 관객이라는 기존 관념 또한 전복한다. 여기에는 특히 관객의 다중적 읽기를 이론화한 스튜어트 홀Stuart Hall의 영향이 크다. 홀은 텍스트가 약호화되는 과정과 해독되는 과정encoding & decoding model을 이론화하면서 해독의 과정에서 관객 혹은 시청자는 '지배적 읽기dominant-hegemonic', '협상적negotiated 읽기', '저항적oppositional 읽기'를 한다고 주장한다. 미디어 연구자인 데이비드 몰리David Morley는 저서 『Nationwide Audience』(1980)에서 민속지학적 방법론을 통해 텔레비전 시청자들의 다양한 해석에 대한 분석을 시도했는데, 홀의 이론을 증명하면서 수용자 연구에 이정표를 세웠다고 평가받는다. 이러한 연구들은 이후 이안 앙Ian Ang, 제니스 레드웨이Janice Radway 같은 학자들의 연구로 이어져 페미니스트 수용자 연구의 발전으로 이어졌다.[12]

마지막으로 1980년대 이후 미디어 연구의 변화를 추동한 중요한 요소로 미디어와 대중의 변화를 간과해서는 안 될 것이다. 가정용 비디오 보급의 확산과 온라인 커뮤니케이션의 등장으로 인한 미디

12 이안 앙Ian Ang은 『Dallas』(1985)에서 텍스트 안에서 다중적 주체 위치의 가능성을 보여주었으며, 제니스 레드웨이Janice Radway는 『Reading Romance』(1984)에서 로맨스 읽기에 여성 독자들이 의미를 부여하는 다양한 방식을 밝혀냈다. 로맨스 소설을 보는 여성들이 단순히 정형화된 여성상을 수동적으로 받아들이지 않고 다중적으로 해석한다는 것이다. 레드웨이의 이 연구는 생산과 유통, 텍스트와 독자 모두를 고려했다는 점에서 미디어 연구와 문화연구사에 주요한 작업으로 여겨진다. 수용자 연구에 관한 자세한 내용은 이 책의 4장 「미디어 수용과 여성」을 참고하기 바란다.

어 지형 자체의 변화와 어린 시절부터 대중매체에 익숙한 대중(관객)의 성장,[13] 다변화된 관객(시청자)층과 이들에게 어필하기 위한 미디어 콘텐츠 변화 등 외부의 주요한 요인들이 미디어 연구의 근본적인 변화를 가져온 것은 분명하다. 그럼에도 다음 절에서는 이 장의 목적에 맞게 이론 자체의 변화와 분화, 접속에 보다 초점을 맞추어 페미니스트 미디어 이론의 발전 양상을 살펴보고자 한다.

13 온라인 커뮤니케이션으로 대변되는 미디어 지형의 변화와 더불어 진행된 미디어 연구 주제의 구체적인 변화 내용에 대해서는 이 책의 10장 「한국 사회의 사이버 공간과 젠더 이슈」를 참조하기 바란다.

2) 변화의 내용: 새로운 이론적 자원들과 미디어 연구의 확장

포스트모더니즘과 포스트구조주의

포스트모더니즘postmodernism과 포스트구조주의poststructualism는 오늘날에도 여전히 논쟁적인 개념이다. 혹자는 특정 스타일에 관한 예술적 운동이라 하고 또 다른 이들은 문화적 경향에 방점을 찍기도 한다. 역사적 시기라고 하거나 인식론적 전환을 강조하는 학자들도 다수이다. 그 의미가 무엇이든 이들이 사상 체계에 폭넓게 미친 가장 주요한 영향은 '중심'에 대한 사고의 전환일 것이다. 서구 백인 남성 중심의 역사, 서구 중심의 선형적 발전(근대화) 담론과 지식 체계, 보편적 주체 개념, 진리와 이성, 과학이라는 개념에 대한 의심에서 출발하는 '포스트'적 인식론은 남/여, 이성/감성, 선/악, 문명/자연, 주체/타자 등의 배타적, 위계적 이분법 구도 위에 구축된 서구 지식, 문명 체계의 구성과 작동 방식 전반에 대한 비판과 병행되었다. 특히 주체에 대비되는 열등한 타자로서 비서구, 소수자, 여성 등의 위치성에 대한 재고는 다양성과 차이뿐만 아니라 권력의 작동 방식에 대해서도 새로운 시각을 제공했다. 또한 선험적 주체와 단일한 정체성 개념에 대한 부정은 인간 주체 구성 양식에 대한 반본질론적 사고로의 전환을 가져왔으며 다중적, 유동적, 상호 관계적이며 구성적, 상호 교차적intersectional 정체성 개념으로 확장되었다.

특히 푸코, 데리다, 라캉의 논의와 느슨하게 연결된 사고 체계라 일컬어지는 포스트구조주의가 페미니스트 미디어 연구에 미친 영향은 너무나 방대하다. 이들 중 프랑스 사상가 미셸 푸코Michel Foucault는 새로운 권력 개념과 감시와 자기 규율(규율 권력)이라는 논의를 통해 향후 미디어, 문화 연구자들에게 가장 많은 영향을 끼친 사상가로 평가받는다.

푸코는 지배자와 피지배자 간의 일방적 관계가 아니라 사회 전반에 작동하는 다양한 관계와 형태의 권력에 관심이 있었다. 원형 감옥인 판옵티콘panopticon은 그의 저서『감시와 처벌』에서 근대 권력을 설명해주는 장치로 활용한 개념이다. 푸코는 각자의 방에 갇힌 죄수들을 한 곳에서 간수가 전방위로 감시할 수 있는 판옵티콘을 통해 근대 '권력은 소유하는 것이 아니라 작용하는 것이며, 억압하는 것이 아니라 생산하는 것'이라는 새로운 권력 행사 방식으로 전환되었음을 보여주었다. 이후 그는『성의 역사』에서 권력 개념을 더욱 확장하여 복종과 지배의 형식, 피지배자와 지배자 간의 일방적인 관계의 권력이 아니라 격자 모양으로 우리 사회 전반에 작동하고 있는 상대적이며 유동적이고 다양한 권력의 형태 및 작동 방식과 그 효과에 주목할 것을 주장한다.

푸코의 원형 감옥이라는 은유와 권력 개념은 특히 미디어가 규율 권력으로 작동하는 방식, 이를 통해 소위 규범화된 여성성이 생산되고 유지되는 방식에 대한 페미니스트 분석에 중요한 기여를 했다. 사회적으로 요구되는 여성성에 맞춰 누가 강제하지 않아도 여성들 스스로가 자신을 규율하고 교정한다. 이러한 논의는 광고나 잡지,

판옵티콘

원래 영국의 공리주의 철학자 제레미 벤담Jeremy Bentham이 제안한 원형 모양의 감옥 건축 양식이다. 벤담은 소수의 감독자가 자신은 노출시키지 않은 채 모든 수용자를 감시할 수 있는 형태의 감옥을 제안하면서, 그리스어로 '모두'를 뜻하는 'pan'과 '본다'를 뜻하는 'opticon'의 합성하여 1791년 처음 이 말을 창안했다. 벤담은 제안서에서 중앙에 높은 하나의 감시탑과 그 주변 둘레에 여러 방을 둔 건물 구조로, '진행되는 모든 상황을 한눈에 파악할 수 있는 능력'을 지녔다는 이 감옥의 본질적인 특징을 한 단어로 표현하기 위해, '판옵티콘'이라 명명했다.

중앙 높은 곳에 위치한 감시탑은 조명을 어둡게 하고 주변 수용자의 방은 밝게 만든 구조를 통해 감독자는 수용된 다수의 모든 사람을 효과적으로 감시할 수 있으며, 수용자는 감독자의 부재를 인식하지 못하기 때문에 감독자가 없는 경우에도 똑같은 감시 효과를 낼 수 있다. 즉, 감시자의 존재는 드러내지 않으면서 끊임없이 수용자를 감시할 수 있는 상태를 유지한다는 것이 그 핵심이 된다.

이러한 형태의 감옥은 실제 감옥 건축 영역보다는 철학적 개념에서 더 많이 논의되어왔다. 공리주의자 벤담은 '최소한의 비용 및 감시로 최대의 효과'를 얻을 수 있는 '판옵티콘'을 이상적인 사회의 축소판으로 인식했다. 독일의 사회학자 막스 베버Max Weber는 판옵티콘의 개념을 감옥과 같은 감시 시설에만 국한하지 않고, 군대의 병영, 병원, 수용소, 학교, 공장 등으로 확대될 수 있다고 보았다.

이러한 판옵티콘의 개념은 전 사회적으로 확장된 감시 국가를 묘사하면서, 절대 권력을 가진 통치자 '빅브라더'가 첨단 감시 장치와 권력을 동원해 사람들의 사생활을 철저히 감시하는 가상 국가로 묘사한 조지 오웰의 소설 『1984』에서 더욱 극대화되었다.

참고: 『시사상식사전』(2013), 박문각

영화, 드라마 등 시각 매체 등에 등장하는 여성 연예인들의 몸매가 이상적 여성미로 비춰지고, 심지어 정상적인 것으로 인지되어 여성들 스스로 자신의 몸을 이러한 기준에 맞추고자 노력하는 현상을 이해할 수 있게 해 준다. 과도하게 말라 보이는 여성들이 대중매체에 등장하는 연예인들의 몸매와 비교하면서 다이어트에 집착하는 것도 이러한 관점에서 해석해볼 수 있다.

그 밖에도 많은 학자들의 이론적 기여가 있으나 이 절에서는 포스트구조주의가 페미니스트 미디어 연구에 미친 영향을 크게 다섯 가지 측면에서 정리해보고자 한다.[14]

첫째, 리얼리즘에 대한 포스트구조주의자들의 비판은 이미 페미니스트들에 의해 진행되어왔던 미디어 비판과 결합되었다. 그리하여 미디어가 세상에 대한 이해와 주체들과 판본들을 구축하듯 젠더 구축에 적극적으로 개입한다는 사실은 더 이상 논란거리가 되지 않는 주장으로 받아들여졌다.

둘째, 미디어 연구가 정체성, 주체성, 욕망에 대한 관심으로 확대되는 데 기여한다. 남성성과 여성성은 고정된 것이 아니라 끊임없이 변화하는 유동적인 담론적 구성물이다. 이러한 인식은 영화 연구에서 어떻게 텍스트가 관객을 위치시키는지에 대한 관심으로, 다른 미디어 연구에서는 '담론적 선회'(젠더와 섹슈얼리티의 담론적 구성에 대한 관심)로 이어졌다.

셋째, 의미에 관한 전통적 개념의 변화가 일어났으며 텍스트의 의미에 관한 논쟁은 더 확대되었다. 이제 의미는 유동적이며 모호하고 모순적인 지속적인 충돌과 경합의 장이라고 이해된다. 그렇다면 의미는 완전히 열려 있는가? 완전히 열려 있다면 어떻게 특정 이미지가 진보적 혹은 성차별적인지 구분할 수 있는가? 이러한 질문이 제기되기 시작했고 이에 대한 답은 여전히 논쟁적이다. 특히 최근에는 여성 공격적인 정형화된 이미지가 오히려 아이러니irony, 패러디parody, 모방pastiche이라는 개념과 연결되어 반어적이거나 심지어 전복적인 의미로 해석되기도 한다. 따라서 성적 이미지에 대한 논쟁은 더욱 격화되는 양상이다.

넷째, '쾌락으로의 전회' 현상이 일어났다. 포스트모더니즘의 영향

14 이러한 구분과 정리에 질(Gill, 2007)의 주장이 큰 영향을 미쳤음을 밝혀 둔다.

으로 고급문화와 대중문화 간의 구분이 사라지고 기존의 예술적, 문학적 정전이라는 것에 대한 급진적 비판이 진행되자, 백인, 남성, 엘리트의 문화적 개념에 의해 향유되고 평가되었던 것들을 민주화하고픈 욕망이 봇물 터지듯 쏟아졌다. 이에 따라 그간 무시되어왔던 여성들이 즐겼던 미디어 텍스트들, 소위 '여성 장르'들에 대한 재평가가 이루어졌다. 성별화된 이데올로기를 발견하기 위해 진행되었던 텍스트 연구가 성별화된 쾌락에 대한 탐구를 위한 것으로 전환된 것이다(Gill, 2007: 15). 물론 이러한 작업에는 텍스트 결정론textual determinism이자 젠더에 관한 본질론적 사고 등 비판의 꼬리표가 붙게 된다. 쾌락은 텍스트에 약호화되어 발견되기 위해 해석을 기다리는 대상인가? 여성 장르, 여성 문화란 도대체 어떤 기준으로 설정된 것인가? 생물학적 여성들이 즐기는 것인가? 이때 여성들 간의 차이는 없는가? 이러한 질문들은 포스트구조주의의 영향으로 재인식된 정체성과 주체, 젠더, 권력 등의 개념 자체와도 모순적으로 충돌한다. 무엇보다 맥락을 고려하지 않는 쾌락에 대한 무비판적 찬양은 경계해야 한다는 페미니스트 내부의 비판적 목소리가 더 가시화되는 결과를 낳기도 했다.

마지막으로 페미니즘 이론이 내부의 흑인, 유색 인종 여성들에 의해 비판받았듯 페미니스트 미디어 연구자들 또한 내부적 비판에 직면한다. 특히 미국으로 대변되는 서구 페미니즘의 진정성과 순수성에 대한 비판은 미국의 패권이 확산되는 시기와 맞물려 더 확대되었다. 서구의 인종차별적 이주 정책, 부시 정권의 중동 정책 등 미국의 반인권적 정책, 제국주의적 패권 확장, 신제국주의를 재생산하는 데 동원되는 미디어 체제와 재현 방식, 신자유주의를 등에 업고 초국적 공룡 기업이 되어가는 미디어 제국들……. 이에 대한 미디어 연구자들의 개입과 비판은 어디에 있는 것인가? 페미니스트 미디어 연구자들의 사회적 역할과 책임에 대한 문제 제기는 어제오늘의 일이 아니지만 이제 문제는 일국을 넘어섰다는 점이다.

포스트식민주의

미디어가 국민국가의 경계를 넘어선 지는 이미 오래되었지만 생산과 유통, 효과, 텍스트와 콘텍스트 등 전반적인 측면에서 학자들이 초국적인 문제에 관심을 보이기 시작한 지는 그리 오래되지 않았다. 여기에는 포스트식민주의postcolonialism 연구자들의 영향이 컸다. 식민지와 식민지 종식 이후 여전히 지속되는 지배와 종속의 권력관계를 비판적으로 탐구하는 포스트식민주의는 신제국주의가 확대되는 방식과 그 부정적인 효과에 관심을 가지며 문화 분석을 넘어 정치경제학적 맥락에 천착한다. 특히 포스트식민주의 페미니스트들은 인종차별주의, 민족주의, 제국주의, 식민주의, 지구화의 문제가 어떻게 젠더를 연결 고리로 얽혀 있는지를 이론화하는 데 기여해왔다. 이들은 식민주의에 근거한 서구 중심적 지식 생산양식을 비판하고, 서구 중심의 지식 체계가 어떻게 소위 '제3세계 여성'이라는 정체성을 재현하고 구성해왔는지 분석하면서 다양한 여성 주체를 새롭게 구성할 실천 방안을 모색해왔다. 식민지 사회의 제국주의에 대한 탈식민의 의지와 저항, 투쟁과 전복 정신을 계승하면서 현재의 전지구적 상황을 여성의 입장에서 비판해왔다.

포스트식민주의 페미니즘은 인종, 계급, 민족이 성별 관계와 연결되어 다양한 지점에서 억압을 생산하고 여성의 삶을 조건화한다는 인식과 변화를 위한 정치적 실천을 유색 인종Women of Color, 제3세계Third World 페미니스트들과 공유한다. 또한 서구 근대의 이성주의, 보편주의, 단일한 주체 개념에 대한 비판, 객관성과 진리, 인식론적 근본주의에 대한 회의, 권력과 지식 생산과의 관계에 대한 비판적 성찰, 경험의 투명성이나 진정성에 대한 회의라는 부분에서는 포스트모더니즘과 같은 견해를 공유한다. 예를 들어 누구의 재현이 지배적인가? 누가 누구를 위해 말하는가? 표기되지 않은 주체가 어떠한 방식으로 표기된 타자를 끊임없이 재현하면서 왜곡하거나 배제시켜왔는가? 이때의 진리는 누구의 진리인가? 이분법적인 주변/중심은 누가 설정하며, 어떻게 해체할 것인가? 이러한 질문과 유사한 문제의식을 상호 공유하고 있는 것이다. 특히 포스트모던 정체성이 제기하는 기호의 가치 중립성neutrality에 대한 문제 의식과 지식 생산에서의 주체와 객체의 분리에 대한 비판은 포스트식민주의 이론의 주요한 근간을 제공했다(이나영, 2006b).

그러나 식민제국의 헤게모니적 권력에 대한 비판, 탈식민을 향한 투쟁과 독립, 주권에 대한 주장, 인권과 개인성에 근거한 자유와 정의, 권리 등의 개념에서 포스트식민주의는 포스트모더니즘의 인식론과 차별화된다. 실제로 식민지 제도와 구조에 대한 "총체적 전복을 꿈꾸는 저항적 식민운동"과, 초국적 자본주의의 확산에 따른 계급의 재편 및 노동자 계급의 재구성에 관한 이론적 근거를 포스트식민주의에 제공한 것은 마르크스주의였다(Young, 2001). 이에 따라 앤 맥클린톡(McClintock, 1996)은 담론적 권력과 제도적 권력, 그리고 양자 간의 관계를 탐구하면서, 정치, 경제, 문화적인 거시적 층위들이 미시적 층위들을 내재하고 있다고 주장한 바 있다. 그는 식민지 담론을 재생산하는 텍스트성뿐만 아니라 텍스트 생산에 근거하고 있는 물적 조건과 맥락을 복합적으로 분석하고 있는 것이다(이나영, 2006b).

이처럼 주체를 규정하는 물적 토대와 텍스트성textuality의 구성성을 동시에 인정하면서도 변화에 대한 믿음을 버리지 않는 정치학으로서의 포스트식민주의 페미니즘이 미디어 연구에 끼친 영향은 유색인종 및 소수자 등의 타자에 대한 재현 방식에 대한 문제 제기에서 미디어 텍스트의 초국적 수용 문제까지 다양하다. 특히 많은 연구자들이 지구화와 식민주의, 제국주의, 신자유주의 등 상대적으로 거대담론과 역사, 구조의 문제를 새삼 고민하게 된 것은 포스트식민주의 이론의 역할이 컸다고 할 것이다. 이로써 미디어 연구에서는 서구 미디어에서 아시아 여성이 재현되는 방식, 즉 로컬 가부장 제도의 절대적 억압과 폭력의 피해자이자 서구 남성들에 의해 구제되어야 할 대상으로 재현되는 경향, 텍스트의 정형화된 재현 양식을 통해 인종적 타자들의 열등함이 재구축되는 방식, 텍스트 안의 인종적 소수자를 바라보는 '우리' 내부의 백인성(식민성) 문제, 서구적 미의 이상형 혹은 서구적 근대성이 다른 국가에서 정상화, 규범화되는 방식, 초국적 산업으로서의 미디어 체계와 지구화 과정을 통해 텍스트가 생산, 유통, 수용되는 방식 등에 이르기까지 다양한 주제들이 다루어져왔다.

엘라 쇼햇Ella Shohat은 영화 분석, 젠더 분석, 탈식민주의 분석을 연결한 최초의 페미니스트 중 한 명이다. 그는 "Gender and the Culture of Empire"에서, 서구 영화에서 성적인 차이sexual differences에 관한 주제를 탐색하면서 제3세계 문화에 대한 재현에서 가부장제와 식민주의가 어떻게 결합되는지 분석한 바 있다. 이 연구는 향후 포스트식민주의 문화 분석의 중요한 이정표가 되었다(Kearney, 2012: 24). 킴벌리 크렌쇼Kimberle W. Crenshaw의 "Beyond Racism and Misogyny" 또한 페미니스트 미디어 연구의 발전에 커다란 기여를 했다. 그는 유색인종 여성에 대한 재현에서 어떻게 인종과 계급

이 젠더와 복잡하게 교차하는지 탐색함으로써 젠더를 중심에 두는 기존의 페미니스트 연구 경향을 넘어 보다 복잡하고 상호 의존적인 주체성의 형태에 관심을 가질 것을 요구한다. 이후 초국적 텍스트와 콘텍스트에서 인종과 민족, 종족의 의미가 젠더와 교차되는 방식에 대한 페미니스트 미디어 연구자들의 관심과 도전은 보다 확대되고 심화되어왔다.

몸 이론과 퀴어 이론, 남성성 연구

1990년이 지나자 젠더 개념에 또 한 번의 변화가 일어난다. 여기에는 크게 두 가지 차원의 이론적 배경이 놓여 있는데, 한편으로는 페미니스트 몸 연구, 다른 한편에는 퀴어 이론의 영향을 들 수 있다.

수잔 보르도Susan Bordo, 엘리자베스 그로츠Elizabeth Grosz 등으로 대표되는 페미니스트 몸 이론가들은 젠더가 단순히 사회문화적으로 구성된 것이라는 주장에 도전하기 시작했다. 그들은 젠더가 각축하는 장으로서의 몸에 주목하여, 여성들은 일상의 의례 행위rituals를 통해 사회적으로 요구되는 젠더를 몸으로 체현한다고 주장한다. 푸코의 영향을 받은 보르도(1993)는 여성의 몸은 여성성이라는 문화적 은유가 작동하는 텍스트이자 사회적 통제의 실질적이고 직접적인 장이라 여긴다. 그로츠(1994) 또한 여성의 몸은 타자에게는 대상인 동시에 주체 위치의 살아 있는 실체라고 주장한다. 몸은 공간성과 시간성에 대한 재현들이 연결되는 곳이자 대상들과 주체가 관계를 맺는 필수조건precondition이 된다.

이들의 통찰은 미디어를 통해 정형화된 여성성을 체화한 유순한docile 몸이 생산되는 방식과 이를 통해 여성성의 의미가 재생산되는 방식뿐만 아니라, 여성들이 몸을 통해 가부장제와 자본주의에 저항하는 방식과 이에 내포된 징후적 의미를 해석할 수 있는 도구를 제공했다는 점에서 큰 의의가 있다.

체현된 몸, 몸적 행위로서의 젠더 개념은 버틀러의 '규율적 테크닉regulatory technique'으로서의 젠더 개념과도 연결된다. 미국의 저명한 페미니스트 사상가 주디스 버틀러Judith Butler는 그의 대표적 저서인 『젠더 트러블Gender Trouble』(1990)을 통해 선험적 정체성이란 애초에 존재하지 않으며 젠더 정체성은 반복적 수행의 결과물이라 주장함으로써 생물학적 섹스에 기반을 둔 성차를 넘어선 규율적 허구regulatory fiction로서의 젠더 개념을 제시했다.

푸코의 섹슈얼리티 이론에 영향을 받은 그는 젠더를 섹스라는 본질이 외연화된 것으로 보는 '표현적expressional' 모델을 거부하고 강제적인 실천을 통해 구성되는 '수행적performative' 모델로 해석한다. 그는 젠더가 자연스럽다고 여겨지는 성별화된 몸을 생산하는 '규제적인 허구'라고 하면서, 섹스가 젠더 역할과 정체성을 생산한다는 기존의 관념을 전복하여 수행성을 통해 사회적으로 (재)구성되는 것이 젠더라고 주장했다. 그러므로 섹스는 이미 언제나 젠더라는 것이다. 이 같은 주장은 그동안 의심받지 않고 받아들여졌던 남자(남성성)/여자(여성성)이라는 이분법과 섹스-젠더-섹슈얼리티(성적 욕망)의 선형적 관계를 해체한다는 점에서 큰 이론적 파장을 불러 일으켰으며, 퀴어 연구Queer Study의 주요한 이론적 자원을 제공했다.

1980년대부터 미국에서 사용되기 시작한 '퀴어queer'라는 용어는 이전 시기의 '게이와 레즈비언'이라는 용어를 대체하기 시작했다. 원래 퀴어는 남색가를 뜻하는 동시에 '이상한 사람', '별난 사람', '특이한 사람' 혹은 '정신병자'를 가리키는 표현인데, 동성애자들 스스로 이를 저항적 용어로 채택하여 '다양하고 일탈적 주체성들의 이론과 정치학'으로 재정의하기 시작했다. 1990년대부터 활발하게 학문적 논의의 장에 들어온 퀴어 이론가들은 기존의 본질주의적 정체성 개념하에 협소한 의미로 정의된 이성애/동성애 구분이 다양한 성적 주체들의 경험을 포괄하지 못한다고 비판하고 게이, 레즈비언, 양성애, 성전환자 등을 포괄하면서 이성애 규범성, 정상성의 헤게모니에 도전하고자 했다. 실질적으로 스트레이트straight 이성애를 제외한 모든 성적 실천의 양식을 퀴어의 범주에 포함시키기 때문에 퀴어는 '정상적이지 않음'과 등치되며, 이성애가 아니라 정상성이 반대항이 된다. 이로써 퀴어 정치학은 정체성들을 나누는 경계를 불안정화하고 비자연화하며 해체하고자 했다. 특히 섹스/젠더 체계에 기반을 둔 기존의 안정적인 성정체성 개념에 대한 비판을 넘어 우리 사회에 정상적 규범으로 통하는 이성애 중심성에 도전하고 배제와 포섭의 이분법적 범주들을 재이론화할 수 있는 장을 제공한 것이 퀴어 이론의 의의이다(성정숙 · 이나영, 2010).

이 같은 영향으로 미디어와 문화 연구, 문학 비평 등에서는 퀴어적 독해, 퀴어하기 등 형용사와 동사형이 유행해왔다. 이성애/동성애의 이분법이 작동하는 방식, 텍스트 안에서 동성애가 억압되거나 상업화되는 방식, 특정한 구도가 지속적으로 이성애 특권을 재구성하고 이성애 규범성을 강화하는 방식 등 퀴어 연구에 영향을 받은 새로운 질문들은 미디어 연구가 확장되는 계기를 제공했다.

한편으로 1990년대 젠더와 미디어 연구는 남성성'들'에 관한 새로운 관심으로 변화되기 시작했다. 이러한 경향은 남성성에 대한 관심과 비판을 수행해온 페미니즘의 직접적인 영향에 힘입은 바 크다. 실제 제2의 물결의 영향으로 서구에서는 1970년대와 1980년대에 이미 '남성학'이라는 이름하에 수많은 강좌가 개설되었고 학회지와 책들이 쏟아져 나오기 시작했으며 남성들의 몸 이미지에 대한 연구들이 진척되어왔다. 초창기 연구들이 문제적 집단으로서 남성(예: 죄수, 노동자, 특정 인종 집단 등)에 대한 연구가 주류였다면 최근의 연구 경향은 보다 다양한 일상생활 속의 남성성들'에 주목하고 있다. 여성학처럼 남성학 연구 분야 또한 다양하지만 미디어 관련 최근의 연구 관심은 첫째, 남성성의 재현 방식, 남성의 몸이 이상화되고 성애화되는 경향, 둘째, 미디어가 구축하는 새로운 형태의 남성성(예: 메트로섹슈얼리티)과 젠더의 변형에 관한 관심, 셋째, 남성성의 위기감을 조성하는 미디어의 역할(Gill, 2007: 32) 등으로 나뉠 수 있다.

이상과 같은 이론적 변화와 개입으로 인해 최근 페미니스트 미디어 연구는 새로운 경향들을 보여주고 있다. 섹슈얼리티와 몸에 대한 관심, 젠더와 교차하는 다양한 정체성들(계급, 섹슈얼리티, 인종, 민족, 나이 등)에 대한 교차적 분석, 남성과 남성성에 관한 관심 증폭, 신자유주의 시장 경제 속에 성별화된 미디어 소비, 포스트페미니즘과 제3의 물결과 연관되는 논쟁, 지구화 과정 속의 텍스트 생산과 소비 등.[15] 이러한 주제의 확대는 미디어 연구가 사회학, 교육학, 법률, 정보과학 등 다양한 학제로 확산되는 경향과 맥을 같이한다. 다음 장에서는 사회적 변화와 함께 새롭게 제기되고 있는 문제들과 페미니스트들이 극복해야 할 과제들을 살펴보고자 한다.

15 이 책의 7장 「텔레비전 오락 프로그램의 리얼리티와 섹슈얼리티」에서 다루고 있는 섹슈얼리티, 몸, 남성성 등에 관한 구체적인 분석 내용을 참고하기 바란다.

4. 새로운 미디어 지형의 변화와 페미니즘의 도전과 과제

1980년대 미국과 영국의 신보수주의 정권의 등장과 더불어 진행되어왔던 사회적 역행과 반페미니즘의 흐름은 미디어의 책략과 점점 보수화되어가는 사회 속에서 더욱 강화되었다. 종교적 근본주의, 가부장적 가족주의, 정형화된 성 역할 강조 등 보수적 이데올로기와 수사학을 통해 미디어는 페미니즘을 반남성, 반가족, 반종교의 상징으로 묘사해왔다. 특히 2000년 이후 한국 사회에서 페미니즘은 신자유주의 시장질서의 확산과 더불어 심화되는 양극화 현상 앞에 사회적 약자들의 쌓여가는 불안과 분노의 배설 대상으로 설정되기까지 했다. 한편으로는 성공과 실패, 모든 것이 개인의 선택과 자유, 책임에 의해 결정되는 듯한 착각 또한 미디어에 의해 광범위하게 유포되어왔다. 실질적인 여성의 사회적 지위 향상과 무관하게 미디어를 통해 유포되는 개별 여성들의 성공 신화는 사회적 집단으로서 여성들이 더 이상 집단 남성의 피해자가 아니며, 사회적 특권을 누리기 어려운 남성들의 박탈감을 확증했다. 이에 사회변화를 향한 집단적 실천의 기반으로서의 페미니즘은 무의미해 보이기까지 한다.

그러나 가능성은 늘 반동의 장에 내포되어 있다. 대중문화는 광범위한 문화 정치의 현장으로 점점 더 주요한 의미 투쟁이 장이 되고 있으며 젊은 여성들은 이전 세대보다 훨씬 더 미디어 환경과 언어에 익숙하다. 이러한 상황에서 페미니스트들은 상업적 미디어 현상으로서의 반동적 포스트페미니즘을 비판적으로만 보고 배척할 것이 아니라, 징후적으로 해석하고 적극적으로 개입하는 전략이 필요하다. 젊은 여성들의 성적 자유와 선택, 대중문화의 적극적 소비 현상을 단순히 자본주의와 가부장제의 수동적 피해자의 틀로 읽거나, 반대로 개별적 자유와 권리를 과잉 해석하거나 찬양하는 이분법은 반드시 극복되어야 한다. 일각에서는 이성애 규범에 충실한 전형적 여성성이 권한 부여라는 새로운 수사학과 만나는 지점에서 생산되는 모순적이지만 긍정적인 의미에 주목하기도 한다.

질(Gill, 2007)은 인식론적 전환 또는 시기적 구분으로서의 포스트페미니즘과 페미니즘에 대한 반동으로서의 포스트페미니즘 경향이 동시에 존재함을 인정하지만, 이중 어느 하나도 21세기 미디어 문화를 설명하는 데 충분하지 않다고 지적한다. 그는 포스트페미니즘을 일종의 '감수성sensibility'으로 이해할 것을 주장하면서, 포스트페미니스트 미디어 문화를 비판적 탐구 대상에 둘 것을 제안한다. 우리가 여성과 젠더에 주목하는 이유는 오늘날 많은 사람들이 포스트페미니스트 미디어 문화 속에 살고 있으며 이 속에서 남성보다 여성이 '이상적 신자유주의적 주체'로 구성되고 있기 때문이다. 그러므로 젠더와 신자유주의 간의 모순적 관계를 탐구하는 것이 연구자들의 과제가 되어야 한다는 것이다. 그는 최근 미디어에서 젠더 재현으로 특징화되는 반복적 주제들(예: 몸적 자산으로서의 여성성, 성애화된 문화, 욕망하는 성적 주체, 소비주의의 강조와 차이의 상품화 등)이 포스트페미니스트 미디어 문화를 특징짓는다고 지적한다. 또 이러한 주제들이 신자유주의에 부합하는 개인주의의 문법에 영향을 받으며, 젠더는 물론이고 인종, 종족, 계급, 나이, 섹슈얼리티와 장애 등 지속되는 배제와 불평등의 문제와 공존하고 있는 방식에 주목할 것을 주장한다.

그러한 질의 지적은 신자유주의 시장경제 체제에서 자유로운 인간의 존재란 가능한 것인가에 대한 질문을 제기한다. 개인의 권한이란 늘 잠정적이고 제한적일 수밖에 없다. 그럼에도 불구하고 변화의 가능성은 늘 바로 그 자유로운 개인(에 대한 희망)으로부터 출발한다. 그러므로 구조와 개인의 관계에 대한 통찰 위에 미디어의 모순적 의미 구성 방식에 대한 교차적 접근intersectional approach이 필요하다. 1980년대 후반부터 페미니스트들이 강조했던 정체성과 억압의 상호 교차성intersectionality이 이제 텍스트와 콘텍스트, 연구 방법과 방법, 담론과 물적 토대, 학제와 이론, 로컬과 글로벌의 교차성으로 확대되어야 함을 의미하는 것이다.

미디어에 매개되지 않는 페미니즘이 존재하기 어려운 현실, 페미니즘 자체가 미디어 담론의 일부가 되어가는 현상 앞에서 이제 연구자의 역할은 '잘못된 재현'을 찾아내는 방식을 넘어 재현이 어떻게 현실을 재구성하는지, 더 나아가 재현(양식)을 통해 현실의 어떤 점을 역설적으로 포착해낼 것인가를 고민하는 것이다. 복잡하고 모순적인 현실만큼 미디어 또한 충돌하는 의미들로 얽혀 있다. 억압과 차별의 양상 또한 복합적이고 상호 교차적이다. 연구자들은 텍스트와 콘텍스트의 복잡한 결들 사이에 숨겨져 있는 현실에 대한 역설과 징후적 진실을 읽어내야 하며, 이를 통해 의미를 변화시킬 수 있는 단초를 제시할 수 있어야 한다. 문화의 의미를 만들고 성별 고정관념을 재생산하는 미디어 문화 속에서 단순한 피해자이거나 자발적 공모자를 넘어서는 생산적인 여성의 위치성 또한 고민되어야 한다.

페미니즘은 지구상의 절반인 생물학적 여성의 사회적, 정치적, 문화적 위치와 처우에 대한 문제 제기에서 출발하지만 이에 그치지 않는다. 지구상의 수많은 페미니스트들, 혹은 페미니즘의 이상을 지지하는 사람들은 젠더, 인종, 민족, 계급, 섹슈얼리티, 나이, 종교, 장애 등의 접점을 통해 지속적으로 (재)구성되는 사회적 타자들의 삶에 관심을 기울여왔다. 그러기에 이론과 실천 사이의 끊임없는 긴장과 논쟁에도 불구하고, 페미니스트 이론의 미덕은 보다 나은 사회를 위한 실천에 있는 것이다.

그러므로 미디어에 대한 비판이 현실 비판과 무관하지 않으며, 이러한 비평이 실천과 재현이 현실과 무관할 수 없다는 믿음은 페미니스트 미디어 연구의 인식론적 출발점이 되어야 한다. 변화는 지금, 바로 여기서, 이 책을 읽고 스마트폰을 들여다보고 있는 당신의 일상적 실천으로부터 시작된다는 사실을 잊어서는 안 될 것이다.

생각해볼 문제

1. 여성학이나 페미니즘, 페미니스트에 대해 평상시 가지고 있던 생각들을 나누어보자. 특히 최근 보수적인 미디어 매체에서 페미니즘에 대해 묘사해온 방식이 어떤지 구체적으로 이야기해보자. 페미니즘이 젠더, 계급, 인종, 민족, 섹슈얼리티 등 다양한 억압과 착취를 기반으로 한 사회부정의에 저항하는 이론이자 운동이라면, 왜 일부 집단은 여전히 페미니즘이 남녀 간의 대립을 조장하고 남성의 역차별을 가져온다고 주장할까? 이에 대한 원인과 해결책은 무엇인지 토론해보자.

2. 왜 페미니스트들은 미디어와 재현의 문제에 관심을 가지게 되었을까? 그 이유와 이론적 전개 과정을 상기해보자. 미디어와 젠더 이슈가 현실의 대한민국 사회에서 중요한 이유에 대해서도 구체적인 예를 들어 함께 토론해보자.

3. 매일 아침 일어나 거울 속의 내 몸을 보는 나는 누구인가? 누구의 시선과 기준으로 나를 보는가? 나를 보는 나의 시선은 진정 나의 것인가? 이 질문들을 나날이 증가하는 리얼리티 쇼의 다이어트 프로그램과 연관하여 생각해보자. 좀 더 구체적으로, 특정 프로그램 하나를 선택하여 푸코의 원형감옥과 남성 간수, 자기 규율과 훈육의 개념과 연관시켜 분석해보자.

4. 2012년 대한민국을 떠들썩하게 했던 '나꼼수와 비키니 사건'이 무엇인지 알아보자. 당시 이를 둘러싼 논란은 욕망의 민주화와 성적 대상화, 자율적 성적 주체로서의 개인과 신자유주의와 가부장제가 여전히 견고한 구조 간 관계에 대해 새로운 쟁점을 던졌다. 이와 연관하여, 전반적으로 성애화된 문화가 확장되고 몸이 자본이 되는 현실에서 노출과 성적 대상화 문제를 우리는 어떻게 해석해볼 수 있는가?

더 읽을거리

김주현(2009). 『외모가꾸기 미학과 페미니즘』. 책세상.

권혁범(2006). 『여성주의, 남성을 살리다』. 또하나의문화.

벨 훅스(2000). 『행복한 페미니즘』. 박정애 옮김(2002). 큰나.

(사)한국여성연구소(2007). 『새 여성학 강의』. 동녘.

앤 브룩스(1997). 『포스트페미니즘과 문화이론』. 김명혜 옮김(2003). 한나래.

이재경 외(2007). 『여성학』. 미래M&B.

한국성폭력상담소(2006). 『섹슈얼리티 강의, 두 번째』. 동녘.

더 볼거리

〈여섯 개의 시선〉, 임순례, 박찬욱, 여균동 외 3인 감독, 한국, 2003.

: 국가인권위원회가 기획/제작한 옴니버스 영화. 여섯 명의 감독이 외모중심주의, 성희롱, 외국인 노동자 등에 관해 다루었다.

〈다섯 개의 시선〉, 김동완, 류승완 외 3인 감독, 한국, 2006.

: 2003년에 이어 국가인권위원회가 기획/제작한 옴니버스 영화로, 다섯 명의 감독이 참여했다. 탈북 청소년, 장애인, 비정규직, 중국동포 등 사회적 약자, 소수자에 대한 사회적 무관심과 일상화된 차별 문제를 다뤘다.

〈안토니아스 라인Antonia's Line〉, 마를렌 고리스 감독, 벨기에 · 네델란드 · 영국, 1995.

〈델마와 루이스Thelma & Louise〉, 리들리 스콧 감독, 미국, 1991.

〈지식채널 e〉(http://home.ebs.co.kr/jisike/main.jsp), EBS.

– '이방인(260)', 2007년 3월 19일 방영.

– 'S라인의 탄생', 2012년 7월 2일 방영.

– '(   )(701)', 2011년 1월 31일 방영.

– '조세핀 베이커(741)', 2011년 6월 20일 방영.

미디어 속에 나타난 한국 여성의 역사

2장

김명혜

세계사 속에서 여성의 역사는 그동안 덜 알려지고 미미하게 기술되어왔다. 우리나라도 예외는 아니어서 한국사의 주인공들은 대부분 남성이었다. 하지만 이제부터라도 우리나라의 실제 역사에서 절반을 차지해왔던 여성들에 대한 족적을 열심히 발굴하고 기술하여 좀 더 균형 잡힌 역사적 관점을 가질 필요가 있다. 또한 한국 역사 속의 여성들의 자취를 살펴봄으로써 여성의 존재가 항상적이거나 고정된 것이 아니라 사회적, 역사적으로 구성되어왔음을 인식할 필요도 있다. 이를 통해 좀 더 바람직한 미래의 여성상을 그려볼 수 있을 것이다. 이 장에서는 각종 미디어 특히 드라마와 영화 등에서 등장했던 한국 여성 인물들을 살펴보고 그들의 활약을 통해서 각 시대의 여성의 지위와 사회상 등을 이해해보고자 한다. 이 장에서 소개하는 지극히 제한적인 몇 명의 여성들이 그동안 이 땅에서 살아왔던 수많은 한국 여성들을 대표한다고는 할 수 없다. 하지만 이들을 통해서

1 이 장을 읽을 때 유념할 것은 미디어는 역사적 사실을 있는 그대로 반영하는 것이 아니라 관객의 취향이나 시대적 정서, 또는 정치적 목적에 따라 역사적 사실을 축소, 변형, 왜곡, 극화한다는 사실이다. 따라서 드라마나 영화, 책 등을 볼 때 극화된 내용이 역사적인 사실과 얼마나 일치하는지를 점검하는 미디어 리터러시media literacy가 필요하다.

각 시대적 상황과 젠더 역학을 엿볼 수 있을 것이다. 이러한 과정을 통해 보다 나은 한국 여성의 미래를 그려보는 것이 이 장의 목적이다.[1]

1. 건국의 조력자와 통치자로서의 고대 여성

수많은 고대 여성들의 삶은 기록이 별로 없는 탓에 베일에 싸여 있다. 대다수의 고대 여성들은 여기에 소개되는 여성들처럼 사회적 지위도 높지 않고 권력도 많이 없었을 것이다. 하지만 기록이 남아 있는 이 시기의 몇몇 여성들은 미디어를 통해 나라를 건국하는 데 공을 세우고 통치의 주체로서 당당하게 재현되고 있다.

우선 고구려와 백제 건국에 많은 공을 세웠던 여장부 소서노를 소개하고자 한다. 소서노는 졸본부여와 연타발의 둘째딸이었는데 주몽을 도와 고구려 건국에 공을 세웠다. 소서노는 단재 신채호 선생이 『조선상고사』에서 백제의 시조 소서노 여대왕이라 칭할 정도로 정치적 수완이나 지도력이 뛰어난 여성이었다. 소서노는 일찍 결혼하여 과부가 된 인물로, 젊은 청년이었던 주몽의 능력과 패기를 알아보고 그와 결혼했다. 드라마 〈주몽〉에서도 소서노는 지혜롭고 당찬 여성으로 말을 타고 부하 남성들을 이끄는 모습을 보인다.

고려시대 김부식이 쓴 『삼국사기』에 의하면 주몽과 소서노가 처음 만날 때 소서노는 37세, 주몽은 22세로 소서노는 권력과 부를 지니고 있었고 주몽은 금와왕의 아들들을 피해 도망 다니고 있었다. 주몽의 사람됨을 알아본 소서노와 그녀의 아버지 연타발은 두 사람의 결혼을 추진한다. 하지만 고구려를 건국한 주몽에게 첫 부인인 예씨

부인과 아들 유리가 찾아오자, 소서노는 이들과 맞서기보다는 두 아들 비류와 온조를 데리고 남쪽으로 이동하여 백제를 세운다. 온조는 소서노가 61세에 세상을 떠나자 국모가 죽어 나라가 흉흉하다는 이유로 천도를 하기도 했다.

우리 역사에서 주몽에 대한 기록은 많지만 주몽만큼 고구려 건국에서 중요한 위치를 차지하고 있으며 백제 건국에도 결정적 기여를 했던 소서노에 대한 기록은 상대적으로 미미하다. 하지만 드라마 〈주몽〉은 소서노를 현대 여성들이 닮고 싶어 하는 당차고 지략과 지도력이 있는 여성으로 재탄생시켰다.

고대 국가의 역사에서 여성은 매우 중요한 역할을 많이 담당했다. 금관가야를 건국한 김수로와 결혼한 허황옥도 그중 한 명이다. 허황옥은 인도 아유타국 출신[2]으로 먼 바닷길을 건너와 김수로와 결혼하여 10남 2녀를 낳았다. 그녀가 낳은 자식 중 10명은 남편의 성을 이어받아 김해 김씨가 되었고 2명은 자신의 성을 물려받아 김해 허씨의 시조가 되었다. 이렇게 허황옥은 국제결혼의 선구자이자 자신의 성을 물려주는 것으로 남녀 평등의식을 보여주었다. 또 아유타국의 선진 철기문명을 금관가야에 소개하기도 했다. 가락국으로 이주 당시 아유타국의 선진 철기 문명을 전파했다고 한다. 드라마 〈김수로〉에서는 허황옥이 아유타국 출신임을 나타내기 위해 인도 고유의 의상을 입은 모습을 선보였다. 『삼국유사』에는 왕비가 죽자 '온 나라 사람들은 땅이 꺼진 듯이 슬퍼하여 구지봉 동북 언덕에 장사하고, 왕후가 백성들을 자식처럼 사랑하던 은혜를 잊지 않으려고' 그녀와 연관이 있는 장소들에 새로운 이름들을 지어 붙였다는 기록이 있다. 이는 그녀가 비록 바다를 건너온 타국의 공주였지만 평소 백성들을 자식처럼 사랑하고 아끼는 진정한 '국모國母'로서 자질을 지녔음을

2 허황옥이 실제로 인도에서 왔는지 그 여부에 대해서는 논란이 있다. 허황옥이 가야에 왔다고 기록된 서기 48년에는 아직 그만큼의 항해술이 발달하지 않았기 때문이다. 허황옥 능에는 보주태후 허씨능이라고 적혀 있는데 이는 아유타국이 멸망하여 중국 보주 지역으로 도피했고 그곳에서도 곤란을 당하자 가야로 이주했기 때문이라고 한다. 어떤 것이 사실인지는 확실치 않으나 중요한 것은 허황옥이 가야인이 아니었으며 우수한 철기 문화를 소개한 인물이라는 것이다. 허황옥은 현재 늘어나고 있는 국제결혼의 선구자로서 남녀평등을 실천한 인물로 여겨진다.

보여준다.

드라마 〈선덕여왕〉에서는 여성이면서 강력한 리더십을 보인 두 여성, 선덕여왕과 미실을 등장시켰다. 미실은 선덕여왕과 권력을 다투는 인물로 그려지지만 실제로 미실과 선덕여왕이 같은 시기에 활동하지는 않은 것으로 알려져 있다. 드라마에서 미실은 뭇 남성들을 진두지휘하며 냉혹한 카리스마를 지닌 여걸로 그려지고 있다.

미실의 존재는 1989년에 등장했던 『화랑세기』 필사본에 의해 알려졌다. 『화랑세기』는 신라시대의 학자 김대문이 화랑 제도에 대해 쓴 책인데 조선시대 이후 소실된 것으로 알려져 있다. 필사본에 의하면 548년경에 태어난 미실은 신라시대의 독특한 성문화를 보여주는 인물이었다. 미실은 대대로 색공양을 하는 집안에서 태어나 신라 왕족들에게 색공양을 했다. 미실은 자신만의 매력을 무기로 하여 신라왕 세 명, 왕족, 화랑 등과 관계를 맺었으며 자신에게서 멀어진 왕을 폐위시킬 정도로 막강한 권력을 행사했다. 미실은 여성이지만 원화가 되어 많은 화랑들을 거느리기도 했다. 미실의 이와 같은 행적은 성적 문란함의 징표라기보다는 신라시대의 고유한 성문화로 이해해야 할 것이다.

신라시대 세 명의 여왕 중에서 가장 영향력이 있었던 선덕여왕은 드라마에서 강력한 리더십을 가진 군주로 그려진다. 선덕여왕은 미실을 후궁으로 두었던 진평왕의 딸로, 본명은 덕만이고 50세에 왕위에 올랐다. 자신의 왕권에 위협이 될 수 있는 김춘추를 신라 방위에 적극 기용했으며 신라에 의해 멸망한 금관가야의 유민이었던 김유신에게도 중책을 맡겼다. 선덕여왕은 남성 중심의 신라 사회에서 자신의 왕권과 국가를 지키고 백성들에게 선정을 베푸는 군주였다. 『삼국사기』에도 선덕여왕이 백성들에게 선정을 베풀었다고 기록이

미실

신라시대의 관대했던 성문화를 보여주는 인물로 미실이 있다. 미실은 대대로 색공양(성性으로 왕실에 봉사하는 일)을 하는 집안에서 태어났다. 미실은 출중한 외모에 외할머니, 어머니에게 방중술을 전수받아 남성들에게 인기가 있었다. 미실은 왕족인 세종의 부인이 되지만 화랑인 사다함과도 관계를 맺었다. 인척관계였던 진흥왕과도 관계를 맺었으며 이종사촌인 동륜태자, 금륜태자(후에 진지왕)와도 관계를 맺었다. 진지왕의 폐위 후 13세인 진평왕과도 관계를 가지고 후궁이 되었으며 화랑이었던 설원랑과도 사랑하는 사이가 된다. 미실은 왕비가 되기 위해 자신의 색을 활용하여 많은 왕실 남성들에게 막강한 영향력을 행사했다. 성에 대해 엄격했던 조선시대 이후의 관점으로 보면 미실은 매우 불미스러운 존재였겠지만 성에 대해 관대하고 분방했던 신라시대에는 충분히 가능했던 인물이었다. 성풍속과 성도덕은 시대에 따라 변화하기에 절대적인 잣대로 평가될 수 없기 때문이다. 미실의 존재는 소설가 김별아가 문학적 상상력을 가미하여 생동감 있는 인물로 재탄생시키며 크게 부각되었다.

되어 있다.

선덕여왕, 진덕여왕, 진성여왕이 집권했던 신라시대는 한국사에서 유일하게 여왕이 존재했던 시대였다. 이들이 여왕이 된 것은 이 시대에 남녀차별이 없어서라기보다는 성골만이 왕이 될 수 있었던 골품제도 때문이었다. 아쉽게도 신라시대의 세 여왕 이후로 여성이 공식적으로 정치에 입문하는 것은 고려시대나 조선시대에는 전혀 찾아볼 수 없게 된다.

2. 비교적 자유로웠던 고려시대 여싱

고려시대는 남성의 권력이 신라시대보다 훨씬 강화된 것으로 보인다. 고려시대 여성들은 정치에 공식적으로 입문할 수 없었다. 그러나 여성들은 가정 내에서는 남성과 상대적으로 (특히 조선시대와 비교해볼 때) 동등한 지위와 권력을 가졌다. 고려시대에는 여성도 재산상속권을 지니고 있었으며 일부종사를 강요한 조선시대와 달리 사별 후 재혼할 수 있었다. 딸들도 부모의 제사를 지낼 수 있어 조선시대만큼 남아선호사상이 강하지 않았다.

그러나 고려시대 여성들은 때로 정치외교적인 희생양이 되기도 했다. 고려시대에는 많은 수의 고려 처녀들이 공녀로 차출되어 원나라로 보내졌다. 그렇게 원나라에 보내진 공녀 중에 자신의 처지를 극복하고 원나라의 황후 자리에 오른 고려 여성이 있었는데, 바로 순제의 제2황후가 된 기황후이다. 그녀는 황후가 되어 막강한 권력을 행했다고 전해진다.

고려시대에 여성은 정치에 직접적인 참여를 할 수 없었지만 권력을 지닌 남성의 배우자나 어머니가 되어 권력을 행사할 수 있었다. 고려에서 가장 막강한 권력을 휘두른 여성은 천추태후(964~1029)였다. 천추태후의 정치적 야심과 삶은 드라마 〈천추태후〉에 잘 나타나 있다. 드라마에서 천추태후는 거대한 고구려의 옛 영토를 회복하여 강한 고려를 세우고자 하는 당찬 여걸로, 많은 남성들을 휘하에 두고 막강한 리더십을 보인다. 드라마에서 천추태후는 21세기 여성과 견주어도 손색이 없을 만큼 당당한 여걸의 모습으로 등장한다. 실제 역사 속에서 천추태후는 고려 초기 5대 경종부터 7대 목종에 이르는 시기에 강력한 권력을 행사했다. 경종의 왕비인 천추태후는 헌애왕후로 불렸는데, 헌애왕후의 동생 헌정왕후도 경종의 비였다. 자매가 한 남자를 남편으

사진 1.
기황후 초상화(타이페이 고궁박물관)

로 섬긴 것이다.[3] 경종의 사망 후 헌애왕후의 오빠인 성종이 즉위하는데 성종은 불교 대신 유학을 강화하고자 했다. 유학 이념에 따라 수절을 강요하는 성종의 뜻에 맞서 헌애왕후는 외가 친척인 김치양을 연인으로 삼는다. 중국에서 영향을 받은 유학을 새로운 정치 이념으로 삼고 중앙집권 체제를 강화하려는 성종과 연등회, 팔관회 등의 불교적 전통행사를 보전하고 싶어 하던 헌애왕후는 대립하게 된다. 그러다 16년간 왕위를 지켰던 성종이 사망하자 헌애왕후의 아들인 목종이 즉위하는데, 헌애왕후는 자신을 대비라 부르지 말고 천추태후로 부를 것을 명한다. 고려를 황제국으로 만들려는 야망이 있었던 것이다. 천추태후는 성종에 의해 세가 위축되었던 불교를 다시 부흥시켰다. 그리고 아들인 목종이 18세가 넘도록 섭정을 지속했다. 목종이 신하들에게 폐위를 당하고 자신의 동생인 헌정왕후가 이복 숙부 왕욱과의 사이에서 낳은 아들이 현종으로 즉위하면서 천추태후의 세력도 이로써 종말을 맞게 되었다.

헌애왕후나 헌정왕후의 예를 볼 때 고려시대에는 여성의 수절은 절대적이 아니었다. 조선시대와 비교하면 고려시대의 여성은 상대적으로 많은 자유와 권리를 누렸다. 드라마 〈천추태후〉는 『고려사』, 『고려사절요』 등 정시 속 묘사와는 달리, 자신의 아들을 왕으로 삼으려는 개인적인 야망보다 송과 거란 사이에서 실리 외교를 펼치며 고려를 대제국으로 만들겠다는 꿈을 위해 자신의 혈육마저 저버리는 야심찬 인물로 천추태후를 그렸다. 이는 중국의 동북공정을 의식한, 다분히 정치적인 재현이라 하겠다.

3 현재의 윤리로 보자면 이해하기 힘든 일이겠지만 신라시대나 고려시대에는 왕권 강화를 위해서 근친혼 등이 비일비재했다. 이것은 우리나라에서만 일어난 일이 아니고 고대 이집트나 고대 유럽 국가들에서도 종종 일어나는 일이었다. 이집트의 여왕 클레오파트라도 남동생인 프톨레마이어스 14세와 결혼했다.

3. 유교적 가부장제의 억압 아래 놓인 조선시대 여성

1) 과도기적 젠더 정치 시기: 조선 초기

왕자의 난과 왕숙의 난으로 혼란스러웠던 조선 초기에는 왕권이 불안정했다. 그러다 『경국대전』을 편찬했던 9대 성종에 이르러서 비로소 견고해졌다는 평을 듣는다.

혼란스러웠던 조선 초기 왕실에서 막강한 권력을 가졌던 여인들이 있었다. 바로 태조 이성계의 두 번째 부인 신덕왕후 강씨와 세조가 즉위하는 데 많은 영향을 미쳤던 정희왕후(1418~1483)이다. 정희왕후는 조선시대 최초로 수렴청정을 했던 여인이었고 정희왕후의 며느리인 소혜왕후(훗날 인수대비, 1437~1504) 또한 정치적 야망이 큰 여인이었다. 이 두 사람의 관계는 드라마 〈인수대비〉에 잘 묘사되고 있는데, 시어머니 정희왕후와 며느리 수빈(훗날 소혜왕후, 인수대비)은 그다지 평탄하지 못한 고부관계를 보여준다. 인수대비는 남편인 의경세자가 왕위에 오르지 못하고 죽었음에도 죽은 남편을 덕종으로 추존하며 소혜왕후가 되었고 손자인 연산군이 왕위에 오르자 대비가 되었다. 드라마는 이와 같은 정치적 노정에서 시어머니인 정희왕후와 심한 견제와 알력이 있는 것으로 그리고 있다.

소혜왕후는 그 시절 드물게 학식이 높은 여성으로 여성의 훈육을 위해 39세에 『내훈』을 편찬했고 산스크리스트어로 불경을 읽을 정도로 박학다식했다. 하지만 드라마에서는 지나치게 엄격하고 완벽했던 소혜왕후가 며느리인 성종의 비 윤씨(연산군의 어머니)를 못마땅하게 여겨 폐비시키고 사사하는 데 일역을 담당하는 인물로 그려진다. 흔히 말하는 여성의 적은 여성이라는 고부갈등이 왕실에서도 그대로 재연되고 있었음을 알 수 있다.

비교적 자유로웠던 고려시대의 성문화에 영향을 받은 조선 초기에는 유독 여성의 성문란을 다스리는 사건들이 많이 있었다. 이는 성 풍속을 단속함으로써 여성에 대한 구속을 강화하려는 시도였다. 세종 시대 사대부집 부인이었던 감동 사건과 성종 시대 어을우동 사건이 대표적인 사례이다. 감동은 사대부집 부인으로 남편에게 버림을 받자 수많은 사회 지도층 인사들과 관계를 맺어 물의를 일으켰다. 감동은 사형되지 않고 장형을 받은 후 변방의 관비로 보내졌다. 이후 성종 때 비슷한 사건으로 어을우동(?~1480) 사건이 있는데, 어을우동도 종친인 이동의 처였지만 품행이 방정하지 못하다는 이유로 소박을 맞았다. 그러자 어을우동은 사대부 남성뿐만 아니라 노비들과도 관계를 맺었다. 사형을 면한 감동과 달리 사노와 간통한 어을우동은 교형에 처해졌다. 이후 어을우동은 음탕한 여성의 대명사처럼 여겨지게 되면서 선정적인 영화가 성행했던 1980년대에는 영화 소재로까지 등장한다. 당시 상당히 선정적이던 영화 포스터는 어을우동에 대해 선천적 색정녀인지 또는 후천적 여권 해방론자인지를 관객에게 묻고 있다.

우리에게 현모양처로 잘 알려진 신사임당(1504~1551)은 친영례(남자가 여자를 직접 맞이하여 혼례를 하고 곧바로 남자 집에서 생활하는 것)가 완전히 정착하기 이전에 혼인하여 결혼 후 친정에서 3년간 살다가 시댁으로 들어갔다. 그 이후로도 20년간 친정에 머무르는 시간이 많았고 서울에 완전히 정착한 것은 결혼 후 20년 뒤였다고 한다.

사진 2.
영화 〈어우동〉

이를 근거로 미루어볼 때 조선 초기에는 출가외인이라는 개념은 강하지 않았던 것으로 보인다.

이렇듯 고려 멸망 후 조선 초기만 해도 여성의 지위는 조선 후기에 비해 좋은 편이었다. 여성도 재산을 상속 받을 수 있었으며 딸도 제사를 지낼 수 있었다. 무엇보다도 과부가 된 여성은 재가를 할 수 있었다. 이후 조선 후기로 갈수록 부계 질서를 옹호하는 유교적 전통이 강화되면서 여성의 정절과 일부종사가 강요되었다. 조선 초기에 남편을 잃은 여성들은 재가할 수 있었지만 성종 이후로 과부들의 재가는 법적으로 규제되었다. 조선 후기로 갈수록 열녀를 사회적으로 추앙하는 분위기가 정도를 더해가면서, 외간 남자의 손길이 닿기만 해도 자신의 신체를 잘라낸다던가 목숨을 버리면서까지 정조를 강요하는 일부종사의 이데올로기가 여성들을 극심하게 구속했다.

오늘날 현모양처의 전형으로 칭송받는 신사임당은 4남 3녀를 훌륭히 키우며 남편을 잘 내조하기도 했지만 그 이전에 그 자신이 훌륭한 문필가이자 화가였다. 신사임당이 그린 초충도나 포도 그림은 사실적 묘사가 뛰어나 당대의 유명 화가인 안견에 종종 비견되었다. 뿐만 아니라 7자녀에게 균분상속을 한 분재기[4]를 남겨 남녀평등을 실천하기도 했다. 그러나 18세기 조선시대의 유교가 정점에 이르렀을 때부터 신사임당은 자신의 재능보다도 훌륭한 자녀, 특히 아들 율곡 이이를 출산하고 양육한 위대한 모성으로 더욱 부각되기 시작했다.

엄청난 인기를 끌었던 드라마 〈대장금〉은 여성이 자유롭지 못했던 조선시대(1515년경 중종 시대)에 드물게 직업을 가졌었던 여성 장금의 일생을 다루고 있다. 조선시대 여성의 몇 안 되는 직업으로는 궁녀, 기녀, 의녀, 다모 등을 꼽을 수 있다. 조선시대 궁녀는 어

4 **분재기**分財記
재산의 상속과 분배를 기록한 문서이다. 율곡 이이를 포함한 7형제는 신사임당과 아버지 이원수가 사망하자 『경국대전』의 규정을 따라 서모 권씨를 포함해 아들 · 딸(출가한 딸 포함) 차별 없이 재산을 분배하는 균분의 원칙을 따랐다.

제도적으로 속박받던 조선시대 여성들

조선시대 여성들은 행동에 제한이 많았다. 대신들은 태종 12년(1412년)에는 여성이 문밖출입을 할 때는 얼굴을 가리도록 할 것을 상소했고 태종 16년에는 부인들이 자신의 부모를 만나는 일 이외에는 문밖출입을 못 하도록 상소했다. 조선시대 법전인 『경국대전』에는 "부녀로서 절에 올라가는 자, 사족의 부녀로서 산간이나 물가에서 놀이 잔치를 하는 자는 모두 장(杖) 100대에 처한다"는 조항이 실려 있을 정도로, 여성들의 바깥출입을 엄격하게 통제했다.

린 나이에 입궁하여 일생을 미혼으로 궁중에서 맡은 일을 하며 살아가야만 했다. 드라마에서도 나왔듯이 궁녀는 이르게는 4~5세쯤의 아주 어린 나이부터 입궁하여 훈련을 받았다. 입궁과 동시에 애기 항아님이라 불리면서 한글도 배우고, 『천자문』, 『소학』 등을 익혔다. 그러다 11~12세쯤부터 일을 시작하여 18세 정도가 되면 관례를 치르고 본격적으로 일을 했다. 드라마에서 장금도 어린 시절 소주방 생각시로 들어와 수련을 받는 모습이 그려진다. 소주방 나인으로 일하던 장금은 모함을 받고 제주도에 관비로 보내진다. 궁으로 다시 돌아가기를 원하던 장금은 의녀가 되면 다시 궁으로 돌아갈 수 있다는 것을 알고 실존 인물이었던 제주도의 의녀 장덕에게 열심히 의술을 배워 다시 입궁하게 된다.

당시 의녀들은 천민 출신들이었지만 의술을 익히기 위해 『천자문』, 『효경』의 한자를 익히고 의학서와 침술 등을 습득했다. 또한 인명을 다루는 의녀는 의술뿐 아니라 덕을 갖추기 위해 사서를 읽었다. 그러나 의녀는 의술을 다루는 전문인으로 전적으로 대접받지는 못했다. 이들은 다른 역할을 수행하기를 강요받기도 했다. 연산군 때의 기록을 보면 의녀들은 약방기생으로 불리며 궁중연회에 차출되기도 했던 것이다. 드라마에서도 장금이 궁으로 돌아와 의녀로 시험을 치르게 되는 기간에 관기로 차출되는 장면이 등장한다. 장금이 등장하는 중종 시대에도 의녀의 기녀 겸업은 계속되었다는 기록이 있는데, 의녀가 의녀로서 본분을 다할 수 있도록 기녀로 차출되는 일이 자제되어야 한다는 상소문이 있는 것으로 보아 의녀가 기녀로 차출되는 일이 빈번했던 것 같다. 장금은 주로 궁중의 왕비나 대비 등 왕실 여성의 질병을 치료하는 내의녀로 활약했다. 장금은 중종에게 신뢰를 받았던 내의녀로서 『조선왕조실록』에 쌀과 콩을 포상으로 받았다는 기록이 여러 번 나온다. 드라마 〈대장금〉은 여성에 대해 억압적이었던 조선시대에 끊임없는 연마로 자신의 전문성을 키우며 자아실현을 하는 당차면서도 여성적인 조선 여성을 그려냈다.

2) 가부장제의 억압 아래 놓인 조선 후기 여성

조선 후기로 갈수록 열녀가 되는 것 이외에는 여성이 역사에 기록되는 일은 드물었다. 일반적으로 여성은 정식 한자 교육을 받지 못했기에 자신의 일을 기록으로 남기기도 힘들었다. 간혹 사대부집 부녀자들이 『소학』, 『내훈』, 『계녀서』 등을 읽기도 하고 그중에는 임윤지당(1721~1793)[5]처럼 철학적 사유에 뛰어난 여성도 있었지만 대체적으로 여성이 학문을 연마하는 것은 드물었다. 한편 조선 초기부터 한글의 꾸준한 보급으로 18세기에는 한글을 해독할 수 있는 여성이 점차 늘어났다. 17세기 말부터 유행하기 시작한 소설은 많은 여성 독자를 거느리게 되었고 여성 문필가들도 등장하게 되었다. 조선 후기에 여성은 재산상속에서도 점차 제외되어 남성들에게 의존할 수

5 **임윤지당**
조선의 문화가 꽃피었던 1721년 기울어져가는 양반 가문에서 태어났다. 훌륭한 선비였던 오빠 임성주는 임윤지당의 재능을 알아보고 학문을 가르쳐 조선의 여성 성리학자로 만들었다. 오늘날까지 전해져오는 『윤지당유고』는 윤지당의 사상을 집약해놓은 문집으로 사후 3년 뒤인 1796년에 친정 동생인 임정주와 시동생 신광우가 힘을 합쳐 편찬한 것이다. 임윤지당은 인격의 실현과 심성 수련을 통해 누구나 성인이 될 수 있다고 믿었으며 남자와 여자의 존재를 차별에 두지 않고 음양오행의 상호 보완적인 관계로 인식했다.

밖에 없게 되었다. 조선 조정은 재혼한 여성의 자녀가 과거를 볼 수 없도록 하는 것으로 여성을 가부장적 제도에 묶어두는 데 모성을 이용했다.

여성에게 호의적이지 않았던 조선 후기였지만 여성의 경제활동은 서서히 증가했다. 18세기 정조 때는 120여 개의 시전 가운데 여인전(여성이 운영하는 점포)이 18개가 있었다. 이와 같이 여성의 경제활동이 활발해질 무렵 제주도에서 출생한 김만덕(1739~1812)은 거상으로 유명해지는데, 그녀의 삶은 드라마 〈거상 김만덕〉으로 재구성되며 알려졌다. 상인의 딸로 태어난 김만덕은 조실부모한 까닭에 자신의 의지와 무관하게 기적에 오르게 되지만 이를 거부하고 자신의 삶을 개척해나갔다. 당시 여성 상인이 흔치 않던 시절 남동생과 객주를 운영하며 자신의 세를 불려나갔다. 배를 마련하여 육지 물건과 제주도 물건을 교대로 팔아 많은 부를 축적하고 지역 특산물을 왕에게 진상하는 것까지 도맡게 되어 제주 최고의 거상으로 자리매김했다. 정조 14년부터 18년까지 제주에 큰 흉년이 들자 김만덕은 자신의 돈으로 육지에서 곡물을 사다 구호곡으로 굶주리는 백성들에게 나누어주었다. 김만덕의 선행은 조정에까지 알려졌고 정조는 김만덕의 소원을 들어주기로 한다. 김만덕은 한양과 금강산을 유람하고 싶다는 소원을 밝힌다. 당시 제주도에는 출륙금지령이 있어 제주도 밖으로 나가는 것이 쉽지 않았는데, 그런 상황에서도 여성으로서 육지로 나간 것이다. 또 평민 출신이기에 원래는 입궐할 수 없었지만 '의녀반수'라는 임시 직함을 얻어 임금을 알현했으며 좌의정 체재공의 인내를 받으며 금강산을 유람했다. 드라마 〈거상 김만덕〉에서도 김만덕은 자신의 비참한 삶에 굴하지 않고 사업가로서 수완을 발휘하고 나아가 진정한 박애정신을 실천한 조선시대의 여성으로 나타난다.

조선왕조 말기에 일본에 의해 비참하게 죽은 명성황후(1851~1895)의 삶은 여러 번 드라마와 영화, 뮤지컬로 재현되었다. 특히 일본 무사에 의해 시해되었다는 비극성 때문에 민족의 어머니로 적잖이 미화되기도 했다. 그러나 분명한 것은 명성황후가 생존했던 조선 말기가 국가 재정이 파탄나고 러시아, 프랑스, 일본 등 외세 열강들이 조선에 영향력을 행사하고자 하는 등 정치적으로나 경제적으로 극도로 혼란스러운 시기였다는 점이다. 그런 시기에 명성황후는 정치적인 영향력을 행사했다. 명성황후는 미성년이었던 고종의 아버지로서 친정을 행했던 시아버지 대원군과의 적대적 관계에서 대원군을 견제함으로써 고종이 국왕으로서 실력을 행사하는 데 힘을 실어주었다. 그 과정에서 일본과 적대적인 관계를 유지하다 시해를 당했는데, 이는 정치적 영향력이 있었던 명성황후를 제거함으로써 고종을 통해 조선을 일본의 휘하에 놓으려는 일본의 음모에 의한 것이었다. 그만큼 명성황후가 고종에게 많은 영향력을 행사하고 있었다는 것을 알 수 있다.

한편 명성황후는 서양의 문화에 대해 개방적인 모습을 보이기도 했지만 사적으로는 자식에게는 지나칠 정도로 보호적인 태도를 취하는 어머니로 기록되고 있다. 어릴 때부터 병약했던 순종을 위해 궁 안에서 굿 등을 자주 벌이기도 하고 또 성년이 된 아들을 과잉보호하는 모습이 서양 선교사들에 의해 목격되기도 했다.

그녀에 대한 여러 가지 평가가 있지만 무엇보다 명성황후는 전근대와 개화기의 혼란스러웠던 사회 분위기와 한반도를 놓고 열강들이 세력 다툼을 하는 국제정세를 온몸으로 경험했던 여성 정치인이었다. 드라마 〈명성황후〉는 일제에 의해 민비로 폄하되었던 명성황후를 조선 말엽의 어지러운 국제 정세 속에서 정치적 수완을 발휘했던 능력 있는 여성으로 묘사하고 있다.

4. 일제강점기에 등장한 신여성

20세기에 접어들면서 한국은 엄청난 변화를 겪게 된다. 1910년 한일합방이라는 치욕스런 상황을 맞닥뜨린 한국은 왕조의 몰락과 함께 신분사회가 붕괴되었다. 또한 근대의 물결이 일렁이기 시작했고 일본을 통해 서구의 문물들을 받아들였다. 근대적 교육을 받은 신세대 남성과 여성들이 등장하여 새로운 사고방식과 행동 유형을 선보였다. 1920~1930년대에 등장했던 신여성들 중에 여기서는 나혜석(1896~1949)의 삶을 통해 신여성의 키워드인 서양 학문, 강한 자의식, 시대와의 부조화, 자유연애를 읽어내고자 한다.

나혜석은 구한말인 1896년 경기도 수원에서 태어났다. 여성이 제대로 교육을 받을 수 없었던 시절, 나혜석은 미술을 공부하러 일본으로 유학을 갔다. 그녀가 당시로서는 파격적인 행보를 보일 수 있었던 것은 부유했던 가정환경과 개방적인 분위기 때문이었다. 나혜석은 진명여자고등보통학교를 다닐 때부터 성적이 우수했으며 미술에 대한 남다른 재능을 보였다. 일본으로 유학을 간 당시의 대다수 신여성들이 그랬듯이 나혜석도 자유연애를 했는데, 애인인 최승구의 죽음으로 거의 미칠 지경에 이르지만 1918년 일본 도쿄여자미술학교를 우등으로 졸업한다.

나혜석은 여성의 권리를 강하게 주장하던 여성해방론자였다. 첫 부인과 상처한 남편 김우영과 결혼할 당시, 일평생 자신을 사랑해

줄 것과 그림 그리기를 방해하지 않을 것, 시어머니와 전처 소생의 딸과 별거할 것, 이 세 가지를 결혼 조건으로 내걸었다. 김우영은 그 조건을 받아들였고, 당시 외교관이었던 김우영을 따라 해외여행을 하던 중 파리에서 미술 공부를 더 할 기회를 얻게 된다. 이때 최린과 만나 다시 사랑에 빠진 나혜석은 남편으로부터 이혼을 당한다. 이혼하며 재산 분할을 요청했지만 받아들여지지 않았고 네 자녀와도 헤어져야만 했다.

이후 나혜석은 이혼할 경우 자신을 거두어주겠다는 약속을 지키지 않은 최린에게도 정조 유린을 이유로 위자료 청구소송을 제기했다. 하지만 당시 사회적 분위기는 나혜석에게 매우 냉담했다. 나혜석은 자녀들을 만날 수 없었고 친구들도 멀어졌다. 심지어 가까운 친정 식구들에게서조차 천대를 받다가 결국 행려병자로 1948년에 생을 마감했다. 나혜석의 일대기는 1978년 영화 〈화조〉에서 다시 한 번 조명되었다.

나혜석과 같은 시대에 활동했던 일엽 김원주, 김명순, 윤심덕 등의

나혜석의 '이혼 고백장'

1934년, 나혜석은 잡지 『삼천리』에 다음과 같은 내용의 「이혼 고백장」이라는 글을 게재했다.

"조선 남성 심사는 이상하외다. 자기는 정조 관념이 없으면서 처에게나 일반 여성에게 정조를 요구하고 또 남의 정조를 빼앗으려고 합니다. 서양이나 동경 사람쯤 하더라도 내가 정조 관념이 없으면 남의 정조 관념이 없는 것을 이해하고 존경합니다. 남의 정조를 유인하는 이상 그 정조를 고수하도록 애호해주는 것도 보통 인정이 아닌가. 종종 방종한 여성이 있다면 자기가 직접 쾌락을 맛보면서 간접으로 말살시키고 저작시키는 일이 불소하외다. 이 어이한 미개명의 부도덕이냐."

– 「이혼고백장」, 『삼천리』(1934), 8–9.

친일 영화에 묘사된 여성상

사진 3.
월북하여 인민배우로 불리던 배우 문예봉

신여성들이 시대를 앞서가는 여성 의식과 생활양식으로 구시대의 관습과 투쟁하고 있을 시기에 친일 영화에서는 조선의 여인들이 순종적이고 조신한 여성으로 묘사되고 있다. 일제 말기인 1930년대 후반과 1940년대에 제작된 〈군용열차〉, 〈대한해협〉, 〈병정님〉, 〈지원병〉 등은 일본이 장악한 조선 영화의 비참한 현실을 보여준다. 특히 이들 영화에서 일제가 조선을 대표하는 미녀로 꼽은 문예봉은 조신하고 순종적인 한국의 부녀상을 보여주었다. 일제 말엽 제작된 친일 영화 속에서 식민지인 조선 남성들은 내선일체의 기치 아래 황국신민으로 전향하여 진정한 남성으로 거듭나는 모습으로, 조선의 여성들은 온갖 어려움을 감내하면서 이들을 기다리는 부녀자들로 그려졌다.

신여성들은 서구화된 근대교육으로 앞선 여성의식을 지니고 있었다. 그러나 전근대적이고 봉건적인 가부장적 사고에 침잠되어 있던 당시 사회로부터 그다지 환영받지 못했기에 대개는 나혜석의 예와 같이 불행한 삶을 살았다.

5. 서구적 여성 의식의 전파: 1950년대

해방의 자유를 누릴 새도 없이 한국 사회는 전쟁의 소용돌이에 휩쓸리게 된다. 한국전쟁(1950~1953) 이후 한국 사회는 미국의 참전으로 미국의 대중문화와 사고방식을 급속도로 받아들이게 된다. 1950년대는 전통과 근대의 부조화스러운 결합과 미국 문화의 확산, 남녀 평등의식의 형성 등이 이루어지던 시기였다. 이러한 시대

사진 4.
개봉 당시 센세이션을
일으켰던 〈자유부인〉

적 분위기 속에서 제작되었던 한국 영화 중 〈자유부인〉(1956)은 전후 한국 여성의 사회 진출에 대한 욕망과 성애에 대한 관심을 드러내고 있다.

정비석의 소설을 영화화한 〈자유부인〉은 사회적으로 존경받는 교수 부인이 직업을 가지면서 외도를 하게 된다는 내용이다. 당시 기혼 여성의 외도, 특히 남부러울 것이 없는 사회지도층 부인의 외도는 일종의 사회악으로서 많은 비판을 받았다. 주인공 오선영은 사회 진출의 욕구가 있고 사교춤과 서구적 소비문화에 관심이 많은 가정주부였다. 학구적인 남편은 오선영의 이러한 욕구를 탐탁지 않게 여기지만 오선영은 남편에게 일방적으로 통보하다시피 하고 양품점 매니저로 취직한다. 당시의 양품점은 구하기 힘든 서양 물품을 파는 소비문화의 첨단이었다. 영화 초반 오선영은 한복을 입고 있다가 양품점에 취직한 후로는 몸에 달라붙는 양장 차림을 하고 있는데, 이는 오선영의 의식 세계가 변화하고 있음을 나타낸다.

가정 밖으로 진출한 주부 오선영은 남편이 아닌 남성들의 시선 아래 놓이게 되고 유혹의 대상이 된다. 매니저로 수완을 발휘하던 오선영은 동창회에서 무도회를 연다는 소식에 옆집 대학생 춘호에게 사교춤을 배운다. 춤을 가르쳐주던 대학생 춘호에게 오선영은 은근히 이성적인 호감을 갖게 된다. 사교춤을 배우면서 남편이 아닌 남성들과도 신체적으로 가까워질 기회를 갖게 된다. 동창회에서 남편이 아닌 애인과 참석하는 무도회를 열자 자신에게 관심을 보이는 양품점 주인의 남편 한 사장을 대동하고 참석한다. 이후 둘만의 시간을 갖자고 하는 한 사장을 따라 호텔로 간 오선영은 둘 사이를 의심하고 미행하던 한 사장 부인에게 발각되어 수모를 당한다. 오선영은 밤길을 걸어 겨우 집으로 돌아오지만 한 사장 부인의 통지로 부인의 부정을 알게 된 남편은 오선영을 내친다.

이 영화는 서구적 행동 양식에 호기심을 갖고 소비문화에 매혹되며 자신의 육체적 욕망을 새롭게 발견하는 동시에 독립적 존재로서 서고자 했던 1950년대 한국 여성의 모습과 이를 부정적인 시각으로 바라보는 한국 사회의 이율배반적인 양상을 그리고 있다.

6. 산업의 역군으로 근대화에 동참: 1960~1980년대

1960년대에 들어서면서 한국은 강력한 경제개발 의지를 보인다. 분단이 공고화되면서 한국은 강력한 정부 주도의 자본주의 시스템을 가동하기 시작한다. 이 시기에 개봉되었던 김기영 감독의 영화 〈하녀〉에서는 세 부류의 여성을 통해 막 자리 잡기 시작한 자본주의와 여성들과의 관계를 보여준다.

〈하녀〉에는 가정주부인 정심과 공장에서 일하는 경희, 극중 하녀로만 불리는 여성이 등장한다. 1960년대 자본주의적 삶에 대한 열망은 가정주부인 정심이 열심히 재봉틀을 돌리는 가내 부업을 통해 새롭게 이층집을 장만하고 피아노와 텔레비선을 들여놓는 장면에서 여실히 드러난다. 비록 사회적으로 낮은 직급이나마 사회에 진출한 여공인 경희는 피아노를 배우러 다닐 수 있는 경제적 여유와 문화적 욕구를 지니고 있다. 남의 집에 가정부로 들어간 하녀(그 당시에는 하녀라는 용어보다 식모라는 용어를 더 많이 사용했음)는 여공인 경희보다 사회적으로 더 낮은 신분이며 자본주의의 제도적인 보호를 받지 못하는 여성이다. 영화에서 이름 없이 그저 하녀로만 불리는 것은 그녀가 사회 최하층의 하위 주체임을 말해준다. 이 하녀가 주인집 남자를 유혹함으로써 막 발돋움하는 중산층으로 편입하여 자신의 존재를 공고히 하기를 소망한다. 하녀는 여공 경희처럼 피아노를 배우기를 원하고 정심처럼 주인 남자와 동침하기를 원한다.

그러나 주인 남자는 하녀의 유혹에 한 번은 굴복하지만 자본주의 시스템 밖에 놓여 있는 그녀를 이내 멸시하고 경원한다. 주인 여자는 남편과 하녀의 관계를 알아차리지만 그동안 일궈놓은 자신의 중산층 가정이 무너질 것을 두려워하며 남편을 차지하려는 하녀의 무리한 요구를 들어주라고 남편에게 강요한다. 하녀의 턱없는 요구가 점점 도를 넘어서자 주인 남자는 하녀와 자신이 죽어야 모든 것이 끝난다고 생각하고서 동반 자살을 한다.

이 비극적인 영화 속에서 가정주부, 여공, 식모로 대변되는 세 부류의 여성들을 통해 1960년대 우리나라 여성들의 욕망과 위치를 가늠해볼 수 있다. 가정주부인 정심은 물질적인 부를 축적하고자 밤낮없이 재봉질을 한다. 이는 누구나 할 것 없이 잘살아보고자 몸부림쳤던 당시 한국인의 모습을 반영하고 있다. 여성의 사회적 진출이 흔하지 않았던 시대에 그나마 공장에 취직했던 경희와 그녀의 친구 선영은 시골 출신으로 서울에 올라와 생활하며 자유연애를 꿈꾸지만, 이들의 연애 대상은 물적, 정신적 기반이 연약한 동년배 남성들이 아닌 안정적이고 성숙한 기혼남이었다. 사회 맨 하층에 존재하는 하녀는 출신도 불분명하고 또 어떤 제도적인 보호도 받을 수 없는 위치에 있었다. 실제로 그 시절 식모는 정확한 월급의 개념도 없이 숙식만을 제공받으며 가사를 전담하는 경우가 많았다. 이 영화 속에서는 하녀가 주인 남자를 유혹하는 것으로 그려졌지만 가족과 떨어져 남의집살이를 하러 온 식모들은 대부분 주인 남자들에게 성적 희생을 당하고 이를 알게 된 주인집 여자에게 무자비하게 내쫓기는 경우가 더 많았다.

1970년대가 되면서 산업화의 결실로 한국의 경제 사정은 호전되어갔지만 빈부 격차는 점차 심해졌다. 또한 여성들에 대한 교육열도 높아져서 대학에 진학하는 여성들도 점차 늘어갔지만 여성의 사회 진출은 극히 제한적이었다. 영화 〈영자의 전성시대〉(1975)에서는 영자와 같이 시골에서 서울로 올라온 하층민 여성이 겪을 수밖에 없었던 무수한 고난을 보여주고 있다.

가난한 시골에서 서울로 온 영자는 운전을 배우고 싶다는 막연한 소망을 가지고 있지만 숙식을 해결하기 위해 한 가정집 식모로 들어가게 된다. 식모로서 영자는 숙식 문제는 해결된 듯 보였으나 주인집 망나니 대학생 아들에게 성적 농락을 당한다. 주인집 아주머니에게 이 사실이 발각되자 영자는 그 집에서 쫓겨나고 아는 고향 언니에게 얹혀살게 된다. 배운 것이 없는 영자는 공장에 들어가게 되지만 너무 박봉이라 고향에 돈을 부칠 수 없게 되자 고향 언니를 따라 바에 나간다. 하지만 바에서도 적응을 못한 영자는 버스 차장이 되는데 만원버스에 겨우 매달려 있다가 떨어져 한 팔을 잃는다. 보상금으로 받은 돈을 고향 언니가 가로채고 잠적하자 의지할 곳이 없는 영자는 결국 창녀가 된다. 식모 시절부터 자신을 좋아하던 창수가 영자를 알아보고 그곳 생활을 청산시키려 하지만 창수의 앞길을 걱정하는 아저씨의 말에 영자는 다시 사라진다. 후에 영자를 봤다는 친구의 말에 창수는 영자를 찾아 나서고, 다행히 영자가 멀리 신축 아파트 단지가 보이는 변두리에서 딸과 남편과 함께 단란하게 살고 있는 것을 목격하며 영화는 끝을 맺는다.

1970년대 여성 노동운동

영화에서 영자는 산업 현장에서 무력하게 도태되었지만, 현실 속 1970년대의 여성 노동운동은 전태일 분신자살 사건과 야학, 종교계, 여성 단체의 개입으로 점차 자리를 잡아가고 있었다. 많은 여성들이 근무했던 섬유업계를 중심으로 여성 노조원들이 증가하는 추세였다. 1971년 전체 노동자 46만 명 가운데 여성 노동자는 12만 명에 이르렀고, 섬유노동조합연맹의 경우 여자 조합원이 전체의 80%를 점유하고 있었다. 1970년대의 여성 노동운동으로는 원풍모방, 동일방직, 한국화이자, 콘트롤데이타, YH 무역 등을 상대로 한 투쟁이 있었다. 이 시기의 여성 노동운동은 결혼퇴직제 철폐, 출산휴가 60일 쟁취, 사내 남녀 차별과 불공정한 임금 인상, 생리 휴가 보장 등의 이슈를 중심으로 이루어졌다. 특히 1979년 YH 무역이 일방적으로 폐업한다는 통고를 내리자 여성 노동자들이 생존권을 주장하며 신민당사를 점거하고 농성을 벌였다. 이들의 농성은 정치 문제로 비화했고 유신정권이 무너지는 계기가 되었다. 1970년대의 여성운동은 여성 노동의 억압적인 현실을 개선하는 데 많은 노력을 기울였다.

〈영자의 전성시대〉는 영자라는 기표로 상징되는, 몸밖에 가진 것이 없던 1970년대 하층 여성이 거쳐갔던 처절한 삶의 궤적을 보여준다.

1977년 개봉되었던 〈겨울여자〉는 여성의 순결을 반드시 지켜야 하는 절대적인 것으로 인식하던 당시의 사회 정서에 도전장을 내미는 영화였다. 육체적 관계를 거부하자 자살해버린 이웃 청년의 죽음에 충격을 받은 대학생 이화는 자신의 성이 목숨을 걸고 지킬 만한 가치가 있는지를 심각하게 고민한다. 이후 이화는 자신이 만난 남자들이 원한다면 육체를 허락한다. 연애가 결혼, 그리고 성관계로 이어져야 한다는 당시의 순결 이데올로기에 정면으로 맞서는 영화였다. 하지만 이 영화에서 이화는 성적인 주체로서 당당히 자신의 욕망과 마주하는 것이 아니라 여전히 타자의 필요에 자신의 성을 제공하는 수동적인 성의식을 보였다. 다만 이화가 기존 여성들과 다른 점은 맹목적인 순결 이데올로기를 추종하고 있지 않다는 점이다. 이화의 이와 같은 개방적이고, 당시로서는 파격적인 성의식은 수많은 관객을 불러 모았고 또 많은 논란을 일으켰다.

1980년이 되면서 전두환 정권이 집권하기 시작했다. 전두환 정권은 군사력을 앞세워 강력한 정치적 탄압을 가했고 이와 동시에, 이른바 3S(Screen, Sex, Sports) 정책을 펼쳤다. 프로 스포츠 팀을 창설했으며 성을 매개로 하는 산업을 허용하고 대중적 취향에 영합하는 영화 제작을 장려했다. 그 결과 여성을 성상품화하는 무수히 많은 영화들이 쏟아져 나오게 되었는데, 이때부터 여성은 남성의 관음적 시선 아래 놓이게 되었다. 1982년 만들어진 영화 〈애마부인〉은 여성의 성적 판타지를 영상으로 옮기면서 수많은 관객들의 관심을 불러일으켰다. 요즘 기준으로 본다면 별로 선정적일 것도 없는 이 영화가 수많은 관객들을 불러 모을 수 있었던 요인 가운데 하나는 여주인공의 성적 판타지를 재현하는 장면에서 주연 배우 안소영의 풍만한 가슴이 자주 클로즈업되었다는 것이다.

〈애마부인〉이 마치 에로 영화의 대명사처럼 여겨지면서 이후 비디오 시장에서 주로 통용되던 B급 에로 영화로 '애마부인' 시리즈가 등장하게 되었다. 〈애마부인〉 이후 카메라의 시선은 더욱 선정적이고 관음적으로 변해갔다. 〈산딸기〉, 〈무릎과 무릎 사이〉, 〈뽕〉, 〈앵무새 몸으로 울었다〉 같은 영화들은 성에 대해 느슨해진 검열 분위기를 염두에 두고 만들었던 영화들로, 이들 영화에서 여성 출연진들은 남성 관객들의 시각적 쾌락에 봉사하는 인물들이었다.

1980년에 개봉되어 많은 인기를 끌었던 〈바람 불어 좋은 날〉은 빈부 격차가 점점 더 심해지는 서울의 풍경을 담고 있다. 부동산 개발 붐을 타고 신흥 부자가 된 졸부들의 모습과 이미 부를 축적한 집에서 소비문화를 즐기는 개념 없는 대학생들, 거기에 도시 빈민으로 살아가는 시골 출신 중국집 배달부, 여관 종업원, 미용사 등이 등장한다. 이 영화에서 여대생으로 등장하는 명희는 집안의 부를 무기로 거칠 것 없이 행동하는 여성이다. 자신의 연애를 위해 중국집 배달부 덕배의 촌스러운 모습을 희롱하기도 한다. 이 영화에서 여대생의 이미지는 1970년대와 1980년대 사회 부조리를 바로잡고자 야학이나 위장 취업 등으로 운동권에 투신하는, 이른바 386세대(1990년대 후반에 만들어진 용어로 당시 30대, 1980년대 학번, 1960년대생을 뜻하며 민주화 운동의 기수들을 가리키는 말)의 여대생들의 이미지와는 대척점에 서 있다. 사회정의에 대한 관심보다는 자신이 지닌 부를 바탕으로 대학생이라는 특권적 신분을 마음껏 누리면서 학업이나 취업 고민과는 거리가 먼 쾌락주의 여성이 이 영화에서 그리는 여대생이다. 실제로 1970~1980년대까지만 해도 많은 여대생들이 대학 교육을 자신의 커리어를 위한 과정이라기보다 좋은 배필을 만나기 위한 조건으로 생각했다.

7. 소비사회 속 여성: 1990년대 이후

1988년 서울 올림픽을 기점으로 한국 사회는 급속하게 변화하게 된다. 외국 문물에 더욱 개방적이 되었고 소비문화가 일반 대중에게도 급속히 확산된다. 근대적인 것과 단절하는 포스트모더니즘이 소개되었고 서구의 생활 방식을 본격적으로 받아들이게 된다. 1980년대가 민주화 운동으로 근엄하고 사회정의에 치중하는 시대였다면

1990년대는 좀 더 밝고 가벼운 사회정서로 새로운 인간상, 인간관계, 생활 방식이 등장하는 시대였다. 강남으로 지칭되는 신흥 부자들의 삶이 연일 매스컴에 오르내렸다. 압구정이라는 지명이 새로운 정서를 선도하는 곳으로 등장했고 이곳에서 부모의 부를 통해 첨단 소비문화를 누리는 오렌지족들도 탄생했다. 신세대들은 기성세대가 기존 정서로는 이해할 수 없다 하여 X세대라는 이름으로 불리기도 했다.

이러한 새로운 분위기 속에서 만들어졌던 영화가 〈결혼 이야기〉(1992)였다. 이 영화는 신세대의 연애와 결혼관을 반영하여 만든 기획 영화였다. 이 영화에서 남성과 여성은 전문직(방송국 PD와 성우)에 종사하며 연애도 거침이 없고 결혼생활도 시댁이나 친정의 간섭이 없는 것으로 그려진다. 그동안 남성과 여성의 관계가 종속적이고 억압적인 것으로 그려졌다면 이 영화에서는 남성과 여성이 동등한 관계로 그려진다. 결혼에 대한 기대와 환상이 깨지자 이혼도 서슴없이 하는 부부의 모습을 그린 이 영화는 이혼 후 결혼과 자신에 대해 성찰하며 서로에 대해 더 잘 이해하게 된다는 줄거리이다. 영화에서 전문직 여성이 당당하고 주체적으로 보여진 것처럼 여성들은 서서히 자신의 커리어를 가지는 것에 대해 관심을 보이기 시작했다. 1990년대 중반이 되면서 많은 여성들이 결혼보다 자신의 커리어가 더 우선이라고 여기게 되었다.

커리어에 대한 관심과 더불어 그동안 성에 대해 소극적이고 폐쇄적이었던 여성들의 태도도 변화했다. 1993년 한국 사회에서 성희롱 개념을 소개한 사건이 일어났다. 서울대 우 조교 사건으로 알려져 있는데, 희생자 이름을 사건명으로 쓰는 것에 반대한 여성계의 요청으로 서울대 신 교수 사건으로 불리기도 한다. 이 사건은 서울대 조교로 있던 우씨에게 교수인 신씨가 불쾌한 신체적 접촉과 강제적 성

관계를 암시하자 우 조교가 신씨를 상대로 소송을 낸 것으로, 무려 6년이라는 긴 소송 끝에 피해자에게 500만 원의 위자료를 지급하라는 법원의 판결과 함께 우 조교의 승소로 마무리된다. 이 사건으로 그간 다소 생소했던 성희롱이라는 개념이 한국 사회에 도입되었고 남성들의 성희롱적 발언과 접촉에 경각심을 불러일으켰다.

1999년에는 남녀고용평등법이 개정되면서 '직장 내 성희롱' 조항이 추가되어 성희롱을 규제할 수 있는 근거가 마련되었다. 한편 1990년대 초에는 성폭력 피해의 심각성을 알려주는 김부남 사건이 일어나면서 성폭력이 피해자 여성에게 얼마나 큰 트라우마를 가져오는지 보여주었다. 1988년 일어났던 변월수 사건을 토대로 1990년에 만들어진 〈단지 그대가 여자라는 이유만으로〉라는 영화는 정당방위에 대해 징역 6개월에 집행유예 1년을 선고한 처사의 부당함을 보여주었다. 그동안 여성들이 성과 관련된 범죄나 이슈에 대해 침묵하고 있었던 것과 달리 1980년대 후반부터 성범죄를 고발하는 여성들이 증가하면서 (부천의 권인숙 성고문 사건 등) 성범죄에 대한 관심이 고조되었다. 그리하여 1990년대 반성폭력 운동이 활성화되기 시작했고 여성들이 여러 가지 방식의 성적 피해에 대해 고발하기도 하고 예방 운동을 펼치기도 했다. 1990년대의 여성운동은 반성폭력 운동이 상당한 비중을 차지했다.

1990년대에 접어들면서 여성의 대학 진학률도 높아지고(1990년 30.8%, 2000년 65.5%) 그에 따른 사회 진출도 많아지게 되었다. 1988년에는 정부 조직에서 최초로 여성 권익을 담당하는 정무장관(제2실)이 신설되었으며 2001년에는 여성부라는 정식 기구로 발족했다. 여성부는 직장 내 성희롱 예방 교육을 의무화하고 1995년 북경여성대회에서 논의된 성주류화gender mainstreaming를 목표로 일련의 정책들을 내놓게 되었다.

여성의 대학 진학이 활발해지고 여성의 자아실현에 대한 욕구도 강해지면서 1990년대 후반의 여대생들이 결혼보다 커리어를 더 중요하게 여긴다는 조사 결과가 있었다.

이와 같은 변화와 맞물려 1990년대는 새로운 방식으로 여성운동을 하는 영 페미니스트들이 등장했다. 새로운 방식의 여성운동은 그동안의 엄숙했던 분위기에서 벗어나 좀 더 발랄하고 솔직해졌다. 여성의 섹슈얼리티에 대해 스스럼없이 이야기했으며 성적자기결정권이라는 용어를 소개하면서 성적 주체성을 강조했다. 특히 페미니스트 잡지 〈IF〉는 '웃자, 놀자, 뒤집자'라는 슬로건을 걸고 여성운동을 했으며 미스코리아 선발대회에서 드러나는 여성의 성 상품화에 대해 문제를 제기했다. 이들의 문제 제기로 미스코리아 선발대회는 공중파 방송이 아닌 케이블 방송에서 선택 중계하게 되었다.

한편 그동안 숨겨졌던 여성사의 발굴이라는 점에서 1995년 변영주 감독이 정신대 할머니들의 증언을 토대로 만든 다큐멘터리 〈낮은 목소리〉는 주목받을 만했다. 정신대의 존재는 개인적인 것이 정치적인 것과 결코 분리될 수 없음을 보여주는 살아 있는 역사적 증거였다. 하지만 정신대 문제는 성 문제에 보수적인 한국 사회에서 희생자 개인이 드러내놓고 문제를 제기할 수 없는 이슈였다. 1992년이 되어서야 정신대 문제 해결을 위해 수요집회가 시작되었고 정부에서도 정대협 실무대책반을 만들게 되었다. 1995년부터 변영주 감독은 〈낮은 목소리〉 1, 2, 3부를 통해 정신대 할머니들의 삶을 기록하여 정신대에 대한 대중들의 관심을 불러일으켰다. 이와 같은 다큐멘터리가 가능하게 된 배경에는 1990년대부터 시작된 반성폭력 운동이 성폭력 피해 여성들이 사회적으로 커밍아웃할 수 있는 분위기를 형성한 데 있다.

1990년대 거세게 불어닥친 신자유주의의 물결 아래 여성의 빈곤화는 가속되었다. 특히 1997년 외환위기 사태로 여성들이 대거 정리해고되었다.[6] 하지만 현실과는 달리 1990년대 후반 드라마 속의 여성들은 대부분 직업이 있으며 때로는 전문직에 종사하는 것으로 종종 그려졌다. 1996년 방영되어 큰 인기와 논란을 가져왔던 드라마 〈애인〉도 여주인공은 전문직 여성이었다. 이 드라마는 유부녀와 유부남의 외도라는 통속적인 내용이었지만 전문직 중산층 가정을 배경으로 세련된 소비문화를 보여주어 시청자들에게 보는 즐거움을 주었다. 또한 1990년대 후반 한국 여성들에게서 더 이상 모성과 여성성이 상호 배타적이지 않음을 보여주었다. 즉 아이가 있는 여성들도 여성으로서 매력적인 존재임을 보여주었다. 같은 시기에 등장한 광고 속 미시족의 이미지도 이와 같은 추세를 반영했다. 하지만 유부녀와 유부남의 미화된 사랑 이야기가 가정 파괴를 부추긴다는 이유로 유해하다는 지탄을 받기도 했다. 〈애인〉은 그해 국정감사의 도마에 올랐으며 당시 논란이 되었던 유해 물질 페놀보다 더 해악이 크다는 비판을 받았다.

1999년에는 세기말에 대한 불안과 새천년에 대한 기대로 사회가 어수선한 가운데 여성의 성욕과 성생활을 파격적으로 묘사한 〈처녀들의 저녁식사〉가 개봉되어 엄청난 관심을 끌었다. 그동안 남성적 관점에서 남성의 성적 욕망에 부합되도록 그려졌던 여성의 성욕과 섹슈얼리티를 여성의 시각에서 이야기하게 했다는 점에서 많은 화제를 낳았다. 하지만 영화는 자신의 성적 욕망에 충실했던 호정이나 남자는 필요 없지만 아이가 필요해서 성관계를 시도하는 순이를 부정하는 모습을 보인다. 그래도 현실 속의 한국 여성과 가장 닮아 있

6 IMF 위기 당시 여성은 일차적 부양자가 아니라는 이유로 가장 먼저 해고되었다. 1997년 10월에서 1998년 2월까지 전체 경제활동 인구가 103만 명 줄었는데, 그중 82만 명이 여자였다. 특히 여성 해고자 52.7%가 20대 사무직 여성이었고 맞벌이 기혼 여성도 해고 우선순위에 올랐다.

는 연이가 수동적인 성적 태도를 버리고 자신의 성적 욕망과 쾌락에 솔직하고 주체적으로 바뀌어가는 모습을 보여주면서 마무리된다. 그동안 성에 대해 수동적이었던 한국 여성들이 성적 주체성이라는 개념을 생각하게 만든 영화였다.

그밖에도 세기말의 논란이 일던 1999년은 그동안 볼 수 없었던 파격적인 여성 인물들이 영화에 많이 등장했다. 영화 〈정사〉에서는 동생의 약혼자와 사랑에 빠지는 유부녀가 등장했다. 그동안 외도한 여성은 대부분 남편이나 사회로부터 지탄을 받고 내쳐졌지만 〈정사〉에서는 외도를 한 여성이 남편의 간청을 뿌리치고 자신의 새로운 삶을 위해 스스로 길을 나선다는 점에서 예상 밖의 결말을 보여줬다. 하지만 이와 반대로 같은 해 개봉한 〈해피엔드〉는 바람난 아내를 살해하지만 발각되지 않고 남겨진 아이와 살아가는 남편을 그렸다.

1999년에는 여성계에서 지속적으로 문제를 제기했었던 군가산점 제도가 위헌판결을 받고 폐지되었다. 이는 새천년을 맞아 많은 학자들이 21세기가 3F(female, fiction, feeling)의 시대가 될 것이라고 예견했던 것에 부합되는 사건이었다.

8. 젠더적 경계가 완화되는 21세기

2000년대에 들어 한국 사회는 그동안 고착되어 있던 젠더 개념이 유연해지는 모습을 보였다. 진취적이고 적극적인 여성들이 많이 등장했고 자신의 외모 가꾸기를 부끄러워하지 않는 남성들도 등장했다. 2001년에 개봉된 〈엽기적인 그녀〉는 대중적인 인기를 얻었는데 여주인공의 거침없는 행동이 많은 화제가 되었다. 이 영화는 그동안 남성들이 이상형으로 생각하던, 보호본능을 자극하는 청순가련형 여성이 아닌 당당하고 씩씩하며 남성을 자신의 의지대로 움직이는 여성상을 보여주었다. 2000년대 들어서면서 그동안 인기 있었던 청순가련형 여성상이 사라지고 만화영화 〈캔디〉에서처럼 씩씩하고 당당한 여성들이 주목받기 시작했다. 하지만 텔레비전 드라마 속 여주인공들은 한편으로는 씩씩하고 당찬 모습을 보였지만 여전히 백마 탄 왕자에 의해 신분 상승이 이루어지는 캔디렐라들이라는 점에서 남성 중심적인 재현 관행이 답습되고 있었다(예: 드라마 〈파리의 연인〉, 〈커피 프린스 1호점〉, 〈내 이름은 김삼순〉, 〈시크릿 가든〉, 〈꽃보다 남자〉 등등). 같은 해 개봉된 〈결혼은 미친 짓이다〉에서는 연애와 결혼을 분리하여 살아가는 여성을 등장시켜 연애와 결혼의 인과관계를 파괴했다. 2003년에 개봉된 영화 〈싱글즈〉도 혼전 관계, 결혼, 임신, 연애 등을 기존의 방식이 아닌 새로운 방식으로 접근했다. 이들 영화는 그동안 고수되었던 낭만적 가족의 공식인 로맨스–결혼–출산이라는 순차적인 관계가 파괴될 수도 있다는 것을 보여주었다.

사진 5.
21세기 새로운 여성상으로
등장한 〈엽기적인 그녀〉

2005년 드라마 〈내 이름은 김삼순〉에서도 자신의 일을 열심히 하며 매사에 당당하고 거침없는 여성이 주인공으로 등장했다. 이 드라마에서는 연상녀–연하남 커플을 등장시켜 연상녀–연하남의 조합이 사회적으로 자연스럽게 받아들여지는 데 일조를 했다. 이후로도 〈여우야 뭐 하니〉(2006), 〈소문난 칠공주〉

(2006), 〈달콤한 나의 도시〉(2008) 등에서 연상녀－연하남 커플이 등장하여 남녀 관계의 연령 파괴를 인정했고 현실에서도 연상녀－연하남 커플이 증가하는 데 일조했다. 2005년 방영된 〈굳세어라 금순아〉는 호주제의 문제점을 현실적으로 지적하여 그해 여성가족부가 선정한 남녀평등방송상 대통령상을 수상하기도 했다.

2008년은 한국 여성계의 숙원이던 호주제 철폐가 시행된 해였다. 그동안 여성이 호주가 될 수 없어 나이가 많은 여성이 자신보다 훨씬 어린 아들이나 손자, 남동생의 호적에 오를 수밖에 없던 불합리함이 있었다. 호주제를 대신해 '가족관계 등록 등에 관한 법률'이 만들어지면서 가족 구성원 모두가 각자 자신의 가족관계등록부에서 주인이 되는 일인일적제가 시행되었다.

2000년대부터 심각해지기 시작한 저출산 문제는 인구 감소와 더불어 급격한 고령화 문제를 야기시켰다. 2000년대 이후 세계 최저 출산율을 보인 적이 많았는데(2005년 1.08명) 저출산 문제가 대두된 초기 미디어에서는 커리어를 우선시하는 여성들의 이기심을 비난하는 논조의 기사나 뉴스를 내보냈다. 하지만 점차 저출산에 대한 인식은 여성한테 일방적인 책임이 있거나 여성 혼자 해결할 수 있는 문제가 아니라 공보육 제공 등 사회와 국가가 나서야 한다는 개념으로 전환되고 있다. 출산 장려금을 지급하기도 하고 다둥이 가족에 각종 혜택과 지원이 늘어나고 있다. 하지만 근본적으로 사회나 국가가 제도적으로 양육 문제를 해결해주지 않는 한 여성들은 여전히 출산과 양육, 커리어와 경제적 부담 사이에서 고민하면서, 노산의 위험을 감수하면서까지 고령임산부가 되거나 출산을 포기하고 있다. 많은 인식의 변화가 있다고는 하지만 여전히 남성들은 출산과 양육이 자신들의 문제라고 인식하기보다는 여성의 문제로 인식하는 경우가 많다.

2010년 방영된 드라마 〈대물〉은 처음으로 여성이 대통령이 되는 과정을 그렸다. 평범하지만 상식과 원칙이 있는 기혼 여성이 여성 특유의 도덕성, 정의, 타자에 대한 배려를 통해 국민들이 원하는 대통령이 된다는 줄거리였다. 이와 같은 드라마에 힘입은 결과인지는 모르겠지만, 실제로 2012년 대선에서 박근혜 후보가 대한민국 최초의 여성 대통령으로 선출되었다.

2000년대 이후 미디어에는 여풍女風에 관한 기사가 많았다. 이는 여성도 남성 못지않은, 남성을 능가하는 능력이 있음을 보여주는 것이기도 하지만, 일부 남성들은 남성 기득권에 대한 도전으로 여기고 위기의식을 느끼기도 했다. 여풍과 더불어 실제로 알파걸과 골드미스 등과 같이 능력이 뛰어난 여성 집단이 생겨난 것도 사실이다.

하지만 여전히 현실 속의 여성들은 각종 성폭력, 성희롱, 직장 내 차별과 과중한 가사 노동, 슈퍼맘 콤플렉스에 시달리고 있다. 과거보다는 제도적 측면이나 사회적 인식이 나아진 것은 사실이지만 여성과 남성 모두가 자신의 성을 인식하지 않고 자유롭게 행동하기에는 뿌리 깊게 박힌 성과 젠더에 관한 고정관념이 많이 남아 있다. 이와 같은 젠더 스테레오타입은 여성뿐만 아니라 남성에게도 많은 심리적, 육체적 부담을 안겨주고 있다. 자신이 타고난 생물학적 성 때문에 차별받지 않으며 부당하게 대우받지 않는 정의로운 사회가 될 수 있도록 남녀가 젠더 문제를 열린 자세로 논의하고 더 나은 미래를 위해 성숙한 판단을 하는 것이 필요하다.

생각해볼 문제

1. 현재 여성의 지위는 과거와 비해 많이 나아졌다. 그러나 현실에서 여성들은 여전히 차별을 느끼는 경우가 많다. 언제 여성이 차별받고 있다고 생각하는가?

2. 과거에 비해 여성의 지위가 높아지면서 남성들이 역차별에 대해 항의를 하는 경우가 종종 있다. 남성들이 역차별이라고 느끼는 것들은 어떤 것들이 있는가?

3. 텔레비전 드라마나 영화 등의 미디어 재현은 역사적 사실이나 현실 관계를 왜곡하는 경우가 많다. 그동안 문제가 되었던 미디어의 역사적 사실 재현에는 어떤 것들이 있는지 살펴보자.

더 읽을거리

수유+너머 근대 매체연구팀(2005). 『신여성: 매체로 본 근대 여성 풍속사』. 한겨레신문사.

이배용 외(1999). 『우리나라 여성들은 어떻게 살았을까 1』. 청년사.

이화형(2009). 『뜻은 하늘에 몸은 땅에: 세상에 맞서 살았던 멋진 여성들』. 새문사.

정성희(1998). 『조선의 성풍속』. 가람기획.

정영희(2005). 『한국 사회의 변화와 텔레비전 드라마』. 커뮤니케이션북스.

최숙경 · 하현동(2001). 『한국여성사: 고대~조선시대』. 이화여자대학교출판부.

한국여성연구소 여성사연구실(1999). 『우리 여성의 역사』. 청년사.

더 볼거리

〈주몽〉, MBC, 2006~2007.

〈선덕여왕〉, MBC, 2009.

〈대장금〉, MBC, 2003~2004.

〈천추태후〉, KBS, 2009.

〈인수대비〉, JTBC, 2011~2012.
〈대물〉, SBS, 2010.
'사람이 되고저', 〈지식채널 e〉, EBS, 2011년 3월 7일 방영.
〈자유부인〉, 한형모 감독, 한국, 1956.
〈하녀〉, 김기영 감독, 한국, 1960.
〈낮은 목소리〉, 변영주 감독, 한국, 1995.
〈엽기적인 그녀〉, 곽재용 감독, 한국, 2001.

2부

생산과 수용

3장

성별화된 미디어 조직, 성별화된 미디어 노동

최이숙

윤호미, 장명수, 허미숙, 권태선, 조유미…… 이 사람들의 공통점은 무엇일까? 바로 여성지와 언론 단체에서 나온 신문, 잡지에 언급된 '최초의 여성'들이다. 윤호미(조선일보)는 1986년 여성 최초의 파리 특파원으로 2년간 활약했다. 1998년 우리나라 최초의 여성 주필이 된 장명수(한국일보)는 2000년 국내 중앙일간지 최초의 사장이 된 여성 언론인이었다. 허미숙(기독교방송)은 우리나라 최초의 여성 편성국장에 오른 방송인이며, 권태선(한겨레)은 지금껏 유일무이하게 중앙 일간지 편집국장이 되었다. 조유미는 우리나라 최초의 여성 광고대행사(레오버넷코리아) 대표이다. 이렇게 '최초의 여성'이라는 표현, 그리고 1990년대 말부터 각 언론사 수습사원 모집에서 '여풍'이 거세다는 기사를 접하면서 드는 한 가지 의문은 미디어 노동에 종사하는 남성들에게는 '최초', '남풍'이라는 수식어가 붙지 않는다는 점이다. 또한 '최초', '여풍'이라는 말 속에는 이제껏 미디어 노동 내에서 여성들에게 개방되지 않았던 분야와 직위에 여성들이 진출했다는 뜻이 함축되어 있다는 점도 새삼 깨닫게 된다. 이는 여성주의 시각에서 미디어 노동 및 생산과정을 분석한 연구자들이 비판했던 미디어 조직의 구조와 미디어 노동의 성별화 양상과 관련이 있다.

이 장에서는 바로 이 '성별화'의 문제에 대해서 탐구할 것이다. 미디어 조직과 생산 현장에서 여성들은 어떠한 지위와 위치를 차지하고 있는지, 그리고 어째서 꽤나 오랜 시간 동안 상대적으로 주변적인 존재일 수밖에 없었는지에 대해 살펴볼 것이다. 이에 앞서 1절에서는 미디어 노동과 미디어 조직이란 무엇인지, 그리고 미디어 노동의 특징은 어떠한 것인지에 대해서 알아보고자 한다.

1. 미디어 노동과 미디어 조직

1) 미디어 노동, 미디어 조직

미디어 노동이라고 했을 때 맨 먼저 머릿속에 떠오르는 것은 기자나 프로듀서, 아나운서와 같은 사람들일 것이다. 전통적으로 미디어 노동은 기사 작성, 프로그램 제작, 그리고 이를 보조하는 여러 업무 등 콘텐츠의 생산 및 유통과 관련된 작업이라고 정의할 수 있다. 최근 인터넷, SNS와 같은 새로운 매체의 등장과 매체 융합에 따라 미디어 환경이 크게 변화하면서, 미디어 노동의 개념과 범주 역시 바뀌고 있다. 넓은 의미에서 볼 때, 콘텐츠 생산에 직접적으로 관여하는 기획, 제작뿐 아니라 콘텐츠의 유통, 광고 홍보, 제작을 위한 정보 찾기 업무를 담당하는 사람들을 아울러 미디어 산업 종사자라 할

언론사에 이정표를 남긴 최초의 여성들

각 분야에서 한국 최초의 여성 언론인은 누구일까? 한국에서 여성들이 처음 언론직에 진출하기 시작한 것은 일제강점기였다. 현재까지 기록에 남은 최초의 여성 기자는 1919년 총독부 기관지였던 〈매일신보〉에 부녀 기자로 입사했던 이각경이었다. 이각경의 활동 기간에 대한 상세한 기록은 남아 있지 않지만, 매우 짧았던 것으로 추정된다. 1927년 경성방송국 개국과 함께 여성 방송인도 탄생했는데 그 주인공은 바로 실험방송국 시기부터 아나운서로 활약했던 이옥경이다. 일본어에 능숙했던 그녀는 가냘픈 목소리를 찾던 남편 노창성의 요청으로 라디오 방송에 발을 들여놓았다.

해방 이후에도 여성 언론인들의 활동은 지속되었다. 해방 후 가장 인기 있던 매체인 영화 부문에서 처음으로 메가폰을 잡은 사람은 박남옥이었다. 남편 이보라의 시나리오를 가지고 평소 알고 있던 지인들의 도움으로 아이를 들쳐 업고 16mm 전쟁 멜로물인 〈미망인〉을 촬영했지만, 여성 감독이 만들었다는 이유로 녹음실과 극장에서 거부당하기도 했다. 우여곡절 끝에 완성된 〈미망인〉은 1955년 대중에게 공개되었으나 흥행에는 참패했다.

1950년대에는 TV의 등장과 함께 프로듀서라는 직업이 생겨났다. 우리나라 최초의 TV 프로듀서는 구양순으로, 주로 어린이 프로그램을 담당했다. 지금은 상대적으로 여성들의 진출이 활발한 광고 분야에 여성 감독이 등장한 것은 1983년에 이르러서였다. 1979년 대광기획 AD로 출발한 신미경 씨가 바로 그 주인공이다. 10여 년간 감독으로 활약한 그녀는 1993년에 에이비전이란 자신의 회사를 차렸다.

1960년대 이후 언론계에 진출한 여성들이 장기 근속하는 경우가 생기면서, 이른바 금녀의 영역을 넘어 유리 천장을 뚫고 고위직에 진출하는 여성의 수도 더욱 늘어나고 있다.

수 있으며, 해당 업무를 미디어 노동이라고 할 수 있을 것이다.

미디어 조직은 신문사와 방송국같이 콘텐츠 생산을 담당하는 구체적인, 제도적 실체라 할 수 있다. 한 가지 기억해야 할 것은 미디어 조직은 변화한다는 점이다. 2000년대에 들어서면서 신문, 방송사에서 온라인 콘텐츠 관련 부서들이 새로이 등장하고, 기술의 발달로 새로운 형태의 미디어 조직(예: 인터넷 포털)이 탄생한 사례에서 알 수 있듯이, 미디어 조직은 우리 사회의 변화에 민감하게 반응하고 적응해간다. 콘텐츠를 만들어내는 사람들 역시 사회로부터 고립된 존재들이 아니다. 시청률 경쟁에 내몰리는 프로듀서, 방송 작가, 관람객 수에 울고 웃는 영화 관계자들이 대표하듯 미디어 생산자들은 우리 사회의 트렌드, 정치, 경제, 사회, 문화적 변화에 촉각을 곤두세운다. 이렇듯 미디어 산업 종사자들은 지위 고하를 막론하고 자신들을 둘러싼 정치, 경제, 사회적 조건과 긴밀하게 상호 작용하고 있다. 그 과정에서 미디어 조직과 조직 내 구성원들이 만들어내는 문화와 미디어 생산에 관련된 여러 관행들도 변화한다.

2) 미디어 노동의 특징: 유연성, 창조성-자율성, 비공식성

기자, PD, 카피라이터 등 대표적인 직업에서부터 빅 데이터 마이너, 채널 마케터 등 신종 직업군들이 출현하고 있는 현실에서 미디어 노동의 특징을 딱 잘라 정리한다는 것은 쉬운 일이 아니다. 넥타이 매고 출근하는 일반적인 회사원들과 비교할 때, 신문이나 방송, 광고 및 영화 종사자들에게 출퇴근 시간은 때로는 무의미하다. 정해진 시간은 있다고 하더라도, 사건이 발생하면 밤이든 낮이든 현장으로 뛰어가야 하며, 드라마, 영화, CF 촬영은 밤낮없이 이어진다. 회사에 출근하지 않는다고 하더라도 이들은 기사에 대해, 차기작에 대해 끊임없이 생각한다. 이 때문에 미디어 노동은 노동 시간이 긴 대표적인 직종으로 꼽히고는 한다. 하지만 동시에 쉼없이 새로운 무언가를 생산한다는 점 때문에 다른 회사 생활에 비해 따분하지 않고 상대적으로 자유로운 직업으로 여겨진다. 또 피 말리는 특종 경쟁, 시청률 경쟁, 흥행 경쟁에도 불구하고, 생산과정에서 만나는 사람들과의 관계는 이들이 일을 해나가는 데 중요한 자산이다.

미디어 조직과 미디어를 만드는 사람들이 사회환경에 적응하듯이, 미디어 노동 역시 사회변동에 따라 그 모양을 달리한다. 특히 최근의 커뮤니케이션 기술 발달, 신자유주의적 구조 조정은 노동 현장의 모습을 크게 변화시켰다. 이와 같은 변동 속에서 미디어 노동의 특징을 보여주는 핵심적인 키워드는 유연성, 창조성, 격식에 얽매이지 않는 비공식성informality를 꼽는다.

첫째, 미디어 노동은 유연하다. 유연성은 크게 노동 시간의 유연성과 고용 방식의 유연성으로 이야기된다. 직종에 따라 차이는 있지만, 앞서 이야기했듯이 미디어 노동자는 출퇴근 시간에서 상대적으로 자유롭다. 특히 인터넷 등과 같은 커뮤니케이션 기술의 발달로, 출판, 애니메이션 종사자 등 일부 문화콘텐츠 개발자들은 재택근무를 통해 이론적으로는 시간과 장소에 구애받지 않고 일할 수 있는 여건이 마련되었다. 하지만, 현실적으로 이러한 여유는 쉽게 와 닿지 않는다. 게임 제작, 만화 마감, 드라마 촬영 등 하나의 프로젝트가 진행 중이라면 3일 동안 3시간의 수면을 감수해야 할 만큼 밤낮없이 일해야 한다. 한국 드라마 제작의 악습으로 거론되는 '쪽대본', '생방 촬영'이라는 용어가 시사하듯, 마감 시간은 언제나 빡빡하고 그 시간을 맞추기 위해 사람들은 짧은 시간 동안 엄청난 양의 일을 한다. 노동 시간의 유연성을 결정하는 것은 노동자가 아니라, 바로 이들을 고용한 기업, 즉 미디어 조직이기 때문이다.

두 번째 차원인 고용 형태의 유연성은 비정규직 또는 프리랜서 고용의 증가를 뜻한다. 사실 예전부터 미디어 생산 작업은 회사에 속한 정규직 노동자들 외의 다른 외부 인력(작가, 배우, 기술 스태프 등), 즉 프리랜서들에 많은 부분을 의존해왔다. 김성주, 전현무 등 이른바 '프리' 선언을 한 아나운서의 사례에서처럼, 몇몇 종사자들은

1 「여차하면 잘리는 파리랜서」, 『한겨레 21』, 367호 (2001. 7. 11).

좀 더 자유롭게 일을 하기 위해 또는 자신의 능력과 가치를 높이기 위해 자발적으로 프리랜서 노동을 택하기도 한다. '내가 하고 싶은 일을 내가 하고 싶은 때 한다'라는 프리랜서의 이상은 동시에 불안정한 고용, 불안정한 수입, 불안정한 미래를 의미한다. 지방 방송국에서 일하는 방송 작가들이 스스로를 '파리랜서'[1]라고 지칭하듯이 미디어 조직이 불필요하다고 생각되면 언제든지 '짤릴 수'밖에 없는 사람들이 바로 프리랜서들이다. 이상적으로 이야기하자면, 프리랜서들은 제작에 참여하지 않는 동안에는 나름의 여유를 즐기고 자신을 재충전할 시간을 누릴 수 있지만, 현실의 프리랜서들은 대부분 저임금에 일이 없는 기간 동안 생계 문제를 고민해야 하는 상황에 놓여 있다.

그렇다면 불확실한 미래에도 불구하고 많은 젊은이들이 여전히 미디어 노동시장으로 몰려드는 이유는 무엇일까? 이는 미디어 노동의 두 번째 특징인 창조성—자율성과 관련된다. 미디어 산업은 사회적 상징과 문화를 생산하는 주요한 제도이다. 미디어 노동의 창조성이란 콘텐츠의 생산과정에서 해당 종사자들이 느끼는 자아 성취감과 관련되어 있다. 얼마 전 방영된 드라마 〈드라마의 제왕〉에서 주인공 앤서니 킴은 "최고의 시청률을 내기 위해 3류 같은 생활을 하는 사람들이 있다"고 고백한다. 그 이유에 대해 앤서니는 "돈"이라고 외치지만, 미디어 노동 종사자들에게 물어본다면 그들은 '앤서니가 틀렸다'고 이야기할 것이다. 하루 10시간 노동에 연봉 1천만 원도 못 받는 애니메이터나, 10여 년의 세월 동안 영화판에서 데뷔를 기다리는 예비 영화감독들, 독립 제작사에서 불철주야 일하는 PD들이 경제적 이해관계만 생각했다면 그 3류 같은 생활을 버티지 못했을 것이다. 자신의 열정을 투자함으로써 무언가를 만들어내고 있다는 자부심, 그리고 작품이 완성되고 대중적으로 성공하는 과정에서 오는 뿌

프리랜서, 빛 좋은 개살구?

대표적인 프리랜서 노동자인 방송 작가, 애니메이터, 영화 스태프들을 대상으로 한 여러 실태 조사에 따르면, 이들이 자신의 직업에 대해 갖는 불만은 바로 직업적 불안정성이었다. 제작에 참여하지 않는 동안에는 그 기간이 몇 달이든 몇 년이든 생계를 위해 공사장 일용직을 비롯해 여러 아르바이트를 전전해야 한다. 언제 어떻게 제작에 참여하게 될지 모르기 때문에 장기간의 안정적인 직업을 얻는 것도 불가능하다. 단편 영화 〈격정 소나타〉를 발표하며 평단의 주목을 받은 시나리오 작가 최고은 씨가 2011년 지병과 굶주림에 시달리다 자신의 자취방에서 숨진 사건은 직업적 불안정성이 불러온 비극이었다.[2] 제작에 투입된다고 하더라도, 몇몇 스타를 제외한다면 이들 앞에 놓인 현실은 냉혹하기만 하다. 일정 기간의 기다림 끝에 다시 시작한 고된 노동에 대한 대가는 생계를 꾸려가기에는 대부분 턱없이 부족하다. 일례로 2011년에 발표된 방송영상산업 스태프(드라마, 교양, 영화 부문) 노동 환경 실태 조사에 의하면 평균 10시간의 노동 끝에 이들이 받는 수입은 평균 한 달에 평균 159만 원, 월평균 100만 원 미만의 소득을 받는 사람의 수도 17.8%에 이른다. 이 때문에 기술직을 제외한 몇몇 직종(예: 방송 작가, 지방 방송국 프리랜서 아나운서)의 경우 생계에 대한 부담감이나 책임감이 상대적으로 덜하다고 여겨지는 여성들로 채워지고 있다.

듯함이 그 힘든 생활을 근근히 버티게 해준다. 노동자들이 느끼는 이러한 감정은 미디어 종사자들 사이에 형성된 직업적 자율성에 대한 '신화'와 관련이 있다. 직업적 자율성이란 쉽게 이야기하면 정치 권력이나 미디어 조직 등의 압력으로부터 자유로이 생산자가 자기 노동과 생산물에 대한 통제권을 얼마나 행사할 수 있는가를 의미한다. 전통적으로 미디어 노동은 회사 노동에 비해 노동자 개인의 직업적 자율성이 상대적으로 많이 보장되는 분야로 인식되었다. 조직의 통제가 일정정도 있지만, 사건 현장에서 기사를 작성하는 사람은 바로 현장 기자이기 때문에 게이트키핑Gate-keeping 과정을 거친다고 하더라도 그의 의견을 완전히 무시하기란 어렵다. 공익에 봉사하기

2 "남는 밥 · 김치 있으면…" 누가 최고은을 죽였나?–영화계 "사회적 타살"…'워킹푸어' 현상의 단면. 『프레시안』(2011. 2. 8.).

위해, 예술가로서의 능력을 최대한 발휘하기 위해서는 정치권력과 조직의 통제로부터 자유로워야 한다는 주장은 종사자들 사이의 암묵적 합의처럼 존재했다. 미디어 산업 종사자에 대한 이와 같은 이미지는 많은 젊은이들이 자신의 정열을 바침으로써 자아를 실현할 수 있다는 환상을 심어주기에 충분한 것이었다. 그러나 창조성-자율성이 보장되는 정도가 언제나 누구에게나 동등한 것은 아니다. 신인 작가와 흥행 작가가 작품을 통제할 수 있는 능력이 다르듯, 노동시장 내에서의 자신의 평판, 조직 내에서의 자신의 지위, 시장 내에서의 조직의 여건에 따라 개인이 누릴 수 있는 직업적 자율성의 정도는 각기 다르다.

이 창조적 노동을 더욱 매력 있게 하는 요인 중 하나는 바로 미디어 노동의 세 번째 특징인 비공식성과 관련된다. 비공식성의 첫 번째 측면은 바로 이 일을 시작하는 데 특별한 자격이 요구되지 않는다는 것이다. 재능이 있다면, 능력이 있다면 누구나 PD가 될 수 있고 작가가 될 수 있다. 물론 신문사나 방송국에 입사하거나 구성 작가가 되기 위해서는 일정 수준 이상의 학력이 요구되기도 하지만, 대부분의 미디어 산업 종사자는 전문직으로 분류되면서도 의사, 변호사처럼 자격시험을 통과해야 할 필요는 없다. 아울러 창조적인 노동에 종사하기 위해 필수적으로 꼭 이수해야 하는 교육 과정도 없다. 신문사나 방송사의 공채를 통해 선발된 기자나 PD, 아나운서들의 수습 교육 역시 책상머리 교육이 아니라 실재 현장에서 좌충우돌하며 기사 작성 및 제작에 필요한 노하우를 선배들의 어깨 너머로 배우게 하는 것이다. 2000년대 들면서 '문화콘텐츠학과' 등의 명칭으로 전문대와 각 대학에 전문 인력을 양성하는 학과들이 설치되었지만, 애니메이터들이나 현장 스태프들이 자신들의 경력을 쌓는 데 가

어느 날 이름이 밀렸다: ‘직업적 자율성’ 신화 속에 가려진 현실

드라마 〈김수로〉의 작가 김미숙 씨의 경우, 뇌경색으로 쓰러진 메인 연출가가 교체되면서 드라마 제작사로부터 해고 통지를 받았다. 1년간 드라마를 구상하고 대본을 쓰던 그녀에게 너무나도 당황스러운 일이었다. 더 황당한 일은 그 후에 벌어졌다. 집필 계약을 하고 완성한 대본의 촬영분에서 엔딩 크레딧에 보조 작가의 이름이 공동 작가로 병기되더니 심지어 순위까지 밀리는 일이 벌어졌다. 엔딩 크레딧에 올라가는 이름이야말로 장시간의 고된 노동을 견디는 원동력인데 이는 있을 수 없는 일이었다. 2010년 제작비 가압류 소송을 통해 김 작가는 승소했지만, 이 사건은 제작 책임자의 교체, 시청률 등에 따라 언제든지 창작자의 자율성이 심각하게 침해받을 수 있음을 보여준 사건이었다.

고용의 비공식성은 한편으로는 이들의 능력을 평가할 수 있는 불분명한 기준과 연관된다. 예능, 시사교양, 다큐멘터리 분야의 구성 작가들의 경우, 방송국에 출근하여 출연자 섭외와 같이 일반적으로 조연출이 담당하는 일까지 해야 할 때가 있다. 이후 프로그램 참여의 결정권자인 정규직 남성 PD들의 부당한 요구를 들어주지 않아 평판이 안 좋아질 경우, 다음에 아예 일을 못 할 수도 있기 때문이다. 평판의 중요성은 정규직 노동자에게도 마찬가지이다. 출판 업종에 종사하는 여성 노동자들의 경우도 한 번 고용주들의 눈밖에 난다면 요주의 인물로 분류되어 다른 곳에 취업하기 어렵다고 한다. 이처럼 알음알이에 의한 고용방식은 ‘한 팀’이라는 의식을 증진시킬 수도 있으나 때로는 이들의 직업적 자율성을 침해할 수도 있다.

장 도움이 된다고 이야기하는 훈련 방식은 바로 ‘실전’ 교육이었다.

비공식성의 두 번째 측면은 일종의 사회적 네트워크가 중시된다는 점이다. 신문, 방송, 통신사에서 일하는 기자들의 경우, 취재에 필요한 정보원을 얼마나 알고 있는가가 기자로서의 능력을 가늠하는 하나의 기준이다. 프로젝트형 고용이 일상화된 문화콘텐츠 산업의 경우, 누구를 알고 있는가에 따라 다음 프로젝트에 참여할 수 있는 기회가 달라지고는 한다. 문화콘텐츠 노동자들에게 알음알이는 같은 일을 하는 사람들 간의 동류의식을 형성하는 데 도움을 준다. 하지

3 **문화콘텐츠 산업**
신문이나 뉴스를 통해 '문화산업', '콘텐츠 산업'이라는 말을 많이 듣게 된다. 우리나라에서 정의한 문화콘텐츠 산업은 문화 산업과 디지털콘텐츠 산업의 합성어이다. 2009년부터 매년 발간된 콘텐츠 산업 백서에서는 출판, 만화, 음악, 게임, 영화, 애니메이션, 방송 및 영상(독립제작사 포함), 캐릭터, 지식정보(e-learning, 데이터베이스, 포털 등), 콘텐츠 솔루션 분야(콘텐츠보호, 과금 및 전자 결제 분야 등)를 대상으로 하고 있다.

만 다른 한편으로는 현장의 인사 결정권자(예: 방송 작가에게 방송국 관계자 및 정규직 PD)나 조직 내 고위직의 권한을 강화시키고 노동자의 직업적 자율성을 저해할 수 있는 요인이 되기도 한다.

2. 미디어 조직과 미디어 노동시장 내 여성의 위치

현재 여성들은 미디어 노동시장에서 조직에서 어떠한 위치를 차지하고 있을까? 그리고 미디어 노동의 여러 특징들이 여성들에게 의미하는 바는 무엇일까?

오랫동안 가부장적 전통이 강했던 한국 사회의 역사를 생각해본다면, 미디어 조직과 생산과정 역시 여러 가지 측면에서 '남성 중심적'인 사회문화적 조건에서 자유로울 수 없을 것이다. 미디어 노동의 남성 중심성은 미디어 조직 및 노동시장의 인력 구조에서, 미디어 생산과정에서 의례화된 각종 관행들, 미디어 생산자들이 형성해온 문화의 차원에서 논의해왔다. 이 절에서는 먼저 인력 구조의 차원에서 볼 때 미디어 노동시장 및 미디어 조직에서 여성은 어떠한 위치를 차지하고 있는지 살펴보고자 한다.

1) 비정규직 노동, 주변부 노동시장의 여성화

남성 중심적이라 일컬어지는 미디어 생산 분야에 진출한 여성의 수는 2000년대 들어 꾸준히 증가해왔다. 전통적 미디어인 신문, 방송, 통신 부문에 종사하는 여성의 비율은 1999년 12.2%에서 2012년 24.8%로 2배 이상 증가했다. 해당 영역의 핵심 분야라고 할 수 있는 보도 제작 인력의 경우도 예외는 아니었다. 기자직의 경우, 2001년 11.3%에서 2012년 24%로 증가했고, 지상파 방송사 제작 인력의 경우, 2006년 20.3%에서 2011년 24%로 늘어났다. 그러나 조직 문화나 조직 구조에 영향을 미칠 수 있는 임계치인 30%에는 아직 이르지 못하고 있다.

새로운 영역으로 부상하고 있는 문화콘텐츠 산업[3] 역시 광고를 제외한 전 분야(출판, 영화, 애니메이션)에 걸쳐 여성 인력의 수와 비율이 꾸준히 증가했다. 전통적인 미디어와 비교하여 콘텐츠 산업 전반에 걸쳐 여성들의 활약이 두드러진 가운데(2011년 기준 여성 인력 비율 40%), 여성들이 가장 많이 진출한 분야는 만화(만화 출판 51.3%, 만화 산업 전체, 57%)였다. 남성들의 매체라고 불리는 게임 산업의 경우 상대적으로 진입 장벽이 높았다.

미디어 노동 종사자가 늘었지만, 노동시장은 여전히 성별에 따라 분할되어 있다.[4] 일반적으로 동일 직종의 노동시장 내에서 남성은 주로 안정적인 고용과 보수가 보장되는 중심부 시장primary market 또는 그와 관련된 직업에 종사하는 반면, 여성은 불안정한 고용과 낮은 임금을 감내해야 하는 주변부 시장secondary market에 속해 있다. 미디어 노동 종사자에 대한 통계 자료들은 미디어 산업 역시 이와 같은 성별 분할에서 자유롭지 못함을 보여준다. 첫째, 중심 부분의 진입 장벽은 주변 부문에 비해 여전히 높았다. 미디어 노동 내의 핵심 분야라고 할 수 있는 신문이나 방송 분야보다는 신생 분야인 문화콘텐츠 산업에 종사하는 여성의 수가 더 많았다. 아울러 여성들은 동일 직종 내에서도 상대적으로 낮은 위치의 시장에서 활동했다. 일례로 기자직의 경우 종합 일간지보다는 인터넷 신문에서(2011년 기준, 여기자 비율을 보면 종합 일간지 22.1%, 인터넷 신문 26.0%), 프

4 **성별 분할**
여성 노동을 분석한 많은 연구들은 직업 구조 및 동일 직업 내에서의 업무 구조가 성별에 따라 수평적으로 수직적으로 분할되어 있음을 지적해왔다. 간호사와 비서 등 엄마처럼 누군가를 돌보는 일의 연장선에 있는 직종에는 여성이, 비행기 조종사, 군인, 의사와 같은 과학 또는 기술과 관련된 직종에 남성이 많은 것은 직업 구조상 성별 분할의 대표적인 예라 할 것이다. 이는 남성과 여성의 생물학적 차이에 따른 사회적 편견에 기반을 두고 있다. 여성들은 감정노동 또는 돌봄 노동 분야에 적절하며, 남성은 이성적인 노동에 적합하다는 편견인 것이다. 성별 분할 sex segre-gation은 노동시장 내의 젠더 불평등을 보여주는 대표적인 사례로 거론되었다.

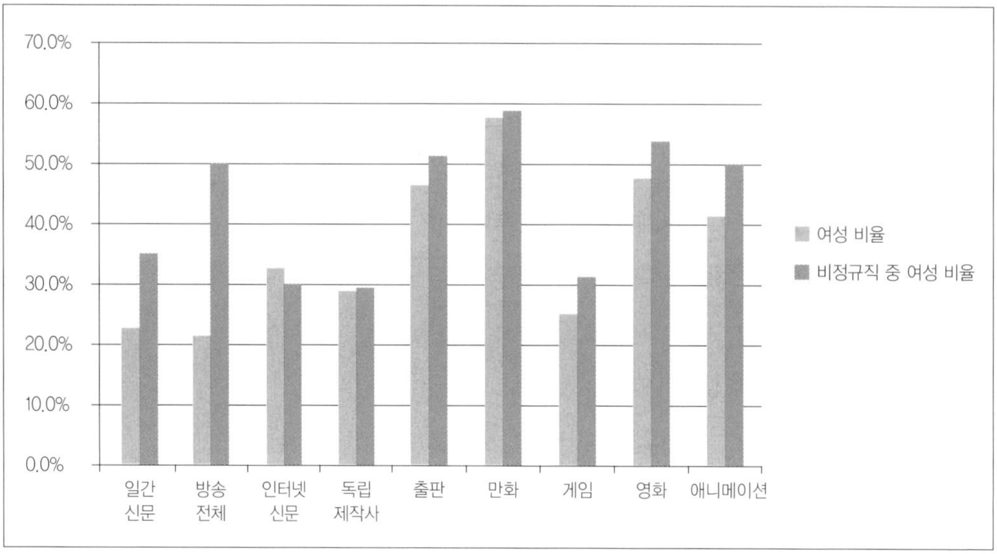

그림 1.
주요 미디어 산업의 여성 노동자 비율과 비정규직 노동자 중 여성 비율[출처: 언론연감(2012); 2012 콘텐츠산업 백서(2012)]

로듀서 등 방송사 제작 인력의 경우, 지상파 방송국보다는 케이블 방송국에서, 방송국보다는 독립 프로덕션에서 활동하는 여성의 수가 더 많았다(2011년 기준, 지상파 20%, 케이블 25.5%, 독립 제작사 29.2%).

둘째, 고용안정성의 측면에서 전 산업 분야에 걸쳐 여성 비정규직의 비율이 남성에 비해 높았다. 여성들이 새로이 진출하는 분야로 각광받고 있는 문화콘텐츠 산업의 경우, 전체 비정규직 노동자 중 여성의 비율이 46%였고, 여성 노동자의 22.1%가 비정규직 노동에 종사하고 있었다(남성의 경우는 17.8%). 회사에 소속된 비정규직 노동자(예: MBC 비정규직 PD) 외에 프로젝트형 고용을 통해 미디어 생산 작업에 참여하는 사람들(예: 방송 작가, 시나리오 작가)까지 생각한다면, 비정규직 여성 노동자의 수는 그만큼 늘어날 것이다. 고용의 유연성은 미디어 노동의 특징 중 하나라고는 하지만, 비정규직 노동자들이 겪는 불평등과 차별에서 이들 역시 자유롭지만은 않다.

정리해고 1순위는 여성?

외환위기 이후 노동 유연화, 비정규직 노동의 증가가 일종의 '상식'처럼 받아들여지기 전에도 역사적으로 여성들의 고용은 언제나 남성에 비해 불안했다. 여성 기자들의 진출이 본격화되었던 산업화 시기(1961~1987)에 대다수의 기자들은 결혼퇴직, 임신 · 출산퇴직에 직면해야 했다. 외환위기 당시 진행된 신문사의 구조조정 과정에서도 가장 먼저 희생된 사람은 생계 부담이 없다고 여겨진 미혼의 여성 기자와 부부 기자 중 여성 기자였다. 2005년 〈일간스포츠〉의 구조조정 과정에서 편집국 여성 기자 6명 전원에게 정리해고 통보를 내린 것을 보면, 이러한 관행은 비교적 최근까지도 지속되었다.

방송사라고 해서 예외는 아니었다. 1990년대 민간 방송국의 출범과 함께 불어닥친 지방 방송국의 구조조정 과정에서도 정규직에서 비정규직으로 가장 먼저 전환된 존재들은 바로 여성 아나운서들이었다. 여성 비율이 높은 문화콘텐츠 산업의 경우, 고용의 불안정성은 더 큰 문제로 다가온다. 회사의 경영 여건이 좋지 않은 경우, 인력 및 비용 감축의 최우선적인 대상은 바로 외주 인력, 다시 말해 프리랜서 여성 노동자들이다. 이들은 일상적인 상황에서도 고용주들 또는 현장 책임자와의 관계가 틀어진다면 언제 어느 순간 해고당할지 모르는 위협에 노출되어 있다. 특히 채용과 고용이 유지되는 데 인맥이 가장 중요하게 작용하는 현실에서, 이들 프리랜서 여성들에 대한 정규직 남성 노동자(예: 방송국 프로듀서)의 권위는 더욱 커져갈 수밖에 없다.

알음알이에 의해 고용이 이뤄지는 방식을 생각해볼 때 여성 노동자들이 남성에 비해 상대적으로 직업적 자율성을 침해받을 수 있음을 시사한다.

2) 조직 내의 수평적 · 수직적 분할

여성들이 미디어 산업에 진출하여 활약한 기간이 100여 년에 육박함에도 불구하고, 조직 내에서 이들의 위치는 핵심보다는 주변에 있었다. 한국 텔레비전의 출현과 함께 여성 프로듀서 역시 탄생했지만, 이들이 다큐나 교양을 넘어 예능, 드라마 등의 영역에서 활약하기 시작한 것은 2000년대 들어서였다. 여성들이 기자로 활동한 지 80년이 넘었음에도 여성 부장, 여성 논설위원, 여성 주필의 수는 극소수에 불과했다. 이러한 현상은 미디어 조직 및 노동시장 구조의 수평적·수직적 분할과 관련이 있다.

수평적 분할이란 특정 직업, 동일 직업 내의 특정 영역, 조직 내의 특정 업무나 부서가 남성 또는 여성에 의해서 채워지는 현상을 말한다. 방송국에서 남성들이 주로 드라마 및 예능 프로그램을 도맡아하는 반면, 여성들이 교양 프로그램(주로 어린이, 주부 대상)을 담당하는 것은 수평적 분할의 대표적인 사례라 할 수 있다. 신문사, 방송국과 같은 전통적인 미디어 조직뿐 아니라 상대적으로 평등하다고 여겨지는 문화콘텐츠 분야에서도 수평적 분할은 발견된다. 일례로 애니메이션 생산 작업의 경우, 제작을 전반적으로 통제하는 애니메이션 PD, 시나리오 작가 등의 창작 직종은 남성이, 원화, 동화, 채색 등의 단순 직종은 주로 여성이 담당하고 있는 것으로 나타났다. 그냥 보기에 수평적 분할은 성차별과는 무관한 것으로 느껴지곤 한다. 한국 사회의 성 인식에 기반을 뒀다고는 하지만, 여성이 상대적으로 쉬운 일에 종사하는 것이 무슨 차별이냐고 이야기할 수도 있다. 그러나 일반적으로 직업 세계에서 현재의 일을 어떻게 해내고 있는가는 아직 다가오지 않은 미래를 위한 준비 과정이다. 즉 현재 내가 어떤 기사, 어떤 프로그램, 어떤 작품을 생산해냈는가는 이후 조직에서 내가 어떠한 지위에 오를 것인가와 일정 부분 연결된다. 특히 미디어 노동의 경우, 이 세계에 발을 들여놓은 한 사람이 전문적인 생산자로서 성장하는 동안 중요한 요인은 공식적인 교육이 아니라 바로 현장에서의 경험이다. 이렇게 볼 때 수평적 분할은 여성과 남성이 현장에서 서로 다른 경험을 하고 있으며 직업적 지식을 획득하는 기회와 수준에서 차이가 있음을 의미한다. 핵심 노동에서 배제된다는 것은 여성이 남성과는 다른 경력 쌓기career building를 하고 있다는 것을 말한다. 이는 여성 노동자의 조직 내의 지위 성취나 승진에 지대한 영향을 미치고 있다.

수직적 분할이란, 조직의 전반적인 운영, 콘텐츠 제작에 대한 의사결정을 담당하는 고위직으로 갈수록 남성 편중이 심해지는 현상을 말한다. 신문사 기자직 종사자 중 여성 비율이 22%나 되는데도 부장은 8%, 부국장 이상의 종사자는 5.2%에 불과하다는 것에서 알 수 있듯이, 미디어 조직은 수직적으로 분할되어 있다. 이는 예전부터 여성들의 진출이 활발했던 분야라고 해서 예외는 아니다. 파주출판산업단지에 입주한 출판사를 대상으로 출판사 대표자의 성별을 조사한 결과, 85.5%가 남성이었으며 여성은 13%에 불과했다. 이는 여성들의 고위직 진출이 활발해졌다고는 하지만 아직도 미디어 산업 전 분야에 걸쳐 보이지 않는 유리천장glass ceiling[5]이 존재함을 시사한다.

미디어 조직 및 노동에서 여전히 수직적 분할이 여전히 지속되는 이유는 무엇일까? 그 이유는 먼저 상당 기간 동안 여성들이 남성에 비해 해당 직업에 머무르는 기간이 짧다는 점을 들 수 있다. 근속연수가 짧다 보니 고위직에 진출할 수 있는 여성의 수가 적기 때문이다. 또 여성의 능력에 대한 사회적 편견 등으로 남성에 비해 승진에서 차별을 받았다는 것이다. 수평적 분할의 결과 여성들이 고위직으로 올라가기 위해 필요한 자질을 획득할 수 있는 기회를 얻지 못했다는 것 역시 하나의 원인으로 지적할 수 있다. 일례로 권태선 편집국장 이후 중앙일간지에서 여성 편집국장이 나오지 않은 것은 여성들이 오랫동안 문화부에만 배치된 탓에 정치, 경제, 사회부 등 다

5 **유리천장**
여성과 소수 인종의 고위직 승진을 가로막는 교묘하고 투명한 장벽을 의미한다. 조직 내의 성차별을 지칭하는 대표적인 용어로서, 미디어 생산과정에서 행해지는 각종 관행, 직업문화, 남녀 직업인 및 고위직 여성에 대한 편견 등이 오랫동안 여성들의 고위직 진출을 가로막는 원인으로 지적되었다. 여성이 남성에 비해 생산성과 능력에서 차이가 없더라도 여러 요인들로 인해 승진에서 차별받는 현상을 지칭한다.

양한 부서에서 경험을 쌓지 못했기 때문이다. 일선에서는 남성 중심적 관행과 규범, 여성 상관에 대한 편견 등이 고위직으로 올라가는 여성들의 발목을 잡고 있다고 이야기한다.

3. 남겨진 문제와 앞으로의 과제

업무 및 부서 배치, 직급의 차이는 왜 여전히 존재하는 것일까? 여성 미디어 생산자들이 조직 및 노동시장에서 주변적인 위치를 차지한다고 하지만 그래도 이전보다 나아진 점은 없는 것일까? 이 절에서 답하고자 하는 두 가지 질문은 사실 생산 현장에서 통용되는 각종 관행과 규범, 생산자들의 직업 문화, 남성다움과 여성다움에 대한 한국 사회의 인식과 관련된다.

> '기자이기 이전에, 인간이 돼야 한다'고 이 말을 여기자에게 적용시킨다면 똑같은 이치로 '기자이기 이전에, 한 사람의 여성이란 것을 잊지 말라'고 여기자들에게 당부하고 싶다._최석채 3대 신문편집인협회장, 1969년

> '실적'과 관계없이 여자라는 이유로 1년씩 재계약하는 촉탁으로 일해야 했고 정규직이 된 뒤에도 성과만큼 직급과 보수를 뒷받침해주지 않았다._신미경 전 대광기획 PD

> 출산 촉진제를 맞아가면서도 기사 2꼭지를 완성해 송고했음에도 불구하고, 편집국에서 5명을 무조건 누락시키라는 회사의 요구에 둘

짜를 출산하고 나온 내가 승급 누락자로 선정되었다._홍은희 전 중앙일보 논설위원

업종에 따라 다소간의 차이가 있지만, 장시간 일에 몰입해야 하고, 필요할 경우 빈민가와 사창가 등을 누비며 각계 각층의 사람들과 조우해야 하는 미디어 노동은 오랫동안 미래의 현숙한 아내들이 하기에는 적합하지 않다고 여겨졌다. 여성의 사회 진출이 시작된 1960년대 이후 공채를 통해 인원을 선발했던 언론직은 여성들의 유망 직종이자 희망 직종으로 꼽혀왔다. 그러나 1980년대까지 여성 기자의 비율이 6.5%에 불과할 정도로 그 진입 장벽은 높기만 했다. 직장인, 생계 부양자로서의 삶이 중시되던 남성과는 달리 여성의 삶에서 가장 중요한 사건은 결혼이고, 여성에게 가장 중요한 공간은 가정이라는 공사 분리[6]의 담론이 강력하게 작동한 결과이기도 했다. 이러한 맥락에서 보면 언론계에서 오랫동안 지속되었던 업무 및 부서 배치의 수평적 분할은 미래의 현모양처를 위한 일종의 배려로 여겨졌다. 미디어 생산에 진입한 여성들은 그저 결혼 전에 잠시 머무르는 존재였고, 남성에 비해 직업의식이나 자질이 부족한 사람으로 비춰졌었다. 1호 영화감독 박남옥이 여성 감독이라는 이유로 작업을 거부당한 상황이나 결혼이나 출산 후에도 기자로서 충실히 활동하는 여성에게 "남편이 오죽 못났으면 여자가 나와서 일을 하느냐" 식의 비아냥거림이 따라다니는 상황이 보여주듯, 사회적 금기를 넘어선 여성들은 남성들의 강력한 반발에 부딪혀야 했다. '여성 = 가정 내 존재'라는 사회적 인식과 남성우월주의가 강하게 작용하던 산업화 시기의 한국 사회에서, 여성 생산자는 미디어 조직에서, 생산 현장에서 경쟁하고 협력하는 동료로 인식되지 않았다. 신미경 전 PD나 홍은희 전 논

6 **공사 분리**
서구의 근대 핵가족의 탄생과 함께 등장한 관념으로, 간단히 이야기하면 공적 영역인 정치·경제 영역은 남성이 사적 영역인 가정의 영역, 즉 가사 노동, 양육 등은 여성이 담당해야 한다는 것을 의미한다. 공사 분리의 이념은 미디어 노동뿐만 아니라 노동 영역 전반에 걸쳐 작동했다. 1980년대까지 한국 사회에 존재했던 결혼 및 임신퇴직제, 여전히 상존하는 조직 및 노동시장 내의 수평적·수직적 분할, 임신·출산에 따른 노동시장에서의 여성 퇴각 현상은 바로 이 공사 분리의 담론과 관련된다.

설위원의 이야기가 보여주듯 생계의 의무가 없는, 생산 현장의 부차적 존재였던 이들에 대한 차별은 당시 사회에서는 정당한 것이었다.

여성이 한 사람의 동료로서 또는 조직 내 구성원으로 완전히 인정받지 못했기 때문에 초창기 생산자들을 위한 정책과 인프라는 거의 부재했다. 이는 다시금 여성들이 생산 현장에서 떠나는 요인으로 작용했다. 일례로 1980년대 초까지 몇몇 중앙일간지 사옥에는 여자 화장실이 없었다. 근로기준법상으로 보장된 생리휴가, 출산휴가를 입에 담는다는 것은 투철하지 못한 이들의 직업의식을 다시금 증명하는 것이었고, 반대로 법으로 금지된 결혼퇴직, 임신퇴직은 1987년 남녀고용평등법이 제정되기 전까지 생명력을 발휘했다. 이러한 상황에서 초창기 여성 생산자들은 남성들이 정해놓은 틀을 넘나들으면서 자신만의 방식으로 자신이 좋아하고 의미 있다고 생각하는 일을 하기 위해 살아남고자 애썼다. 자신이 가르친 남자 후배가 먼저 승진하는 모습을 지켜보면서 견디는 것도 여기에 포함되었다.

미디어 산업의 전 분야에서 여성들의 진출이 20%가 넘은 지금, 여성 생산자에 대한 사회적 편견과 이들의 활동을 가로막는 장애들에는 어떠한 변화가 생겼을까? 먼저 남성들의 아성으로 여겨졌던 정치, 경제, 사회부에서 활약하는 여기자가 늘어나고, 드라마 및 예능 분야에서 맹활약하는 연출자의 수적 증가는 수평적 분할의 벽이 이전에 비해 얇아졌음을 보여준다. 2000년대에 들어서면서 여성 논설위원, 주필, 편집국장, 방송국 편성국장, 광고회사 사장의 탄생은 두껍게만 여겨졌던 유리천장을 깨뜨리는 여성의 등장을 알렸다.

이러한 변화는 먼저 미디어 산업 분야에서 활약하는 여성의 풀pool이 늘었기 때문이다. 즉 미디어 노동에 진입하는 여성의 수가 전반적으로 증가했고, 동시에 여러 가지 사회적 편견에도 조직과 현장에서 이를 견디면서 한 사람의 직업인으로서 능력을 보여준 여성들이 있었기 때문에 가능할 수 있었다. 또한 민주화와 여성운동의 결과로 여성의 사회 진출 및 활동이 왕성해지고, 사회 전반에 걸쳐 직장 내 불평등에 대한 문제제기가 지속적으로 진행되었던 데에서 그 원인을 찾을 수 있을 것이다. 물론 상황이 나아졌다고는 하지만, 초창기 여성 생산자들의 활동을 가로막던 구조적 차별과 정책 및 인프라의 부재가 완전히 해결된 것은 아니다.

> 다줄 생각을 해야 하는데 그래도 아나운서 할 수 있겠느냐? oo여대 이상은 자존심 때문에 그렇게 못 하더라._강용석 전 국회의원, 2010년

2004년 기자 간담회 이후 술자리에서 당시 한나라당 사무총장이던 최연희 의원은 옆에 앉아 있던 여기자를 뒤에서 껴안고 두 손으로 가슴을 거칠게 만지는 범죄를 저질렀다. 요즘 케이블 방송에서 활약하고 있는 강용석 전 의원은 여성 아나운서 비하 발언으로 고소를 당하기도 했다. 사회 지도층의 이러한 행동은 여성 생산자를 한 사람의 직업인으로 대하기보다는 '여성'으로 바라보는 시각이 여전이 남아 있음을 보여준다. 남성우월주의적 시선도 여전히 존재한다. 2006년 여기자 클럽 조사에 의하면 직급 연령에 관계없이 남성 기자들은 여성 기자를 저평가하고 있으며, 특히 여성 상사의 존재에 대해 긍정적인 태도를 보이지 않았다.

프리랜서가 많고 여성들이 많이 진출한 문화콘텐츠 분야도 크게 다르지 않다. 오히려 콘텐츠 산업 전반에 걸쳐 알음알이가 중시되는 고용구조는 상대적으로 네트워킹에 약한 여성에게 더 적은 고용 기회를 부여했다. 아울러 '평판' 때문에 자신 앞에 놓인 성차별적 노동

조건이나 행동에 대해 공개적으로 문제를 제기하는 것이 더욱 어렵게 되어버렸다.

'여성 = 가정 내 존재'라는 공식은 사라져갔지만, 여전히 육아의 1차적 책임이 엄마에게 돌려지는 상황에서 이를 해소할 수 있는 조직의 정책과 인프라는 지금도 부족하다. 신문사나 방송사 등 상대적으로 규모가 큰 조직에서 어린이집을 만들기 시작한 것은 2000년대에 접어들어서였다. 하지만 들어갈 수 있는 인원이 제한되어 있는 상황이라 육아는 여전히 부모님 또는 베이비시터 고용 등의 방식으로 개인이 해결해야 한다. 조직의 규모가 작은 출판사나 인터넷 언론의 상황은 더욱 열악하다. 출산휴가나 육아휴직을 활용하는 사람이 이전에 비해 늘어났다고는 하지만, 이를 누릴 수 있는 사람들은 대개 어느 정도 규모가 있는 회사의 정규직 인력에 국한된다. 일과 가정이라는 두 마리 토끼를 잡기 위한 여성들의 힘겨운 싸움은 여전히 진행형이다.

비정규직 고용, 또는 프로젝트 고용을 통해 생산에 참여하는 사람들의 경우는 어떠할까? 일할 때 일하고 쉴 때 쉴 수 있다는 점, 집에서 일을 할 수 있다는 점은 신문사 기자나 방송국 PD에 비해 결혼과 출산 이후에도 여성이 일을 하는 데 긍정적으로 작용할까? 일반적으로 유연화된 노동은 출퇴근의 책임에서 벗어나 자유롭게 재택근무를 할 수 있기 때문에 일–가정의 균형을 맞출 수 있는 하나의 대안으로 거론되기도 하지만 현실은 그렇지 않다. 여성 인력의 비중이 높은 방송 작가나 여성 애니메이터들은 한결같이 작품에 들어가면 일 외에 다른 생활을 챙기는 것은 꿈도 꿀 수 없다고 이야기한다. 시간에 쫓기는 제작 일정 속에서 아이의 졸업식과 입학식, 아이의 병간호와 같은 '엄마 일'은 아예 포기해야 한다고 말한다. 이러한 상황 때문에 경력 있는 여성 노동자들이 자신이 좋아하고 잘하는 일에서 일시적으로 또는 영원히 떠나가고 있다.

여성의 사회 진출에 대한 인식 변화, 선배 여성들의 꾸준한 활동은 이전에 비해 분명 여성 생산자들이 활동할 수 있는 지평을 넓혀두었다. 성차별적이고 남성 중심적인 직업 문화에도 많은 변화가 있었던 것도 사실이다. 그렇다고 해서 장애가 완전히 사라진 것은 아니다. 일과 가정을 양립할 수 있는 인프라와 정책의 마련, 차별적인 문화에 대한 지속적인 문제 제기만이 능력 있는 여성 미디어 생산자들이 활약할 수 있는 공간을 더욱 열어줄 것이다.

생각해볼 문제

1. 미디어 노동시장 내에서 정규직 여성과 비정규직 여성 노동자들이 겪는 성별화 양상은 같을까? 대표적인 직군을 선별하고 이들에 대한 신문 및 서적 자료를 바탕으로 해당 분야의 여성들이 겪는 어려운 점과 그에 따른 생존 방식등을 알아보고 이에 대해 토론해보자.

2. 미디어 생산과정에서 존재하는 남성 중심적 관행과 직업 문화의 예를 찾아보고 그것이 여성에게 또는 남성에게 어떠한 영향을 미치는지 생각해보자.

3. 미디어 노동 내의 성별화 양상이 완화되기 위해 미디어 생산자, 조직, 사회적인 차원에서 각각 어떠한 변화가 뒤따라야 할까?

더 읽을거리

신동식 외 20인. 최원석 엮음(2013). 『세상은 바꾸고 역사는 기록하라—끈질기고 당차게 오늘을 달리는 여기자들의 기록』. 푸르메.

유선영 · 김경희(2003). 『미디어 조직과 성차별』. 한국언론재단.

임영호 외(2012). 『커뮤니케이션을 공부하는 당신을 위하여』. 커뮤니케이션북스.

데이비드 헤즈먼댈치 엮음(2006). 『미디어 생산』. 김영한 옮김(2010). 커뮤니케이션북스.

미디어 수용과 여성

4장

나미수

미디어 수용 연구에서 여성에 대한 관심은 방송 프로그램이나 신문기사와 같은 미디어 텍스트 속의 여성의 문제에 비해 그 역사가 길지 않다. 이는 미디어 수용 연구에서 젠더의 문제보다는 계급의 문제가 더 관심을 받아왔으며, 여성이 선호하는 대중문화 산물 혹은 여성 문화에 대한 시각이 매우 경멸적이었다는 점도 작용한다고 볼 수 있다. 드라마와 같은, 이른바 여성 장르는 뉴스나 다큐멘터리와 같은 장르에 비해 시간 낭비며 유익하지 않은 장르라는 인식이 우리 사회에는 여전히 자리 잡고 있다. 따라서 본 장에서는 드라마처럼 상업적 목적으로 주어진 대중문화 산물이 어떻게 여성적 문화 영역으로 구성되어 여성 수용자들이 공유하는 의미와 즐거움을 제공하는지 알아보고자 한다. 그리고 미디어 수용에서 성별 차이는 미디어 텍스트적 특성만이 아니라 미디어가 수용되는 맥락적 특성과도 밀접한 관련이 있다는 점에서 미디어 수용이 이루어지는 가정과 일상생활에도 관심을 기울여보고자 한다. 이러한 여성의 미디어 수용에 대한 본격적인 논의에 앞서 본 장은 수용자상이나 미디어 수용 연구의 경향을 살펴봄으로써 여성의 미디어 수용을 이해하기 위한 기본 시각을 살펴보는 것으로 시작하고자 한다.

1. 여성의 미디어 수용에 대한 시각

1) 수용자상의 변화

미디어 연구에서 논의된 수용자상은 크게 두 가지 관점에서 살펴볼 수 있는데, 하나는 초기 실증주의 커뮤니케이션 연구 전통에서 비롯된 수동적 수용자상과 1970년대 이후 문화 연구 전통에서 제기된 능동적 수용자상이다. 이는 매우 단순한 분류이긴 하지만, 큰 틀에서 수용자상의 변화를 바라볼 수 있는 구분이라 할 수 있다.

먼저 초기 매스컴 연구의 주류를 이루었던 미국의 실증주의 연구에서 바라본 수용자상은 수동적이며 익명적인 개인들의 집합체라 할 수 있다. 이러한 수용자에 대한 이미지는 미디어의 설득적 이용에 관심이 있었던 실증주의적 커뮤니케이션 연구를 통해 형성되었다. 여기서 주된 관심사는 수용자의 미디어 이용에 따른 인식이나 태도, 행동의 변화를 설명하고자 했던 효과 연구로서, 수용자는 송신자에 의해 조종 가능하고 설득 가능한 수동적인 존재로 인식되었다.

이러한 수동적인 수용자상이 변화를 보이기 시작한 것은 '이용과 충족 접근uses and gratifications approach'이라는 새로운 패러다임이 등장하면서부터라고 할 수 있다. 이용과 충족 접근에서는 미디어의 힘과 수용자의 수동성을 기본 전제로 하는 초기 실증주의 설득 커뮤니케이션 연구와는 달리, 수용자는 자신의 욕구와 동기에 따라 미디어나 미디어 내용을 자율적으로 선택한다고 봄으로써 수용장의 능동성을 인식하는 데 중요한 역할을 했다. 이에 따라 미디어와 수용자의 관계는 단순하기보다는 복잡하고, 직접적이기보다는 중개적인 것으로 인식되었다. 이러한 시각은 커뮤니케이션의 주도권이 항상 송신자에게 있으며 수용자는 수동적이라고 보았던 비인간주의적 접근에서 벗어나 인간 중심적 패러다임으로의 전환을 가져왔다. 그러나 몰리Morley는 이러한 이용과 충족 접근이 수용자의 능동성을 인식했다는 점에서 큰 의미를 갖지만, 미디어 선택과 이용에서 수용자의 능동성을 개인의 욕구와 필요, 즉 개인적이고 심리적 요인들에서만 찾는다는 한계를 지녀 사회적인 존재로서 지니는 수용자의 의미를 놓치고 있다고 비판했다.

초기 매스컴 연구의 수동적인 수용자상과 이용과 충족 접근의 개인적 · 심리적 차원에서의 수용자 능동성은 1970년대 수용자에 대한 새로운 논의가 이루어지면서 전환을 가져오게 되었다. 이는 커뮤니케이션 분야에서 문화 연구, 문학 비평, 영화 이론 등 다양한 학문적 전통과 접근 방식에서 새로운 개념과 이론들을 차용하면서 나타났는데, 이를 통해 기존의 수용자상과는 차별화된 새로운 시각에서 본 수용자 개념이 제시되었다. 이러한 새로운 시각은 1970년대 영국 중심의 문화 연구 전통에서 비롯되었는데, 문화 연구에서 보는 수용자 인식은 수동적이고 개별적 존재로서 보던 수용자상에서 벗어나 능동적 수용자상, 특히 메시지 해독과 의미 창출이라는 차원에서 능동적 수용자상을 제기했다.

이러한 관점에서 수용자상은 일상생활에서 미디어를 능동적으로 소비하는 적극적인 의미 창출자로서, 미디어에 대한 수용자의 해석은 다양하며, 수용자는 미디어의 소비자에서 나아가 의미의 생산자로서 인식되었다. 이는 초기 실증주의 커뮤니케이션 연구에서 수용자를 대중적·익명적으로 보았던 것과 달리 능동적·주체적인 존재로서 수용자를 바라보는 것이라 하겠다. 또한 여기서 수용자의 의미 창출은 그들이 처한 사회적 위치나 문화적 배경에 따라 다양하게 나타날 수 있다고 보는 것으로, 수용자를 사회문화적 존재로서 파악하게 되었다. 따라서 수용자는 커뮤니케이션의 주체로서 일상생활 속에서 실제적인 문화 생산에 참여하는 존재로 인식되었다.

이와 같이 능동적이고 적극적인 의미 창출자로서의 수용자상은 미디어와 수용자의 관계에 대한 새로운 시각을 제공하면서 수용자 연구에 중요한 전환점이 되었다. 이러한 관점에서 여성은 개별적이고 수동적인 존재가 아닌 능동적이며 사회적인 주체로서, 우리 사회에서 여성이 갖는 위치와 역할과 관련하여 미디어 텍스트에 대한 해석이나 미디어 수용의 의미를 이해하고자 했다.

2) 미디어 수용 연구: 미디어 텍스트 해독의 문제에서 미디어 수용의 즐거움으로

앞서 보았듯이, 익명적이고 수동적인 집합체로서의 수용자에 대한 미디어의 효과에 초점을 맞추었던 관점에서 벗어나 능동적인 의미 창출자로서 바라보기 시작한 새로운 수용자상은 미디어 수용 연구의 관심에도 변화를 가져왔다. 즉 수용자의 다양한 메시지 해독에 관심을 가지게 되었다. 수용자의 미디어 텍스트 해석에 초점을 맞춘 많은 작업들은 특히 홀Hall의 '부호화/해독encoding/decoding' 모델을

부호화/해독 모델

이 모델은 생산자의 부호화encoding를 통해 생산된 메시지의 의미는 수용자의 해독decoding 과정을 통해 재생산됨으로써, 생산자가 부여한 메시지의 의미와 수용자가 해독한 메시지의 의미가 반드시 일치하지 않을 수도 있음을 보여주고 있다. 즉 부호화와 해독이 불일치할 수 있음을 제시함으로써 미디어 텍스트에 대한 수용자의 보다 자율적이고 창조적인 해독의 가능성을 열었다. 이러한 관점에서 미디어 텍스트의 의미는 단일하지 않고 다양하며, 고정된 것이 아닌 경쟁적인 것이 됨으로써 여러 가지 해독이 가능하게 된다. 이와 같이 수용자마다 상이한 해독이 나타나게 되는 요인은 수용자의 사회적 위치나 문화적 배경이 다양하기 때문이라고 보았다.

통해 발전했다.

홀의 모델에서는 수용자의 사회적 · 문화적 위치에 따라 동일한 텍스트에 대한 서로 다른 해독이 가능하다고 보았다. 이러한 관점에서 성gender은 연령, 계층, 교육 등과 같이 수용자의 사회적 · 문화적 위치를 형성하는 중요한 요소 중의 하나로, 수용자의 텍스트 해독에 밀접한 관련이 있다고 하겠다. 그러나 홀의 모델에서 성은 수용자 해독에 영향을 미치는 사회적 요소로서 중요하게 인식되지 못했으며, 텍스트 해독의 문제는 주로 수용자의 계급적 위치와의 관련성 속에서 설명되었다.

예를 들어 몰리는 텔레비전 수용 연구를 통해 홀의 모델을 검증하고자 했는데, 이 연구는 텔레비전 텍스트의 해독과 수용자의 사회적 위치, 특히 계급과의 관계를 잘 보여주고 있다. 몰리는 〈The Nationwide〉라는 텔레비전 프로그램을 사회적 · 계급적 배경이 다양한 수용자에게 보여주고 수용자가 각자의 사회적 위치에 따라 어떻게 서로 다른 해독을 하는지 검토했다. 그 결과 시청자의 해독이 사회 계급에 따라 일관되게 나타나지 않았다. 동일한 계급 내에서도 서로 다른 해독을 하거나 상이한 계급적 기반에도 유사한 해독을 보이는 경우가 있었던 것이다. 이는 사회 계급과 수용자 해독 사이에 아무런 관련이 없다는 의미라기보다는, 수용자들의 해독에서 다양한 하위 문화적 특성이 더욱 중요한 역할을 하고 있음을 보여준 것이라 하겠다.

몰리의 연구에서 수용자는 사회적인 존재로서 그들이 처한 사회적 위치에 따라 미디어 텍스트에 대한 해독이 다양할 수 있음을 보여주었다. 그러나 몰리는 수용자의 사회적 위치를 주로 계급에 기반을 두고 봄으로써 성, 연령, 인종, 종교 등의 다른 사회적 위치를 고려하지 못했다는 한계를 갖는다. 또한 텔레비전 텍스트 해독의 문제에만 집중함으로써 텔레비전 시청 맥락의 문제를 소홀히 하고 있는데, 몰리는 위의 연구에서 수용자의 자연스런 텔레비전 시청 환경(예: 가정)이 아닌 인위적인 공간에서 프로그램을 시청하게 함으로써 수용자의 일상적인 시청 경험과는 다른 상황에서 연구를 수행했다.

몰리 자신도 이러한 한계를 인식하고 이후 가족의 텔레비전 시청에 대한 연구에서는 특정 프로그램에 대한 해석의 문제에서 벗어나 프로그램 시청이 이루어지는 시청 맥락의 문제, 그리고 프로그램의 선택이나 선호의 문제에 주목했다. 이에 따라 이후에 이루어진 많은 수용자 연구들은 미디어 텍스트 해독에 대한 연구에서 텍스트 소비의 즐거움에 대한 연구나 텔레비전 시청을 비롯한 미디어 소비가 이루어지는 맥락에 대한 연구들로 발전되었다. 이와 관련, 여성의 미디어 수용에 대한 많은 연구들은 여성 수용자의 일상생활 속 맥락에서 미디어 소비의 의미와 즐거움, 특히 미디어 소비가 이루어지는 일상적인 가정생활에서 차지하는 여성의 위치와 역할, 미디어 소비의 관계를 탐구했다.

특히 텍스트 소비의 즐거움에 관심을 갖는 시각은 수용자가 미디어 텍스트를 수동적이고 무비판적으로 받아들이는 것이 아니라 텍스트 소비를 통해 경험하는 즐거움과 의미의 문제에 주목한다. 이는 기존의 텍스트 해독 연구들이 텍스트에 나타난 이데올로기에 주목, 대중문화가 기존의 사회체제나 계급 관계를 강화한다는 주장을 하면서도 수용자들이 왜 그들의 이익과 동떨어진 이데올로기가 담겨 있는 대중문화를 수용하는지에 대해서는 설명하지 못한다는 문제점을 지적하면서 나타나게 되었다. 이에 대해 피스크Fiske는 대중은 단순히 대중문화를 소비하는 것이 아니라 소비를 통해 의미와 즐거움을 생산해내며, 이는 대중문화에 부여된 지배적 의미(이데올로기)에 대한 저항적인 실천이 될 수 있다고 보았다. 말하자면 수용자는 대중문화 산물에 부여된 의미와는 다른 의미와 즐거움을 얻을 수 있다는 것이다. 여기서 우리는 수용자에게 인기 있는 장르는 수용자에게 어떻게 소구하며 어떤 즐거움을 제공하는지, 그리고 미디어 수용은 어떤 의미를 갖는지와 같은 질문을 던지게 된다.

이와 관련, 페미니스트 관점의 연구들은 여성 수용자들이 좋아하는 멜로드라마와 같은 미디어 텍스트가 여성을 수동적이고 복종적인 인물 또는 가부장제의 희생자로 묘사하고 있음에도 왜 이러한 텍스트를 즐겨보는지에 대한 질문에 답하고자 했다. 특히 초기 페미니스트들은 이러한 텍스트들이 여성을 경멸적으로 묘사하고 있으며 가부장제를 확대, 재생산하는 이데올로기적 산물로 비판했다. 그러나 이후 페미니스트 연구들에서는 성차별적 메시지가 담긴 대중문화 산물이 어떻게 소위 '여성 장르'로 형성되었으며 여성 수용자들에게 어떤 의미와 즐거움을 제공하는지를 탐구했다.

이와 같이 수용자가 텍스트 소비를 통해 경험하는 즐거움에 대한 관심은 수용자들의 일상적 삶 속 감성적 측면에 주목하고 있다. 이는 수용자와 텍스트의 관계에 대한 새로운 이해를 가능하게 하고, 대중문화 소비 경험에서 오는 즐거움을 허위적인 것으로 상정하는 이데올로기 분석이 소홀히 해왔던 일상성에 주목, 매일의 삶 속에서 수용자들이 미디어 수용을 통해 느끼는 즐거움과 의미에 관심을 기울였다.

이러한 미디어 수용자상과 연구 경향의 변화 속에서 여성의 미디어 수용에 대한 시각도 변화를 가져오게 되었다. 즉 여성의 미디어 수용을 부정적 측면에서 가부장적 이데올로기의 확대로 보고 여성 장르를 비하했던 관점에서 벗어나, 여성의 일상생활이라는 맥락에서 미디어 수용의 즐거움과 의미를 탐구함으로써 여성의 미디어 수용에 대해 보다 긍정적 · 능동적인 관점으로 이동한 것이다.

2. 여성의 미디어 텍스트 수용

1) 성과 장르

여성은 드라마를 즐겨 보고 남성은 뉴스를 즐겨 본다는 일반적인 인식은 성별에 따라 프로그램 선호에 차이가 있음을 보여준다. 성에 따라 두 가지 텔레비전 세계two worlds of television가 있다고 언급한 홉슨Hobson은 뉴스, 시사 프로그램, 다큐멘터리, 모험/수사물 등을 남성 장르로, 솝오페라(혹은 멜로드라마), 퀴즈쇼, 코미디 등을 여성 장르로 분류하고 있다. 그렇다면 여성과 남성은 왜 서로 다른 장르를 선호할까? 이에 대한 몇몇 설명들은 사회에서 요구하는 남성성/여성성의 차이, 혹은 장르별 서사 구조의 차이에서 그 원인을 찾기도 한다.

예를 들어 미국 솝오페라인 〈댈러스Dallas〉에 대한 연구 사례를 통해 성별에 따른 시청 이유의 차이를 보면, 먼저 〈댈러스〉의 주요 시청자는 여성이었으며, 여성에 의해 주로 평가되었다는 점에서 솝오페라가 여성 장르임을 보여주고 있다. 또한 〈댈러스〉에 대해 남녀 시청자가 느끼는 재미와 즐거움의 요소는 매우 다르게 나타났다. 여성 시청자는 〈댈러스〉에서 다루고 있는 복잡한 가족 관계나 남녀의 로맨스에 관심을 보인 반면, 남성 시청자는 사업 관계나 권력과 야망 또는 부의 문제에 관심을 보였다. 이는 장르 선호에서 보이는 성별 차이, 특히 남녀에게 소구하는 솝오페라의 텍스트적 요소의 차이 등을 통해 성과 장르 선호의 관계를 설명하고 있다.

한편 모들스키Modleski는 여성이 솝오페라를 선호하는 이유를 솝오페라의 이야기 구조가 여성의 일상생활과 유사하다는 점에서 찾고 있다. 즉 솝오페라의 이야기가 지속되며 끝나지 않는 것처럼 여성의 기다림이나 가사 노동은 무한하며, 솝오페라의 인물관계가 다양하고 복잡한 것은 모든 가족 구성원을 돌봐야 하는 여성의 역할과 유사하기에 관계지향적인 여성성과도 잘 맞는다. 아울러 솝오페라의 비연속적이고 느린 전개 방식은 주부가 집안일을 하면서도 줄거리를 따라잡기에 어렵지 않다는 것이다.

솝오페라는 이야기 구조뿐만 아니라 다루는 주제나 소재 면에서도 여성 수용자를 끌어들이는 이유가 있는 것으로 보인다. 예컨대 세이터 등Seiter et al.에 따르면 솝오페라의 주된 소재는 이혼이나 불륜, 결손가정 등인데, 이러한 내용을 통해 여성 수용자는 자신의 정상적인 결혼 상태에 대해 안도감을 느끼게 되는 동시에 전통적인 가족의 가치나 가족 구조의 파괴에서 즐거움을 느끼기도 한다는 것이다.

이와 같이 솝오페라는 가족생활을 주된 소재로 이야기가 전개되면서 가족 간의 갈등이나 끊임없는 문제의 발생, 만족할 만한 해결책의 부재 등 복잡한 구조로 전개된다는 점에서 여성적인 서사 구조를 갖는다. 알렌Allen은 이렇게 다양한 인물들의 복잡한 관계로 구성되는 솝오페라의 텍스트 구조가 한 남자 주인공을 중심으로 이야기가 전개되는 탐정물과 같은 남성적 서사 구조와는 다르다고 지적한다. 남성들은 복잡한 서사 구조를 갖는 여성적 장르인 솝오페라를 선호하지 않는데, 그 근본 이유로 박동숙(1994)은 남성과 여성의 문화적 능력cultural competency의 차이를 설명하고 있다. 문화적 능력이란 여성과 남성의 상이한 텔레비전 수용 패턴을 설명해주는 개념이다. 여성, 특히 가정주부는 항상 여러 가지 역할을 수행하는 동시에 중간에 다른 일의 방해를 받더라도 모든 일을 조화롭게 해나가야 하는데, 여성 수용자들의 바로 이러한 문화적 능력이 솝오페라를 즐길 수 있게 해준다는 것이다. 이러한 문화적 능력의 차이는 여성과 남성에게 사회적으로 바람직하게 인식되는 속성이 서로 다르기 때문이라고 할 수 있다. 여성은 어려서부터 모성의 특성들, 즉 돌보기와 관계 맺기 등을 중요한 자질로 배우며 성장한다. 다시 말해서 여성 수용자가 솝오페라를 즐겨 시청하는 것은 솝오페라의 복잡한 서사 구조와 여성의 역할, 일상생활의 흐름이 일치하는 데서 오는 것이라고 볼 수 있다.

또한 우리 사회에 구축되어 있는 공사 영역의 성별 구분과 남녀 간 선호 장르의 차이와의 관련성도 생각해볼 수 있다. 즉 우리 사회에서 공적 영역은 남성의 영역으로, 사적 영역은 여성의 영역으로 성별화되는 경향을 종종 볼 수 있는데, 정치, 경제, 사회 등 공적 영역을 다루는 뉴스는 남성 장르로, 가족과 결혼, 사랑 등 사적 영역을 다루는 드라마는 여성 장르로 구분되는 것은 이러한 성별화된 공사 영역이 남녀의 선호 장르에도 관련되어 있음을 보여준다. 이렇게 볼 때 가부장적 사회에서 요청되는 이상적인 남성성/여성성의 특성 혹은 남성적 영역/여성적 영역의 구분이 문화적 산물에 대한 남성과 여성의 반응이나 선호와도 밀접히 연관되어 있음을 알 수 있다.

2) 여성의 미디어 텍스트 소비

앞서 살펴보았던 솝오페라와 같이 소위 '여성 장르'로 불리는 미디어 텍스트는 실제로 여성들에게 어떻게 수용될까? 이러한 관심은 수용자를 수동적인 소비자가 아닌 능동적인 커뮤니케이션 주체로서 실제적인 문화 생산에 참여하는 존재로 파악하는 관점에서 비롯되었다. 이러한 관점에서 몇몇 페미니스트 미디어 연구는 사회적으로 남성과 차별적인 위치에 있는 여성들에게 여성 장르 혹은 여성적 문화 영역으로 구성된 대중문화 산물이 어떠한 의미를 생성하고 즐거움을 제공하는지 알아보고자 했다.

솝오페라 혹은 멜로드라마는 초기 페미니스트의 관점에서 보면 가부장적 사회에서 여성의 억압과 종속을 유지, 강화하는 기제로 인식되었다. 우리나라 드라마에서도 흔히 보듯이, 예쁘고 착하며 순종적인 여성이 사랑을 받으며, 여성의 행복은 결혼을 통해 완성된다는 등의 가치를 담고 있기 때문이다. 이러한 관점에서 드라마는 지배적인 이데올로기, 즉 가부장적이고 성차별적인 이데올로기를 재생산하고 여성 수용자들은 이러한 여성 차별적 메시지의 수동적인 희생자로 생각되었다.

그런데 이러한 여성 차별적 메시지를 여성들은 왜 시청하는 것일까? 이러한 시청을 통해 얻게 되는 즐거움과 의미는 무엇일까? 이에 대해 미디어 텍스트 소비를 통한 '즐거움'에 주목하는 관점에서는 드라마의 주요 시청 집단으로서 여성 수용자에 대한 새로운 이해를 통해 여성 장르로서 드라마에 대한 진지한 학문적 접근을 시도했다.

특히 '능동적인 의미 창출자'라는 새로운 수용자상에서 볼 때, 여성 수용자들은 여성 차별적인 드라마의 메시지를 있는 그대로 해독하기보다는 다양하게 해독하거나 때로는 매우 상반된 해독을 하는 것으로 밝혀졌다. 예를 들어, 앞서 언급했듯이 멜로드라마의 주요 소재가 되는 이혼, 혼외정사 등의 문제는 여성, 특히 주부 수용자에게 가부장적 가치를 위반하는 데서 오는 즐거움을 주기도 하는 것으로 나타났다. 여기서 여성 수용자는 드라마에서 묘사되는 가부장적 제도와 가치를 뒤흔드는 여성의 일탈이나 위반을 통해 대리 만족과 즐거움을 느끼게 된다는 것이다.

라드웨이Radway는 이러한 즐거움이 가부장적 사회에서 여성에게 부과된 억압에 대한 저항의 형태로 나타난다는 점에서 '저항적 즐거움'이라고 표현했다. 이런 점에서 여성의 미디어 텍스트 소비는 부정적인 의미에서 '도피'의 전략이 아니라 보다 능동적인 의미에서 여성의 일상에 대한 '보상'이라고 할 수 있다. 즉 여성들, 특히 주부들이 드라마를 시청하는 행위는 일상생활에서 갖는 책임과 역할(예: 어머니와 아내로서의 역할)로부터 해방감을 제공하고 자기 중심적인 개인적 즐거움을 추구할 수 있는 시공간을 제공받는 것이라 하겠다.

이렇게 볼 때 여성 수용자는 가부장적 이데올로기가 담긴 미디어 텍스트를 아내와 어머니로서 지니는 자신의 역할, 가부장제 사회에서 여성으로서 지니는 자신의 위치와 연결시키면서 이러한 지배적인 가치와는 전혀 다른 해독을 하고 있음을 알 수 있다. 즉 여성 수용자는 가족의 신성함을 대표하는 가부장제 가치를 파괴하는 여성의 일탈이 묘사되는 텍스트 소비를 통해 저항적 즐거움을 느끼며, 이는 여성 수용자가 성차별적 텍스트의 수동적인 희생자가 아니라 능동적인 의미 창출자임을 보여주는 예라 할 수 있다.

또한 여성 수용자의 미디어 수용이 텍스트에 담긴 기존의 젠더 가치나 질서를 그대로 수용하기보다는 다양한 혹은 오히려 저항적인 의미를 갖는 것은 여성 수용자들이 가진 젠더 의식의 변화를 보여주는 것이기도 하다. 2000년대 중반 화제가 되었던 드라마 〈내 이름은 김삼순〉에 대한 연구 사례들을 보면 여성 수용자, 특히 20~30대 여성 수용자들의 경우, 낭만적 사랑에 대한 환상이 사라지고 성 의식이나 결혼, 직업관에 변화가 있는 것으로 나타났다. 이 드라마는 기존의 드라마와는 다른 인물(평범한 외모에 성적으로 그리 매력적이지 않지만 순종적이지 않고 남성 앞에서 당당한 여주인공)을 내세우고, 지배적 가치에서 벗어나는 이슈들(예: 계약 연애, 여성의 성적 욕망, 혼전 성관계 등)을 많이 제기하고 있다. 이러한 반가부장적인 메시지에 대해 여성 수용자들은 텍스트의 의미에 현실감을 느끼고 공감함으로써 앞서 언급한 저항적 즐거움을 느끼는 것으로 나타났다. 젊은 여성들의 경우 결혼, 취업, 성, 연애 등에서 기존의 드라마와는 다른 이러한 메시지들을 자신이 처한 일상적 경험과 관련하여 매우 현실적인 것으로 수용함으로써 기존의 가치를 벗어나는 해독을 하고 있다고 하겠다.

이러한 연구 사례들은 드라마와 같은 대중문화 산물이 여성 수용자들에게 제공하는 의미와 즐거움이 무엇인지 살펴봄으로써 여성

장르 혹은 여성의 대중문화 소비에 대해 차별적이고 경멸적이던 기존의 시각에서 벗어나 보다 긍정적인 관점을 제시하고 있다고 하겠다. 아울러 여성 수용자들의 대중문화 산물의 소비에서 나타나는 비이데올기적 측면, 다시 말해 일상적인 삶에서 그들이 미디어 텍스트의 수용을 통해 느끼는 즐거움과 의미를 설명하고자 함으로써, 수용자와 텍스트의 관계에 대한 새로운 이해를 가능하게 하고 텍스트 소비를 둘러싼 맥락, 특히 여성 수용자의 삶과 일상성에 주목하게 되었다.

3. 여성의 일상과 미디어 수용

1) 미디어 수용과 성

미디어 수용은 진공 상태에서 이루어지는 것이 아니라 수용 행위가 일어나는 특정한 사회적 · 문화적 상황 속에서 이루어진다. 이러한 점에서 수용자들이 미디어를 어떻게, 왜 이용하며 미디어 이용을 통해 어떤 의미나 즐거움을 얻게 되는지를 이해하기 위해서는 다양한 상황들에 대한 설명이 필요하다.

이러한 관점은 미디어 수용이 수용자들이 하는 일상적 활동의 일부분이며, 따라서 미디어 수용자의 행위를 실제적인 미디어 수용이 이루어지는 일상의 맥락에서 살펴보아야 한다는 점을 강조하고 있다. 1980년대 이후 많은 경험적 수용자 연구들이 이러한 측면에서 미디어 텍스트text에 대한 관심에서 벗어나 미디어 수용 맥락context으로 관심의 전환을 보임에 따라, 수용자의 일상생활이라는 맥락에서 미디어 수용을 분석하는 경향이 나타났다.

이러한 시각에서 여성의 미디어 수용에 대한 설명 역시 앞 절에서 언급한 텍스트의 내용 구성이나 서사 구조의 특성을 통해 설명하는 데서 더 나아가, 여성이 처한 일상생활로부터 그들의 미디어 수용을 살펴보고자 했다.

특히 이러한 연구들은 미디어 수용이 이루어지는 가장 일상적인 맥락이라 할 수 있는 가정 혹은 가정환경에 대한 관심이 높았는데, 이는 텔레비전을 비롯한 다양한 미디어의 도입과 수용이 가정의 사회문화적 환경 속에서 일어나며 가정생활의 조건과 상황이 미디어 수용에 영향을 미치기 때문이다. 예를 들어 텔레비전 시청은 가족 구성원들의 일과 밀접한 관련이 있으며, 가족의 일상에서 벌어지는 일상적인 행위라 할 수 있다.

여성의 미디어 수용에 대한 관심 역시 이러한 관점에서 가정 내 여성의 위치와 역할 혹은 여성의 일상생활과 미디어 수용의 관계를 설명했다. 예컨대 몰리의 가족 텔레비전 연구에서 가족 구성원들의 텔레비전 시청 양상을 살펴보면, 시청 패턴, 프로그램 선호 등에서 가족 구성원 간에 차이가 있으며 특히 성별에 따른 가정 내 사회적 위치가 이러한 시청 양상의 차이를 가져오는 가장 중요한 요인으로 나타났다. 즉 남성은 텔레비전 시청에서 중단 없이 집중된 시청 양상을 보인 반면, 여성은 텔레비전 시청을 하면서 동시에 다른 일을 수행하는 산만한 시청 양상을 보였다는 것이다.

가정에서 남성과 여성의 텔레비전 시청 패턴이 다른 이유는 무엇일까? 남성이 여성보다 집중력이 높거나, 여성은 한 번에 다양한 작업을 수행하는 능력이 더 탁월하기 때문일까? 이는 남녀의 차이라기보다는 개인적 차이라고 보는 것이 더 적절할 것이다. 더불어 여성과 남성에게 가정이라는 공간이 갖는 의미가 근본적으로 다르다는 점으로 설명할 수 있다. 즉 남성에게 가정은 공적인 노동 공간과 분리된 휴식의 공간이지만 여성에게는 노동 공간으로 정의된다. 따라서 남성은 가정에서 휴식 혹은 여가활동으로서 텔레비전 시청을 다른 방해 없이 즐길 수 있는 반면, 여성은 가사 노동의 책임 때문에 다른 집안일 혹은 다른 가족 구성원의 요구 등이 종종 텔레비전 시청의 방해 요소로 작용한다. 이는 남성은 경제적 책임을, 여성은 가정 살림을 책임진다는 성별 분업 또는 성별 공사 영역의 구분이라는 사회적 가치가 가정에서 이루어지는 여성과 남성의 미디어 이용과 시청 패턴에도 스며들고 있음을 알 수 있다. 여성과 남성의 시청 스타일의 차이는 본질적이거나 개인적인 특성이라기보다는 가정환경, 더 나아가 우리 사회의 성별 가치나 구조와 밀접히 연관되어 있음을 보여준다고 하겠다.

이와 같이 특정 장르나 미디어의 선택과 선호에서 남성과 여성의 차이는 사회적 맥락과 젠더 관계의 특성이라는 차원에서 설명될 수 있다. 홉슨은 주부들의 라디오 청취가 일상적 삶이 가져다주는 고립감에서 벗어나 외부 세계와 이어지는 통로 역할을 함으로써 외부 세계와의 단절에서 발생하는 긴장을 해소하는 중요한 수단이라고 했다. 또한 라드웨이는 여성이 로맨스 소설을 읽는 것은 그 내용이 주는 즐거움도 있지만, 책 읽기라는 행위 자체가 가정에서 여성에게 부과된 책임 또는 그들의 일상으로부터 해방감을 가져다주기 때문이라고 보았다. 이는 여성의 미디어 수용이 일상생활의 맥락, 그 맥락 안에서 기존의 젠더 관계에 근거한 여성의 역할과 위치에 주목함으로써 이해될 수 있는 것이다.

여기서 텔레비전 시청은 수용자의 일상생활과 그 속에서 구성원들이 보이는 상이한 입장과 역할에 대한 고려 없이는 제대로 이해될 수 없다. 미디어 수용 환경에 대한 강조와 함께 미디어 수용을 매일의 삶 속에 두고서 일상성을 강조한 이러한 연구들은 미디어 수용 연구가 더 이상 수용자의 삶에서 분리되어서는 이루어질 수 없다는 주장을 담고 있다.

미디어 수용은 텍스트, 수용자, 수용 맥락 간의 복잡한 상호 관계 속에서 이루어지며, 이는 수용자의 미디어 수용 경험에 영향을 미친다. 따라서 미디어 수용은 수용자가 일상적으로 미디어를 수용하는 실제 상황에서 설명되어야 하는데, 이는 수용자가 일상을 영위해나가는 현실 속의 사람들이기 때문이다. 따라서 여성의 미디어 수용은 여성의 삶 속에서 고려되어야 하며, 텔레비전을 비롯한 미디어 수용의 장으로서 일상생활, 특히 가정 공간은 여성의 미디어 수용 경험을 이해하는 데 중요한 출발점이 될 수 있다.

2) 가정생활과 여성의 미디어 수용

미디어 수용이 이루어지는 중요한 환경으로서 일상생활에 대한 관심이 높아짐에 따라 수용자가 생활하는 일상의 다양한 측면들에 대한 고찰을 필요로 하게 되었다. 특히 텔레비전을 비롯한 미디어 수용이 일상적인 가정생활에서 이루어진다는 점에서 가정이라는 사회적 · 문화적 맥락에 대한 이해는 미디어 수용을 이해하는 데 주요 요인으로 고려된다. 새로운 미디어가 가정에 도입되었을 때 그 미디어는 가정 공간 안에 단순히 물리적 위치만 차지하는 것이 아니라 가정생활과 연관된 여러 차원들, 예를 들면 가족의 노동과 여가, 가족 구성원들 간의 상호 작용 및 관계 등과 같은 가정생활의 실천과 문화 속으로 통합되어 들어간다. 다시 말해서, 미디어의 도입과 수용은 가정의 사회문화적 환경 속에서 이루어지며 따라서 가정생활의 조건과 상황이 미디어 수용에 영향을 미친다고 할 수 있다.

가정은 성별 관계, 세대 관계 등 복잡한 사회관계로 형성되는 하나의 사회적 조직으로서, 미디어 수용은 이러한 가족 구성원 간의 역동적인 권력관계 속에서 이루어진다. 가정에서의 미디어 이용은 가족의 권력관계를 보여주는 주요한 지표가 될 수 있다. 예컨대 굿맨Goodman은 텔레비전 프로그램의 선택과 통제의 결정권을 누가 가지고 있느냐가 가정 내 권력관계를 상징한다고 보았다. 즉 권위적인 가정에서는 아버지가 시청 프로그램을 선택하는 반면, 민주적인 가정에서는 자녀 등 다른 가족 구성원의 취향과 선호를 고려할 것이라고 예측해볼 수 있다. 또한 가족 구성원의 텔레비전 이용은 가정에서 규칙을 만들고 조정하는 과정을 이해하는 중요한 방법이 될 수 있다.

앞서 언급한 몰리의 가족 텔레비전 시청에 대한 연구 사례의 경우, 가정에서 텔레비전의 이용과 통제를 결정하는 데 핵심적 역할을 한 요인은 가정 내 성별 관계, 성 역할 구조였다. 이는 가정에서 여성과 남성의 프로그램 선택이나 시청 시간 양의 통제, 시청 스타일 등 텔레비전 수용 행태에 영향을 미친 것으로 나타났다. 또한 가정이라는 환경의 특성이 여성의 텔레비전 시청에 영향을 미치게 된다. 텔레비전 시청은 여성의 일상생활과 경험의 중요한 부분으로서, 가정생활 속 여성의 일과 책임이 그들의 텔레비전 시청에서 나타나는 특성을 규정하는 데 결정적인 역할을 하는 것으로 나타났다.

텔레비전 외에도 비디오 수용이나 컴퓨터, 인터넷, 휴대전화와 같은 다양한 디지털 미디어 수용에 관한 연구에서도 가정에서 미디어 이용에 나타난 성별 패턴이 가부장적 사회에 내재한 젠더 관계의 특성을 반영하고 있음을 알 수 있다. 여성의 비디오 이용을 살펴본 연구 사례에서, 여성은 비디오 선택에서 자신의 개인적 취향보다는 다른 가족 구성원의 취향과 필요(예: 남편의 액션 영화에 대한 취향, 자녀 교육을 위한 필요성 등)를 선택의 기준으로 삼는 경향이 있었다. 이는 가족 구성원을 돌보고 양육을 책임지는 여성의 성 역할이 반영되고 있기 때문이다. 또한 여성이 텔레비전 시청시에 느끼는 죄의식을 지적하면서, 여성들은 아내와 어머니로서의 의무에 대한 압박 때문에 텔레비전을 시청할 때 편안함을 느끼지 못하고, 자신들의 이러한 '게으름'을 합리화하기 위해 텔레비전 시청을 가사 노동에 대한 일종의 '보상'으로 규정하는 경향이 있는 것으로 나타났다.

한편 가정에서 컴퓨터를 이용하는 데도 뚜렷한 성별 패턴이 나타나기도 했다. 선행 연구에 따르면 남성은 컴퓨터를 이용할 때 자신의 개인적 관심과 목적을 반영(즉 직업적 이유나 취미생활로 이용)하는 반면, 여성은 다른 가족 구성원을 위해 봉사하고 양보하는 특성을 보였다. 여성은 살림과 자녀 양육 등 가사 노동으로 인해 컴퓨터 이용 자체에 시간적 제약을 갖거나 혹은 이용하더라도 자녀의 숙제를 돕는 것 등 자녀 양육 책임의 도구로서 이용했다.

이는 인터넷 이용에 대한 연구 사례에서도 유사하게 나타났는데, 전업주부의 경우 여가 활동을 위해 자신의 관심이나 취미 생활을 위한 약간의 이용을 제외하고는 대부분 자녀 교육을 위한 도구나 친구나 가정 밖 사회관계를 유지하고 교류하는 수단으로서 컴퓨터를 이용했다. 이는 앞서와 마찬가지로 모성 역할의 현대적인 버전으로, 주부들이 자녀 양육을 위해, 또는 한정된 주부 생활에서 오는 소외감을 극복하고 외부와의 커뮤니케이션을 위해 인터넷을 이용하고 있다는 것을 알게 한다. 이렇게 볼 때 주부들의 인터넷 이용은 자녀 양육이라는 기존의 성 역할에 충실함으로써 여성들을 사적 활동에 더욱 한정시키는 반면, 그러한 사적 영역의 한계를 벗어나기 위한 수단, 즉 외부와의 커뮤니케이션을 위한 수단으로도 사용됨으로써 양면성을 보이고 있다고 하겠다. 이러한 양면성은 서로 상반된 특성으로 보이지만 결국 사적 영역에 한정되어 있는 여성의 역할을 반영하고 있다는 점에서 동일하다고 할 수 있다.

그러나 주부를 벗어나 다양한 연령대의 여성들이 휴대전화를 어떻게 이용하고 있는지를 조사한 한 연구에 따르면, 여성의 휴대전화 이용이 수동적이고 전통적 성 역할을 반영하는 방식으로 이루어진다고 확증할 만한 결과를 발견하지 못했다고 한다. 이러한 언급은 젊은 세대 혹은 미혼 여성의 경우 다른 방식의 미디어 수용 형태를 보이고 있음을 시사한다. 즉 여성 수용자의 일상생활 조건이나 상황에 따라 다양한 수용을 나타내며, 성과 아울러 세대, 직업, 결혼 여부, 경제적 여건 등이 또 다른 요인으로 함께 작용함을 알 수 있다. 또한 새로운 미디어의 경우 여성의 미디어 이용 경험의 양적 · 질적 확장의 가능성을 열어주는 것이라고 할 수 있다. 그러나 다른 선행 연구는 주부들의 휴대전화 이용이 이러한 가능성과는 전혀 무관함을 보여주었는데, 휴대전화와 같이 가정 내 이용을 벗어나 이동성이 있는 새로운 미디어인 경우에도 주부들은 이용하는 데 가정이라는 사적 영역의 역할을 벗어나지 못하는 것으로 나타났다. 즉 휴대전화는 가정에서 주로 수행되던 어머니 역할을 시공간을 초월한 원격 어머니 역할로 변화시키고 있다. 즉 어머니들은 휴대폰을 통해 일상적인 보살핌을 제공하는 도구적 어머니 역할과 자녀들에게 감정적으로 지원하는 정서적 어머니 역할을 수행함으로써, 휴대전화가 기존의 어머니 역할을 완화시키기보다는 강화, 재생산하고 있는 것으로 보인다.

이러한 상반된 양상은 수용자의 미디어 수용 경험을 결정하는 데 미디어 자체의 특성보다는 미디어 수용에서 수용자가 처한 일상적 맥락의 고려가 중요하다는 것을 의미한다고 볼 수 있다. 또한 미디어의 기술 발전에 따라 새로운 미디어가 사회에 도입되었을 때 그것이 어떻게 활용되느냐는 사회의 젠더 질서와 가치 틀 속에서 형성되는 경향이 있음을 알 수 있다. 이는 미디어 이용에서 보이는 여성과 남성의 차이가 본질적인 여성적/남성적 속성에서 비롯된다기보다는 미디어가 수용되는 일상생활 내 여성과 남성이 처한 조건과 역할, 젠더 관계에 근거하고 있는 것이라 하겠다. 그러나 앞서 휴대전화 연구 사례에서와 같이, 세대, 직업, 결혼 유무와 같은 요인에 따라 여성의 미디어 수용 경험에 차이가 나타나는 것처럼, 여성의 미디어 수용이 변화하고 다양화되고 있다는 가능성을 열어둘 필요가 있다.

그러한 사례로서, 가정 내 젠더 구조가 근본적으로 미디어 이용에서 보이는 남성과 여성의 차이를 가져오는 유일한 요인이 아니라는 것을 보여주는 몇 가지 예외들을 언급할 수 있다. 예를 들어 여성의 비디오 이용에 관한 서구의 연구에서는 가정 내 성 역할의 특성에 따라 미디어 이용에서 남성과 여성의 전반적인 패턴이 있기는 하지만, 여성이 상근직full-time으로 취업해 있는 가정에서는 예외적 상황이 나타나기도 했다. 즉 그러한 가정에서 여성들은 가정을 휴식의 공간으로 향유하고 가정에서 많은 여가 시간을 즐기기 위해 미디어를 이용하고 있는 것으로 나타났다. 이것은 가정 내 권력관계가 자본주의 사회의 경제적 능력에 의해 정의되는 경향(예: 취업 여성의 경우 남성과 유사한 미디어 이용 패턴을 보인다)을 보여줌으로써 경제 능력이 가정에서 권력을 행사하는 중요한 원천임을 제시하고 있다.

그러나 국내의 다른 연구 사례에서는 여성의 경제적 능력보다는 가부장제적 성별 구조가 여성의 미디어 이용에 더 중요한 요인으로 작용하고 있는 것으로 보인다. 예를 들어 여성의 취업 여부에 관계없이 여성의 가정 내 성 역할이 그대로 유지됨으로써, 일과 가사를 병행하는 취업 여성이 전업 주부보다 개인적 시간을 향유할 권한이 더 없다는 것이다. 물론 최근에는 가사 노동의 성별 분담이 늘어나고 있고, 각 가정마다의 상황과 조건에 따라 다양한 양상을 보이기도 한다. 하지만 우리 사회의 뿌리 깊은 가부장적 전통이 여성의 경제적 독립보다 더 우위를 차지하고 있으며, 여성의 취업이 가정 내 남녀의 동등한 관계, 즉 시간 이용이나 미디어 이용에서 반드시 평등성을 보장하지는 못한다는 것을 알 수 있다.

이러한 사례들은 가정의 특정한 상황과 미디어 이용이 어떻게 상호 작용하고 있는지를 보여줌으로써, 젠더와 미디어 이용 사이의 관계가 고정불변이라기보다는 특정 맥락에 따라 구성되고 타협되는 것임을 보여준다. 그러나 각 가정마다 다양한 상황에 따라 양상은 달라진다 하더라도, 공통적으로 가족 구성원 간 성별 관계와 같은 권력관계와 상호 작용의 특성이 미디어 이용에 반영되며, 이는 가정 내 미디어 이용을 이해하는 데 중요한 요소가 된다는 점을 지적할 수 있다. 가정 내 미디어 수용 행태 자체가 가족 구성원의 복잡한 권력관계에서 비롯된다는 점은 텔레비전 앞에 앉아 함께 프로그램을 시청하는 화목하고 조화로운 가족의 이미지 너머에 자리하고 있는, 미디어의 이용과 통제를 둘러싼 가정 내 역학관계를 보여주는 것이라 하겠다.

이렇게 볼 때, 가정 내 미디어 수용은 단순히 가족 구성원 개인의 관심과 취향의 차이만으로 보기는 어려우며, 가정 내 사회적 관계, 상호 작용의 특성 등과 같은 차원에서 미디어에 대한 접근과 수용 방식의 차이를 설명할 수 있다. 특히 미디어 수용과 관련하여 가정 내 권력관계는 미디어에 대한 접근 및 이용에 필요한 자원resources, 즉 시간, 공간, 금전, 교육 등과 같은 물질적 혹은 문화적 자원들의 차별적인 분배와 연관된다. 실버스톤Silverstone은 미디어 이용 능력이란 이러한 자원의 문제와 연관되며, 각 가족 구성원이 이용 가능한 공간과 시간의 양, 경제적 능력 등이 미디어를 이용하는 데 중요한 요인으로 작용한다고 보았다.

페미니스트적 관점에 기초한 몇몇 논의들은 가족 구성원 간의 불평등한 자원 분배가 젠더 관계에 기초해 있음을 보여주고 있다. 예를 들면 팔Phal은 가정 내 금전에 대한 통제와 분배에서 남편의 우위적 분배, 즉 남편이 아내보다 개인적 필요를 위한 소비를 더 많이 하는 등 성별에 따라 차별적인 분배가 이루어지고 있음을 밝히고 있다.

경제적 자원과 함께 미디어 이용에 중요한 자원으로서 문화적 자원(예: 취향, 기술적 능력 등)을 들 수 있는데, 문화적 자원이나 능력의 차이는 단순히 개인적 차이라기보다는 사회 구조 내 계급적 위치의 차이로 볼 수 있다. 부르디외Bourdieu는 사회에서 문화적 차원의 차별적 분배가 이루어지는 중요한 요인으로서 계급 간의 차이를 지적하기도 했지만, 젠더나 세대를 주요 요인으로 보기도 한다. 앞서 성과 장르의 문제에서 살펴보았던 여성의 솝오페라나 로맨스 소설 선호에 대한 논의들은 취향과 같은 문화적 자원의 분배에서 성이 중요한 요소임을 보여준 것이라 할 수 있다. 즉 여성 장르로 언급되는 이러한 장르에 대한 여성의 선호는 여성 개인의 취향의 문제로 보기보다는 사회에서 여성이 차지하는 역할과 위치에 주목할 때 보다 잘 이해될 수 있기 때문이다.

이와 같이 미디어 수용과 관련된 경제적 · 문화적 자원의 분배나 시간과 공간의 분배는 젠더 관계와 같은 권력관계와 밀접한 관련이 있다. 이러한 관계의 특성이 남성과 여성의 미디어 이용에 반영되고 있다는 점에서, 사회에서 젠더 가치나 젠더 구조는 미디어의 접근과 이용 패턴을 규정하는 데 중요한 역할을 하고 있다고 볼 수 있다.

3) 미디어의 성별화

앞서 가정 내 성 역할이나 젠더 관계가 미디어에 대한 남성과 여성의 접근과 이용에 중요한 영향을 미치고 있으며, 이에 따라 미디어의 의미나 소비 방식을 결정하는 데 젠더 요인이 얼마나 중요한지를 살펴보았다. 이는 미디어가 가정 혹은 사회에 도입되고 수용될 때 특정한 가치, 예를 들면 성 역할 고정관념과 같은 가치가 부여되는 것이라 하겠다. 여기서 미디어는 성과 관련하여 가치 중립적이지 않으며 특정한 성과 연관되어 그 자체로 성별화gendering되는 것임을 알 수 있다.

이와 관련해 1980년대 서구 페미니스트들은 미디어를 비롯한 테크놀로지의 젠더적 특성에 관심을 보이면서 특히 테크놀로지에 남성적 가치가 부여되어 있음을 주장해왔다. 무어Moores나 해돈Haddon이 수행한 미디어에 관한 사회적 · 역사적 연구들은 미디어와 남성성 간의 밀접한 관계를 보여주고 있다.

예를 들어, 서구에서 라디오가 가정에 도입되기 시작한 1930년대 초반에는 남성이 라디오의 주 청취자였다. 이때 남성들의 주요 관심사는 라디오라는 새로운 매체에 대한 기술적 측면에 기초해 있었다. 또한 컴퓨터의 초기 이용자들 역시 남성들이었으며, 이들은 하나의 흥미로운 놀이 도구로서 컴퓨터를 이용하는 하비스트Hobbyist였다.

이렇듯 미디어의 주요 이용자는 남성으로서, 이들이 특히 미디어의 기술적 측면에 관심이 많았다는 점은 미디어 테크놀로지와 남성성 간의 밀접한 관련성을 보여준다. 이러한 연관성, 그리고 앞서 페미니스트들이 언급한 테크놀로지의 젠더적 특성은 테크놀로지 자체의 고유한 특성에서 비롯된다기보다는 테크놀로지 이용을 둘러싸고 있는 우리 사회의 젠더 구조나 젠더 가치에 기반을 두고 있다고 하겠다. 예를 들어 선행 연구는 비디오가 가정에 도입되어 이용되기 시작했을 때 많은 여성들은 비디오의 복잡한 기능에 어려움을 느끼며 남편이나 자녀에 의존하는 경우가 많았던 반면, 세탁기나 오븐 같은 정밀한 테크놀로지를 이용하는 데는 아무런 어려움을 느끼지 않았음을 보여주고 있다. 이는 여성의 테크놀로지 이용이 가정 내 성별 분업에 상응하여 이루어지고 있음을 보여주는 것이다. 여성이 비디오 이용에 어려움을 느낀 이유는 기술적 능력이 부족해서라기보다는 비디오와 같은 미디어 이용에 특별히 필요를 느끼지 않았거나 자신의 가정 내 역할과 무관했기 때문이라고 볼 수 있다. 이들 여성이 가사 노동과 관련된 테크놀로지의 이용에는 아무런 어려움을 느끼지 않았다는 점에서도 알 수 있다.

즉 우리가 가정에서 사용하고 있는 다양한 테크놀로지들, 텔레비전, 라디오, 오디오, 컴퓨터와 같은 미디어뿐만 아니라 세탁기, 냉장고, 전자레인지, 청소기와 같은 전자 제품은 그 자체로는 젠더적 특성과 무관하다. 하지만 이러한 테크놀로지가 가정에서 사용될 때는 남성과 여성의 역할 구분이나 성별 분업과 밀접히 연관됨을 알 수 있다. 세탁기, 냉장고, 전자레인지, 청소기 등의 전자 제품은 가정에서 여성의 노동으로 인식되고 있는 세탁, 요리, 청소와 관련되는 반면, 여가 활동과 연관되는 텔레비전, 비디오, 컴퓨터(예: 게임) 등은 종종 남성이 주된 사용자로서 나타남으로써, 가정에서의 테크놀로지 이용이 이용자의 사회적 역할 혹은 성 역할과 관련됨을 알 수 있다.

이렇게 볼 때 여성과 남성의 테크놀로지 경험의 차이는 젠더 관계에 기반을 둔 테크놀로지의 성별화gendering 관점에서 이해될 수 있다. 그레이Gray에 의하면 가정 테크놀로지의 경우, 가사 노동에 이용되는 화이트 테크놀로지white technology가 여성들의 사용에 초점이 맞추어지는 '여성용' 테크놀로지인 반면, 여가 활동에 이용되는 브라운 테크놀로지brown technology는 남성이 주 이용자가 되는 '남성용' 테크놀로지로 구성된다.

여성이 비디오를 이용하면서 느끼는 어려움이나 무관심은 비디오 같은 가정의 여가 테크놀로지가 남성 영역으로 구성되어 있다는 측면에서 설명될 수 있다. 이는 테크놀로지 자체의 특성과는 무관하게 가정에서 여성과 남성의 위치, 즉 가사 노동 책임자로서의 여성과 부양자로서의 남성이라는 가부장제 성 역할을 반영한 테크놀로지의 성별화된 특성을 보여주는 것이다. 아울러 여가 테크놀로지가 남성적 테크놀로지로 구성된다는 것은 가정에서 휴식과 여가 활동에 대한 자유, 시간 사용에 대한 권리가 남성에게 좀 더 보장되어 있음을 알 수 있다. 테크놀로지는 젠더 중립적이지 않으며, 여성과 남성의 차별화된 지위와 성별 분업과 같은 우리 사회의 젠더 관계와 젠더 가치에 의해 성별화gendering된 산물이라고 하겠다.

이러한 테크놀로지의 성별화는 여성과 남성 이용자의 성 정체성과도 연관된다고 할 수 있는데, 이는 여성과 남성의 테크놀로지에 대한

화이트 테크놀로지와 브라운 테크놀로지

화이트 테크놀로지, 브라운 테크놀로지는 가정 내 다양한 전자 제품들의 색깔을 근거로 붙여진 이름이다. 냉장고나 세탁기로 대표되는 가사 노동과 관련 있는 전자 제품이 주로 흰색이라는 점에서 화이트 테크놀로지, 텔레비전, 비디오, 오디오 등과 같이 여가와 관련된 전자 제품이 주로 짙은 갈색이라는 점에서 브라운 테크놀로지로 불린다. 가부장제적 성 역할에 따라 화이트 테크놀로지는 여성적 테크놀로지로, 브라운 테크놀로지는 남성적 테크놀로지로 성별화되었다고 하겠다.

태도나 경험에 영향을 미칠 수 있다. 테크놀로지와 성 정체성의 관계를 연구한 학자들은 기술적 능력이 남성성을 상징하고 있음을 지적하고 있는데, 콕번Cockburn에 따르면 여성성은 기술적으로 무능력한 혹은 무관한 것인 반면, 남성성은 기술적으로 유능한 것으로 인식되고 있다는 것이다. 와이즈먼Wajcman 역시 기술적 능력은 이상적인ideal 남성성인 반면 기술적 능력의 부족함은 여성성의 전형적인 특성이라고 했다. 이는 여성성/남성성에 대한 절대적인 고정불변의 가치라기보다는 우리 사회에서 이상적으로 생각하는 여성성/남성성의 가치가 테크놀로지와 어떻게 결부되어 있는지를 보여주는 것이다.

기술적 능력을 남성성과 결부시키는 우리 사회의 가치는 여성의 기술적 능력을 신장시키는 데 방해가 될 수 있다. 여성이 기술적으로 우월한 능력을 갖는 것이 여성성을 오히려 해치기 때문이다. 예를 들어 터클Turkle은 여성의 성 정체성 형성과 테크놀로지 이용의 관계를 살펴보았는데, 여성이 남성에 비해 테크놀로지에 대해 소극적인 태도를 보이는 경향을 발견했다. 이는 여성들의 테크놀로지에 대한 '공포phobia'라기보다는 '억제reticence'라고 할 수 있다. 즉 여성은 테크놀로지를 멀리하고 이용을 억제함으로써 자신의 여성다움을 드러내고자 하는 반면, 남성은 테크놀로지에 대한 열정과 몰입을 보임으로써 자신의 남성다움을 추구한다. 남성에게 테크놀로지, 즉 기계의 세계는 '사나이 문화Macho culture'를 보여주는 것으로, 여성이 기계 세계에 몰두한다는 것은 여성성에 대한 위협이 되기 때문에 성 정체성 형성과 관련해, 여성은 기계에 대한 능숙함이나 기술 향상에 관심을 갖지 않게 된다는 것이다.

미디어를 포함한 테크놀로지의 남성 중심적 문화는 여성의 테크놀로지에 대한 접근에 억압적으로 작용하며, 테크놀로지에 대한 성별화된 가치는 가정, 학교, 노동시장 등에서 기술적 능력이나 교육, 직업 등의 분배에서 차별을 가져올 수 있다. 또한 이러한 차별적인 분배는 다시 기존의 젠더 구조나 젠더 가치를 재생산함으로써 우리 사회에서 여성성과 남성성에 대한 하나의 신화(예: 여성의 기계 공포증, 기술적 무능력함)를 만들어내는 데 기여한다고 하겠다.

생각해볼 문제

1. 여러분의 가정에도 텔레비전 시청 방식에 가족 구성원 간의 남녀 차이가 있는가? 있다면 그 이유는 무엇인지 생각해보자.

2. 여성 장르와 남성 장르, 또는 여성 테크놀로지와 남성 테크놀로지를 구분 짓는 기준은 무엇이며, 그러한 구분이 현실을 살고 있는 남성과 여성에게 어떤 영향을 미치는지 생각해보자.

3. 최근 드라마에서 보았던 남녀 인물들의 특성은 어떠하며, 현실의 남녀 모습과 어떻게 다른지 생각해 보자.

더 읽을거리

김훈순 · 박동숙(2002). 「현실과 상징세계의 여성의 삶: 여성 TV 수용자의 인식을 토대로」. 『프로그램/텍스트』 6호, 159–194.

박명진(1991). 「대중문화적 여성체험기술에 대한 재평가, 여성장르에 대한 새로운 시각」. 『한국여성학』 7권 1호, 137–159.

양정혜(2002). 「성찰적 TV 수용의 한계; 남녀 집단 간의 여인천하 해독에 관한 연구」. 『한국방송학보』 16권 1호, 268–299.

이수연(1995). 「텔레비전 드라마의 즐거움: 남성 시청자와 모래시계」. 『한국언론학보』 34권, 131–169.

더 볼거리

'여자와 드라마, 운명적 사랑', 〈MBC 다큐스페셜〉 337회, MBC, 2006년 11월 12일 방영.

3부

텍스트와 젠더

5장

뉴스와 젠더: 뉴스로 살펴보는 한국 사회의 여성 소외와 차별

김세은

요즘 젊은이들은 더 이상 신문을 읽지 않으며 텔레비전 뉴스조차 보지 않은 채 그저 컴퓨터나 스마트폰을 통해서만 세상 소식을 접한다고 한다. 하지만 '뉴스'라는 단어는 여전히 여러분에게 익숙할 것이다. 여러분은 뉴스 하면 무엇이 먼저 떠오르는가? 외국 정상과 악수하는 대통령의 근엄한 미소? 국회에서 몸싸움하는 국회의원들? 마스크와 모자로 얼굴을 가린 살인자와 그를 에워싼 경찰? 검은 차에서 내려 검찰청 포토라인에서 사진 찍히는 재벌? 가드레일을 박고 낭떠러지 아래로 떨어져 뒤집힌 관광버스? 프로스포츠의 경기 결과? 혹은 누가 누구랑 사귄다는 연예인의 기자 회견? 드라마의 줄거리나 예능의 한 장면이 이른바 뉴스로 취급되는 마당에 이 정도 뉴스를 떠올린다면 여러분은 일단 합격이다.

그러나 이런 내용적 측면 말고도 뉴스를 대표하는 강력한 이미지, 다시 말해 나이 지긋한 남자 앵커나 젊고 아리따운 여자 앵커, 몸매를 드러내는 짧은 옷을 입고 허벅지를 드러낸 채 화사한 미소를 연신 띠고 있는 기상 캐스터가 떠오를 수도 있다. 그에 반해 기자를 떠올리는 이는 많지 않을 것이다. 한겨울 폭설을 온몸으로 맞으며 한 리포트 덕에 일약 스타가 된 박대기 기자 정도를 기억할 수도 있겠다.

이렇듯 우리는 뉴스와 함께 세상을 살고 있지만 정작 뉴스가 보여주는 세상에 대해 별다른 질문을 하지 않고 지내는 것이 보통이다. 그러나 뉴스는 누가 무엇을 했고 어디서 어떤 일이 일어났는지 보여주는 것을 넘어, 우리로 하여금 무엇이 옳고 그른지 판단하고 어떻게 사회와 인간사를 바라봐야 하는지 결정하는 강력한 준거reference를 제공한다. 한마디로 뉴스는 성 역할에 대한 우리의 인식에 관여하여 고정관념을 형성하기도 하며, 나아가 사회제도나 문화적 측면에까지 영향을 미친다. 이 장에서는 그러한 측면에서 뉴스가 젠더와 관련하여 어떤 준거를 만들어내고 있는지, 그러한 편향된 젠더의 재현representation이 어디에서 비롯되었고 나아가 어떤 문제와 관련되어 있는지, 또 수용자인 우리는 그에 어떻게 '연루'되어 있는지 살펴보고 논의할 것이다. 여러분의 기억 속에 있는 뉴스 관련 경험을 최대한 동원하며 함께 생각하고 토론하기를 바란다.

1. 뉴스에 대한 몇 가지 오해

1) 뉴스는 새롭다? 뉴스는 익숙한 이야기이다!

뉴스news는 흔히 새로움을 의미하는 'new'의 복수형으로 이해되는 만큼 새로움은 뉴스의 가장 기본적인 요소라 해도 과언이 아니다. 매일매일 일어나는 새로운 일들은 언론사의 취재와 편집을 거친 다음 뉴스가 되어 신문이나 방송, 인터넷 등에 올라온다. 하루라도 지난 뉴스, 아니 몇 시간이라도 지난 뉴스는 낡은 것이 되어 뉴스로서의 가치를 잃어버린다. 시시각각 복잡하게 돌아가는 현대 사회를 반영하듯, 뉴스 사이트에는 하루에도 몇 번씩 새로운 뉴스가 올라오고 뉴스는 끊임없이 자리바꿈을 한다.

그러나 혹시 뉴스를 보면서 왠지 '그게 그거' 같다는 생각을 해본 적이 없는가? 매일 새로운 사건이 벌어지는 것 같지만 사실은 이전에 일어났던 일과 비슷하다는 느낌, 그 안에 등장하는 사람이나 숫자만 바뀌었을 뿐이라는 생각을 해본 적이 없는가? 여기에서 한 발 더 나아가 젤리저Zelizer는 뉴스가 반복되어 서술되는 이야기stories라고 단언한다. 즉 매일 새로운 일이 일어난다 할지라도 언론인들이 그 일을 바라보고 기사화하는 방식은 과거에 일어났던 비슷한 일들을 기사화했던 방식과 매우 유사하다. 그 일에 가장 잘 들어맞는 보편적 이야기 구조를 결정하기만 하면 된다는 것이다. 그러한 이야기 구조는 기본적인 스토리 라인뿐 아니라 기사에 들어가야 할 적당한 사람이 누구이고 어떤 사회적 기관이 포함되어야 하는지에 대한 가이드까지 제공한다. 이러한 보편적 틀과 가이드라인에 따라 대부분의 사건은 익숙한 이야기로 기사화된다. 언론인은 보도에 걸리는 시간을 줄이기 위해 전형성을 지닌 사건을 뉴스로 선택하며, 뉴스는 이렇게 '예측'할 수 있는 성취를 가능하게 하는 전략적 과정이 된다. 뉴스는 이러한 반복의 과정을 거쳐 사회적, 문화적 의미를 공유하게 되는 것이다.

2) 뉴스는 객관적이다? 뉴스는 편파적이다!

일어난 일을 사실 그대로 전해주는 것이 뉴스라는 생각은 이제 더 이상 일반적인 것으로 받아들여지지 않는다. 뉴스가 객관적이라거나 가치중립적이라는 식의 접근은 뉴스가 만들어지는 과정에 대한 사회학적 연구가 나오면서 설득력을 잃은 지 한참이다. 대신 뉴스는 일련의 선택 과정을 거쳐 만들어진 의도적인 결과물로 본다. 이러한 선택 과정은 게이트키핑gate-keeping[1]으로 일컬어지는데, 여기에는 언론사나 뉴스룸 안의 사회적 통제가 개입되게 마련이다. 뉴스의 객관성은 이러한 선택과 배제를 은폐하기 위한 전략적 의례strategic ritual라는 것이다.

이러한 뉴스의 성격을 가장 잘 드러내주는 것이 바로 "뉴스는 세계를 보여주는 창"이라는 터크만Tuchman의 정의이다. 우리는 직접 경험의 범위를 넘어서는 바깥세상에서 어떤 일이 어떻게 돌아가고 있는지를 직접 알 수 없다. 다만 뉴스라는 창을 통해 바라보고 인식할 뿐이다. 창의 모양에 따라, 빛깔에 따라, 얼룩에 따라 우리가 보

1 게이트키핑
어떤 사건이나 정보가 뉴스가 되기 위해 선별되고selected 걸러지는filtering 과정을 의미한다. 현대 사회에서는 매일매일 수많은 일들이 일어나지만 물리적인 제약으로 인해 모두에게 전달될 수는 없으며, 언론사 조직 내의 다양한 관문gate을 통과해야만 뉴스가 될 수 있다. 이러한 게이트키핑은 단순한 선별을 넘어서 뉴스의 내용과 본질을 결정하게 되며, 현대 사회에서 미디어의 역할이 얼마나 핵심적인지를 잘 보여준다.

경성 뉴스와 연성 뉴스

미국의 사회학자 윌버 슈람Wilbur Schramm은 뉴스를 접하고 얻는 보상이 즉각적immediate reward인지 지연적delayed reward인지에 따라 뉴스를 두 가지로 구분했다. 연성 뉴스는 말 그대로 말랑말랑한 뉴스로서 당장의 호기심을 충족시켜주는 뉴스를 가리키는데, 수용자의 흥미를 끄는 자극적인 뉴스가 여기에 해당된다. 경성 뉴스는 주로 정치나 경제, 과학 등과 관련된 뉴스로서 당장 흥미나 즐거움을 느끼지는 못하지만 장기적으로 도움이 된다는 면에서 지연적 보상을 준다. 이 두 가지 보상 개념은 프로이트의 쾌락 원칙pleasure principle, 현실 원칙reality principle과 유사하다(임영호, 2005).

는 세계는 그 모양과 내용이 달라진다.

뉴스는 이렇게 사회적 세계를 일상적으로 구성하는 틀frame이며 언론인들은 그러한 구성의 장치들을 조직의 각종 제약 속에서 관행적으로 습득하고 익숙한 것으로 받아들이게 된다. 뉴스는 언론인 개인의 가치관과 조직의 규범, 사회적 압력이 관행적으로 어우러진 결과인 것이다. 이를 좀 더 비판적으로 본다면, 뉴스를 분류하고 사실을 확인하고 객관성을 지키려는 언론의 핵심적 행위들은 그저 언론인들의 일처리 관행 그 이상도 이하도 아니다. 경성 뉴스hard news와 연성 뉴스soft news의 구분 역시 뉴스의 본질적 속성에 따른 구분이라기보다는 뉴스 생산과정을 예측 가능하고 관리 가능하게 만들기 위한 장치에 불과하다는 것이다. 현장에 나가거나 취재원을 만나는 등의 사실 확인 역시 마감 시간에 맞춘 일처리 방식일 뿐이다.

모든 뉴스 생산은 목적을 가지는 의도적 행위의 결과이며, 기자는 뉴스의 유형 틀에 따라 사건을 어떻게 묘사할지 기사를 구성하고 그러한 유형 틀에 적합하도록 이야기를 구성한다. 기틀린Gitlin은 이렇게 세상을 조직하는 방식, 즉 현실을 인식하고 해석하는 방식을 프레이밍framing[2]이라고 불렀는데, 프레이밍 연구는 뉴스가 왜 중립적이지 않은지에 대해 설명해주며 뉴스 수용자가 받고 있는 정보 대부분에 공통된 주제와 가치의 표준적 집합이 무엇인지를 드러내준다. 무엇을 어떻게 프레이밍할 것인가 하는 것은 조직적이며 문화적이고 이데올로기적인 문제인 것이다.

프레이밍은 의제 설정agenda-setting[3]과 연결되어 논의할 필요가 있는데, 의제 설정이 수없이 많은 정보와 사건 가운데 무엇을 보도할 것인가와 관련된 것이라면 프레이밍은 인지된 현실의 어떤 측면을 선택하고 강조함으로써 두드러지게 보이도록 하는 것을 의미한다.

2 **프레이밍**
엔트먼Entman은 인지된 현실의 어떤 측면을 선택하고 더욱 두드러지게 하는 것으로 프레이밍을 설명한다. 프레이밍은 뉴스를 이야기 방식story presentation으로 설명하고자 할 때 매우 유용한 개념인데, 의미를 제공하는 중심 아이디어나 스토리 라인이 바로 프레임이다. 프레임에는 은유, 역사적 교훈과 같은 본보기, 구호, 묘사, 시각 이미지 등 다양한 도구tool가 사용된다. 이렇게 언론사는 프레이밍을 통해 사건과 맥락에 대한 언론사의 해석을 반영하는 동시에 수용자가 사건을 어떻게 해석할지에 대한 준거의 틀을 제공하게 되는 것이다.

3 **의제 설정**
프레이밍이 한 사안의 특정 측면을 집중, 부각하는 것이라면 의제 설정은 미디어가 (수많은 뉴스 가운데) 특정 이슈를 공적 의제public agenda로 부각시키는 것을 가리킨다. 즉 미디어가 어떤 뉴스를 중요한 것으로 자주 다루면 사람들은 그 뉴스를 더욱 중요한 것으로 인식하게 된다는 것이다.

선택과 강조의 이면에서 배제와 은폐가 동시에 일어남은 두말할 나위 없다. 이러한 일련의 과정을 거쳐 뉴스는 사실fact과는 거리가 먼 옷을 입고 우리에게 나타난다.

3) 뉴스는 사실이다? 뉴스는 구성된 현실이다!

여기에서 핵심은 뉴스가 사회적 권력에 내재하는 관념에 따라 맞춰진 '구성된 현실constructed reality'이라는 점이다. 뉴스가 구성된 현실이라는 관점은 뉴스가 사실이라는 우리의 근본적 믿음을 위협한다. 뉴스는 바깥세상을 그대로 반영하는 것이 아니며, 선택과 배제, 발췌와 요약, 재배치, 생략과 강조 등을 통해 일정한 줄거리를 갖는 가공된 이야기manufactured stories의 성격을 띠게 된다. 많은 사람의 눈길을 끌기 위해 수많은 사건의 요소들 가운데 흥미로운 몇 가지 부분만을 도드라지게 함으로써 '드라마'처럼 극적인 구성을 갖는 이야기를 만들어내는 것이다.

더구나 다른 사람들의 경험을 결정하는 힘, 즉 권력을 가지고 있는 이들의 관행에서 만들어지는 것이므로, 뉴스는 미디어에 접근할 수 있는 이들의 필요와 목적에 따라 결정된다(미디어에 접근할 수 있는 '힘'을 가진 사람은 많지 않다). 따라서 뉴스는 이러한 힘 있는 주류 집단의 이해관계를 반영하는 담론discourse[4]이며 사회에 대한 편파적인 설명을 제공할 뿐이다. 주류나 지배층이 아닌 약자나 소수의 입장과 관점은 반영되지 않는다. 따라서, 뉴스의 중립성에 대한 언론사의 주장은 믿기 어려운 것이 된다. 정치적, 사회적 여론이 어떻게 형성되는지에 대해서도 의심할 필요가 생겨난다.

이러한 맥락에서, 레이먼드 윌리엄스Raymond Williams는 우리가 접

4 **담론**
담론은 사회적 맥락 안에서 의미를 생산하고 조직하는 수단이다. 푸코의 관점에서 보자면, 다양한 사회적 실천들과 제도들(예컨대 교육과 정치, 종교와 법)은 모두 담론 형식(즉 사회적 체험 세계에 관해 말하는 방식)에 의해 구성되고 그 안에 자리 잡는다. 여기서 언어가 핵심 개념이 된다. 담론을 구체화한 것이 언어이기 때문이다(Edgar & Sedgwick, 1999/2003). 따라서 뉴스가 어떤 언어를 어떻게 사용해서 어떤 담론을 만들어내는지 주목할 필요가 있다. 한 담론의 창조자, 전달자인 동시에 여타 담론들의 배제자이기도 한 뉴스는 그러한 담론의 지배 상황을 그대로 드러내준다.

하는 뉴스가 저널리즘적 관행과 기준에 적합한 것으로 만들어진 결과임을 강조하며, 그렇기 때문에 그러한 일이 벌어지는 사회적, 문화적 조건과 환경을 반드시 살펴봐야 한다고 지적했다. 이러한 문화 연구Cultural Studies[5]의 저널리즘 연구는 뉴스와 젠더 간의 관계를 살펴보기 위해 유용한 또 하나의 관점을 제공한다. 문화 연구에서는 뉴스의 문화학적 차원에 관심을 갖거나 뉴스를 대중문화의 영역에서 바라보기도 하는데, 이러한 접근은 뉴스의 상징이나 의례, 관습, 이야기 등에 한정했던 기존의 사회학적 접근을 넘어서 뉴스가 만들어내는 더 큰 세계와 연결 지어볼 것을 주장한다. 뉴스의 세계란 복잡하고 다차원적인 의미의 집합이며, 상징과 이야기, 의례, 세계관 등이 모두 들어 있는 도구 상자tool box와도 같다는 것이다.[6] 사람들은 다양한 상황에서 다양한 종류의 문제를 해결하기 위해 뉴스라는 도구 상자를 이용한다. 다시 말해, 뉴스는 우리가 세상을 살아가며 마주하는 수많은 일에 대해 인식하고 평가하며 판단하는 기준, 즉 준거의 틀을 제공하는 것이다.

2. 뉴스와 젠더: 무엇이 문제인가?

1) 남성의 과잉재현과 여성의 상징적 소멸

뉴스에서 여성은 한마디로 "잘 보이지 않는다". 뉴스의 취재 대상이든 취재원이든 기자든, 뉴스에서 여성은 드물게 등장하며, 주류인 남성의 주변에 존재하는 경우가 대부분이다. 이런 세계 공통의 현상을 터크만은 '상징적 소멸symbolic annihilation'이라는 개념으로 파악

5 **문화 연구**
'인간의 경험과 실천'을 강조한 영국의 문화주의와 문화적 의미의 근원을 '구조'에 두었던 프랑스의 구조주의를 통합하여, 문화를 "지배적인 구조의 힘과 인간의 실천의 힘이 만나 경쟁하고 투쟁하고 타협하고 갈등하는 영역"으로서 본다. 따라서, 연구의 중심은 의미의 지도maps of meaning를 구성하는 명명naming와 재현representation을 둘러싼 권력의 문제에 놓여진다. 특별히 버밍엄대학교의 현대문화연구소Centre for Contemporary Cultural Studies의 스튜어트 홀Stuart Hall을 중심으로 미디어와 이데올로기, 일상생활과 문화, 하위 문화 등에 대한 연구를 수행한 일련의 흐름을 영국 문화 연구British Cultural Studies로 구분하기도 한다(김창남, 2010).

6 **신화로서의 뉴스**
뉴스는 일정한 틀을 가지고 사실 이상의 것을 사회 구성원에게 반복하여 이야기함으로써 공동체의 신뢰 경험과 준거 판단을 제공해주기에 신화myth로 이해되기도 한다. 신이나 영웅, 악인이 등장하는 신화는 공동체의 전통적 가치 체계와 용인의 범위를 그대로 담고 있으며, 뉴스 역시 어떤 사건의 보도를 통해 사회적인 가치 판단을 구성원들에게 알려주는 기능을 수행한다고 본 것이다.

과소재현 vs. 과잉재현

과소재현under-representation은 실제보다 미디어가 훨씬 적게 다루는 것을 의미하는데, 흔히 여성이나 사회적 약자, 소수자의 미디어 재현을 나타낼 때 사용된다. 반면 과잉재현over-representation은 두 가지 차원에서 이해되는데, 남성의 경우 실제보다 과도하게 미디어에서 다루어지는 것을 의미하는 반면 여성의 과잉재현은 미디어가 여성을 다룰 때 주로 성적인 면에 초점이 맞추어 다루는 것을 의미한다.

했다(터크만은 여자다!). 상징적 소멸은 극단적인 과소재현에서 생겨나는 것으로서, 미디어에서 여성이 제대로 묘사되지 않음, 즉 존재감이 없는 것을 의미한다. 물론 이러한 상징적 소멸은 신문은 물론 텔레비전이나 잡지 등 미디어 전반에서 관찰되며, 여성뿐 아니라 동성애자나 인종, 계급의 문제에도 그대로 적용된다. 상징적 소멸이 중요한 이유는, 이러한 재현의 결여가 이른바 존재감의 결여로 연결되기 때문이다. 다시 말해 뉴스에서 여성을 잘 다루지 않는다는 것은 그 사회에서 여성은 별로 중요하지 않다는 것, 영향력이 없다는 것과 직결된다는 것이다.

그렇다면 왜 여성을 뉴스에서 잘 다루지 않는 것일까? 이 질문에 대한 답을 찾기 위해서는 먼저 뉴스 가치news value, news worthiness에 대해 살펴볼 필요가 있다. 뉴스 생산과 제작이 조직의 문화와 조건에 맞춰진 관행에 따라 관습적으로 일어난다는 것을 상기하면, 기자들이 취사선택하는 뉴스가 그들의 인식과 관행을 그대로 드러내준다고 할 수 있기 때문이다. 뉴스 가치란 어떤 정보나 사건이 뉴스가 될 수 있는 속성을 의미하는데, 흔히 시의성timeliness과 근접성proximity, 저명성prominence, 영향성consequence, 인간적 흥미human interest 등을 꼽는다. 요즘은 실생활에 얼마나 요긴한 정보인가 하는 유용성usefulness도 중요한 기준이 된다. 하나의 뉴스는 여러 가지의 속성을 함께 갖고 있는 경우가 대부분이어서 엄격하게 뉴스 가치를 구분하긴 어렵다.

시의성은 최근에 일어난 일일수록 뉴스 가치가 높다는 것을 의미하지만, 6·25나 5·18 같은 기념일이나 역사적 사건과 관련된 뉴스 역시 시의성 가치를 갖는다고 할 수 있다. 근접성은 가까운 곳에서 일어난 일일수록 뉴스 가치가 높다는 것인데, 지리적 요인 외에 심리적 요인도 중요하다. 미국 프로야구리그에 진출한 류현진이나 추신수의 경기가 늘 주요 뉴스가 되는 것은 바로 심리적 근접성 때문이다. 저명성은 뉴스가 얼마나 유명한 사람이나 물건, 또는 장소와 관련된 것인가 하는 것과 관련된다. 유명 연예인이나 운동선수에 대한 뉴스가 왜 그렇게 많은지를 설명해주는 부분이다. 똑같은 사건이라 해도 어디서 일어나느냐에 따라 큰 뉴스가 되기도 하고 아예 보도가 안 되기도 한다. 가령, 루브르 박물관이 유리 피라미드 입구를 확장하기로 했다는 소식은 저명성 차원에서 뉴스 가치가 높다고 하겠다. 영향성은 얼마나 많은 사람에게 얼마나 큰 영향력을 미칠 수 있는가 하는 것인데 다소 포괄적인 면이 없지 않다. 워낙 복합적으로 얽혀 돌아가는 오늘날, 우리에게 영향을 미치지 않는 일이란 사실상 찾아보기 어렵기 때문이다. 정치나 경제, 국제 뉴스의 대부분이 영향성이라는 뉴스 가치를 가지고 있다고 할 수 있다. 인간적 흥미란 수용자의 관심을 끌 수 있는 요소를 말한다. 성性과 관련되거나 폭력, 호기심, 갈등, 신기함, 미담, 교훈, 범죄, 어린이나 동물 등이 인간적 흥미를 충족시켜주는 대표적인 요인이다.

그렇다면, 여성과 관련된 뉴스는 주로 어떤 뉴스 가치를 갖고 있

5기통 엔진 '출격' '요즘 우리가 대세'

'자유를 느껴봐' 게이들과 함께…

엉덩이가 자유자재 야구장은 '후끈'

사진 1.
〈중앙일보〉 네이버 뉴스 스탠드 화면(2013. 8. 5.)

을까? 여성이 뉴스에 등장하는 것은 주로 어떤 경우인가? 위에서 살펴본 뉴스 가치 중에서는 저명성이나 인간적 흥미가 여성과 관련하여 가장 두드러진다고 할 수 있다. 즉 여성 연예인에 대한 자극적 뉴스가 압도적으로 많은 수를 차지하고 있다는 것이다.

유명한 여성 중에는 정치인도 있고 전문직 여성도 많은데 왜 이런 식의 뉴스만 '난무'하는 것일까? 여기에는 매우 복합적인 메커니즘이 작동한다. 전통적으로 (그리고 지금도 별다르지 않게) 뉴스 생산이 남성의 영역이었기 때문에 뉴스 가치가 남성의 입장과 관점에서 만들어진 것이라는 점, 정치나 경제 등 이른바 공公의 영역에서 여성의 진출이나 활동이 지극히 제한되고 통제되어왔다는 점, 그리고 뉴스를 소비하는 수용자가 여성보다는 남성이라는 점 등이 여성을 고정된 이미지로 재현하는 뉴스를 양산하는 것이다. 치열한 경쟁 환경에서 수익을 내기 위해 언론사는 날로 상업화되어간다. 품이 많이 드는 고품질의 뉴스로 승부하기보다 손쉽게 수용자의 호기심과 흥미를 충족시켜주는 선정적인 뉴스를 양산해낸다. 여성의 성을 소재로 한 뉴스는 (남성) 수용자의 흥미를 끌기에 더없이 좋은, 다시 말해 뉴스 가치가 높은 상품일 수밖에 없다. 영상 미디어 시대, 여성의 성 상품화는 개선되기는커녕 더욱 강화되고 촉진되고 있다.

이런 식의 여성 이미지는 뉴스뿐 아니라 미디어 전반에서 관찰된

여성	남성
과소재현	과잉재현
가족적 맥락	업무적 맥락
낮은 지위의 직업	높은 지위의 직업
권위 없음	권위 있음
권력 없음	권력 있음
다른 사람들과 관련되어 있음	개별적
수동적	능동적
감성적	이성적
의존적	독립적
순종적	저항적
우유부단한	단호한

표 1.
미디어에서 재현되는
젠더의 이분법

다. 반 주넨van Zoonen은 미디어에서 재현되는 젠더의 이분법을 다음과 같이 제시했다. 이러한 가부장적 상징 질서와 체계를 통해 여성과 남성에 대한 고정관념이 생산, 유포되고, 그 기반 위에서 현실의 가부장적 질서 역시는 견고하게 유지될 수 있는 것이다. 무너지지 않는 가부장적 인식과 질서가 톱니바퀴처럼 맞물려 또다시 미디어 속의 젠더 편향을 만들어내는 것은 물론이다.

2) 남성적 뉴스 가치와 공사 영역의 인식론

뉴스가 남성의 영역이라는 점은 공사公私 영역의 인식론과 잇닿아 있다. 피스크Fiske가 뉴스를 남성적 서사 구조narrative로 파악하는 것도 바로 공적 영역을 남성의 영역으로 여기기 때문이다. 남성의 영역에서 일어난 남성의 일을 남성의 관점에서 남성에게 전달한다는 것이다(더 이상 무슨 말이 필요할까!). 근대 자유민주주의는 공사 영역 분리를 통해 가부장제 사회의 속성을 그대로 간직한 채 남성 중심의 체제를 성공적으로 지속시켜왔다. 남성과 여성의 영역을 나누고 여성을 가정, 즉 사의 영역에 분리시킴으로써 시민의 권리를 남성에게만 제한할 수 있게 한 것이다. 자유민주주의나 사회계약론에서 말하는 시민은 오로지 남성이며, 남성적 정상성normality을 기준으로 한다. 사적 영역에서 감성적으로 존재하는 여성은 공적 영역에서 이성적으로 시민의 역할을 수행하는 남성에 종속되거나 따뜻하게 돌볼 의무가 있을 뿐이다. 이러한 성별 분업의 정당화는 남성의 지배를 당연시하며 여성과 남성 간의 불평등을 합리적인 것으로 인식하도록 한다.

이러한 공사 영역의 분리는 한국 사회에서 전통적으로 강하게 고수되어왔던 내외 구분과 정확히 일치한다. 유교 사회에서 내內는 여성의 영역으로, 외外는 남성의 영역으로 엄격히 구분되었다. '남자는 여자 일에 대해 말하지 말며, 여자는 남자 하는 일에 대해 말하지 말라'(「郊特牲」, 『禮記』)는 유교적 원칙 아래 공적인 일은 남자만의 독점적·배타적 관할이었으며, 여성은 그에 대해 관심조차 가지면 안 되는 것으로 가르쳤다. 바른 행동과 생각은 남녀의 분리에서 시작되는 바, 남자는 바깥에 머물고 여자는 안에 머문다고 규정함으로써 남-여의 분리가 곧 내-외의 분리, 공-사의 분리로 엄격하게 이어지는 것이다. 남성에게 속한 것이라 여겨지는 '중요한' 일, 즉 '바깥일'로 규정된 정치적, 사회적 문제들에 대하여 여성이 언급한다거나 아는 체 나서는 것은 일체 금기시되었고, 여성의 관심은 '사소한' 집안일에만 제한되어야 했다.

> 예(禮)는 부부 사이를 삼가는 데에서부터 시작된다. 남자는 밖에

있고 여자는 안에 있어야 한다. (…) 남자는 안에 들어가지 않고 여자는 밖에 나가지 않는다. (…) (여자가 남편을 섬기는 것은) 젊은 사람이 어른을 섬기는 것과 천한 사람이 귀한 사람을 섬기는 것과 같다.

_「內則」, 『禮記』.

이러한 인식은 아직까지 대단히 강고해서 사적 영역에 여성의 역할을 고정하고 그에 따르지 않는 여성을 비난하고 (특히 결혼한 여성에 대해) 남성과 구별되는 다양한 책임을 부여하면서 슈퍼우먼이 되기를 강요한다. 따라서 공적 영역에 진출하거나 전문직을 가진 여성은 물론이고 뉴스를 생산하는 영역에 뛰어드는 여성은 매우 용감하거나 이기적이거나 특이한 사람으로 받아들여지며, 언론사에 들어가서도 여러 차별과 압력을 감수해야 하는 경우가 허다하(였)다. 수적인 면에서 전문직 여성이나 여성 언론인이 대폭 늘어나고는 있지만, 뉴스에서 보이는 여성의 모습은 크게 달라지지 않고 있다.

3. 뉴스와 젠더: 텍스트

1) 뉴스가 일반 여성을 다루는 방식

비난하기

뉴스에서 연예인이나 유명 스포츠 선수, 사회적 성공을 거둔 화제의 주인공이 아닌 '보통' 여성을 칭찬하는 것을 본 적이 있는가? 일반 여성이 뉴스에 등장하는 경우는 칭찬의 대상이 되기보다 비난condemnation의 대상이 되는 경우가 대부분이다. 이는 범죄 관련 뉴스에서 흔히 나타는 방식인데, 여성이 피해자인 경우에도 뉴스는 여성을 비난한다. 특히 성 관련 범죄인 경우 여성에게 원인이 있다거나 아예 여성의 잘못으로 돌리는 식의 질책과 책망을 담아낸다. 또 피해자인 여성을 부각시켜 사건의 초점을 흐리는 식의 보도도 자주 볼 수 있다. 2008년 '조두순 사건'이 가해자의 이름을 지운 채 '나영이 사건'으로 명명되었던 것 역시 바로 이러한 맥락에서이다.

여성이 가해자가 되는 경우는 더욱 극단적인 묘사를 하는 경우가 많다. 남성 범죄자의 경우는 그가 왜 그런 범죄를 저지를 수밖에 없었는지에 관심을 두고 정신질환이나 환경을 강조함으로써 범죄를 정당화하려는 시도와 함께 희생자로의 치환이 빈번히 이루어지는 반면, 여성 범죄자의 경우는 더욱 비도덕적이거나 비정상적인 굴레를 씌워 묘사한다는 것이다.

주변화하기

뉴스에서 일반 여성은 대개 주부나 학생, 회사원 또는 직업을 알 수 없는 사람 등 주변인물로 등장한다. 이렇게 여성을 업무나 공적인 능력과 분리시켜 중요하지 않은 사적 영역의 사람으로, 나아가 무능력하게 보이게끔 하는 것을 주변화marginalization이라고 한다. 이러한 방식은 여성을 취재원이나 인터뷰 대상으로 삼는 경우에 주로 사용된다. 여기에서 여성은 대부분 무지하거나 감정적이거나 남성의 존적인 모습으로 등장한다. 그들이 뉴스에 등장하는 이유도 의도적이라기보다는 우연적이다. 남성 전문가들이 미리 계획한 대로 집무실 등 전문성을 한껏 드러내는 공간에서 정치, 경제, 사회 등의 분야에 대한 인터뷰를 하는 반면, 여성은 우연히 맞닥뜨린 카메라 앞에서 휴가지에서의 감흥이라든지 장바구니 물가에 대한 불평 등을 이야기하는 것으로 정형화되어 있다.

2) 뉴스가 전문직 여성을 다루는 방식

그렇다면 전문직 여성에 대한 뉴스는 어떨까? 대한민국 '최초'의 여성 대통령 박근혜의 별명이 '수첩공주'라는 것은 유명한 얘기이다. 1993년 여성으로서는 '최초'로 장관이 되었던 황산성은 별명이 '울보장관'였다. 김영삼 정부 시절 교육부 장관이었던 김숙희는 동생이 김용옥 교수라는 사실이 크게 부각되었으며 여성스럽지 않은 외모로 인해 언론에 시달렸다. 반대로 매우 여성스러운 외모를 지녔던 법무부 '최초'의 여성 장관 강금실에 대해 언론이 가장 관심을 보인 부분은 보라색 패션과 화장, 춤 솜씨였다. 2013년 상황도 다르지 않다. 윤진숙 장관에 대한 뉴스는 인사 청문회부터 촌스러운 외모와 무능력에 초점이 맞춰져왔다.

희소성 강조하기

앞서 살펴본 여러 가지 이유에서 공적 영역에 진출한 여성을 뉴스는 불편해한다. 따라서 매우 특별한 뉴스 가치를 갖고 있는 경우에만 뉴스로 다뤄지는데, 가장 흔한 것이 바로 '최초'인 여성을 다루는 것이다. 최초로 어떤 자리에 오른 여성은 희소성이 강조됨으로써 그 성취나 성공이 여성 일반으로 확장되지 못하도록 하는 효과를 낳는다. 즉 공적 인물로서의 여성을 자연스럽지 않게 보이도록 함으로써 이 예외인 여성과 일반 여성을 자연스럽게 분리하는 동시에 본래는 남성의 영역임을 재확인하는 것이다. 이러한 희소성 강조는 여성 개인의 능력에 초점을 맞춤으로써 여성의 성취가 개인적이고 일회적인 것으로 여기는 '개인화하기'와 일맥상통한다.

여성(성) 강조하기

'공주', '여왕', '○○녀' 등의 라벨label을 붙여 여성임을 강조하는 것은 가장 고전적인 방식이면서 또 가장 널리 사용되는 방식이기도 하다. 이러한 젠더 호명gender interpellation[7]은 역할 이전에 성별을 부각시킴으로써 뭔가 신기하다거나 어울리지 않는다는 분위기를 만들어 내는 것이다. 이러한 재현 방식은 공적 영역에 진출한 여성을 사적 영역으로 끌어내려 여성의 성취가 가진 의미를 희석시킨다. 여성임을 강조하는 것은 뉴스를 보는 남성의 심리적 일체감을 없앰으로써 여성 인물의 영향력 범위를 여성으로 제한하는 것이기도 하다.

여성성을 강조하는 것은 역할 수행이나 업무 자질과는 아무 관련이 없는 외모나 옷차림 등 주변적이고 사소한 것에 초점을 맞추는 것과 동시에 진행되는 경우가 많다. 외모나 옷차림을 칭찬하거나 상세히 묘사하는 방식을 통해 뉴스는 여성을 주체가 아닌 대상으로 전락시켜 버린다. 뉴스에서 여성을 다루고 있지만 여성은 뉴스에서 소외되는 것이다.

또한 여성적 외모와 남성적 업무를 대비시킴으로써 여성의 일과 남성의 일이 다르다는 성 고정관념을 은연 중 드러내고 다시 한 번 분명히 한다.

여성임을 일깨우기

여성으로 하여금 가족의 이야기를 하게 하는 것은 그 여성의 제자리가 공적 영역이 아님을 노골적으로 보여준다. 엄마로서 아내로서 딸로서 며느리로서 불완전한 존재임을 드러내는 동시에 여성의 '바

7 **젠더 호명**
이데올로기가 개인을 주체를 구성한다는 알튀세르Althusser의 개념에서 '호명'은 핵심 기능을 수행한다. 모든 주체는 범주화되고 '상상적으로imaginary' 불리며 이 과정을 통해 문화 정체성이 형성되기 때문이다. 즉 개인은 이데올로기가 제공하는 문화적 재현을 동일시하면서 정체성을 형성해나간다. 주창윤(2011)은 2002년 이후 여성 호명의 담론 유형을 네 가지로 구분하는데, 여성에 대한 관음주의와 성적 매력과 관련된 호명(월드컵녀, 베이글녀 등), 사회규범 위반과 관련된 호명(개똥녀, 지하철 반말녀 등), 남성이 갖는 정서를 위반하는 호명(군삼녀, 루저녀 등), 여성의 소비 행태를 비판하는 호명(된장녀, 명품녀 등) 등이다. 그는 이러한 젠더 호명이 특정 개인의 행위를 집단화함으로써 위장된 모습으로 나타나고, 타자화된 집단화는 젠더 간 소통의 공간을 대립적 상황으로 이끌어 한국 사회의 소통을 방해하는 중요한 요인이 된다고 보고 있다.

앗, 대통령이 '냉장고 치마'를?

朴대통령의 휴가 패션 화제… 올여름 유행인 '냉장고 치마', 인터넷서 2만~3만 원대 추정, 뒤로 묶은 머리도 포인트 "자연스러운 여성미" 호평

◀ 왼쪽 사진: 살짝 비치는 시스루 남색 카디건 상의에 흑백 패턴이 프린트된 일명'냉장고 치마'를 입었다. 여기에 나무 굽 샌들과 짙은 회색 토트백을 매치했다.

◀ 가운데 사진: 평소 즐겨 입는 사파리 재킷에 바지 차림이지만, 올림머리 대신 뒤에서 자연스럽게 묶은 헤어스타일이 눈길을 끈다.

◀ 오른쪽 사진: 옷깃이 넓은 흰색 셔츠에 허리선이 높은 남색 치마로 단정한 휴양지 패션을 연출했다.

박근혜 대통령이 지난달 30일 공개한 '휴가 패션'이 관심을 모으고 있다. '근무 중'과는 다른 여유롭고 편안한 모습이었기 때문이다. 패션 전문가들은 "'중성(中性)적 정치인'에서 '여성' '자연인'으로 돌아간 박근혜를 보여줬다"고 평가했다. (하략)

김성윤 기자, 〈조선일보〉(2013. 8. 1.)

깥일' 때문에 희생된 가족을 노출시킴으로써, 여성의 성취는 더 이상 바람직한 것이 아님을 보여준다. 이러한 방식을 통해 전통적인 성 역할은 은연중에 확고한 지위를 부여받게 된다. 윤진숙 장관 인터뷰 기사 제목에 외모나 옷차림뿐 아니라 동생과 어머니가 등장하는 것을 주목할 필요가 있다.

"남대문 시장서 어울리는 안경 사고 옷은 백화점 세일 때 동생이 골라줘"

청문회 때 화제 됐던 외모·말투, 확 달라졌는데…
국무위원 재산 최하위 기록 "내가 돈복이 별로 없나 봐요… 어머니는 말년에 치매 앓아"

윤진숙 장관은 취임 전 국회 청문회에서 어눌한 말투와 외모 탓에 개그 프로그램에서 풍자의 대상이 되기도 했다. 수수한 외모와 붉은 립스틱의 부조화는 그녀에게 촌스러운 아줌마 이미지를 덧씌웠고, 이는 곧바로 '무능력자'라는 평가로 이어졌다. 24일 만난 윤 장관은 4개월 사이 상당히 '카메라에 어울리는' 이미지로 변신해 있었다. 이날 밤색 안경테에 연한 화장, 단정한 녹색 정장 상의, 베이지색 바지에 흰색 단화를 신고 인터뷰에 응했다.

▲ 4월 초 장관 취임 선서 당시 붉은 립스틱을 바른 윤진숙 해수부 장관

— 스타일이 바뀌셨다. 안경도 달라진 것 같은데. (답변 생략)
— 외모를 관리하지 않아 손해 본 측면이 있지 않나. (답변 생략)
— 장관의 외모를 놓고 인터넷·TV에 좋지 않은 보도가 있는데. (답변 생략)
— 재산이 너무 적더라. (답변 생략)
— 집을 산 적은 있나. (답변 생략)
— 세종시 있으면 잠은 어디서 자나. (답변 생략)

김태근 기자, 〈조선일보〉(2013. 7. 25.)

3) 생각보다 뿌리 깊은 관습의 늪

언론의 여성 차별은 더욱 관습적이다. 최근 논란이 되었던 〈한겨레〉의 '진주녀' 논란을 보자. 상대적으로 진보적으로 알려진 〈한겨레〉는 창간 25주년 기획의 하나로 「20대 '진주녀' 발랄한 상상력으로

[오늘의 소셜 쟁점] 한겨레의 신조어 '진주녀', "여성차별"적이라는 비판

진취적이고 주체적인 여성, '진주녀'?

오늘 한겨레에 실린 한 기사가 화제입니다. 한겨레가 창간 25주년 기획의 하나로 내놓은 〈20대 '진주녀' 발랄한 상상력으로 대안적 삶을 개척한다〉가 그 주인공입니다. 진주녀는 한겨레가 만든 신조어로 '진취적이고 주체적인 20대 여성'을 뜻합니다. 몇몇 누리꾼들은 진주녀의 등장에 대해 "반갑다", "이런 진주녀들이 더 많아져야 한다"는 반응을 보였지만, 많은 누리꾼들은 진주녀라는 용어에 대해 비판의 목소리를 냈습니다.

사회 일반

20대 '진주녀', 발랄한 상상력으로 대안적 삶을 개척한다

등록: 2013.05.12 20:49 수정: 2013.05.13 16:23

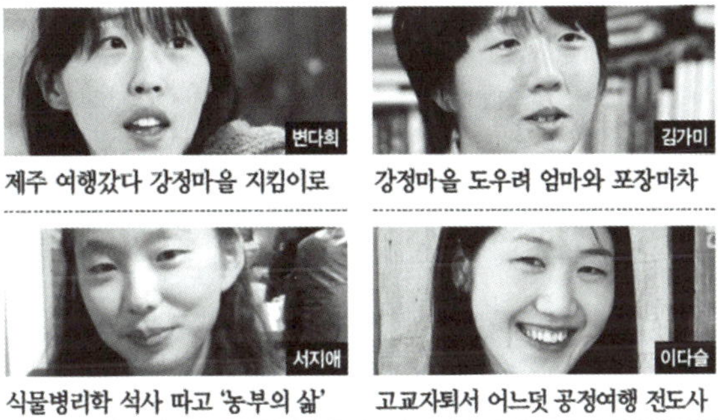

한겨레 창간 25주년 기획 | 2013 대한민국 '진주녀'

진주녀(進主女)

[명사] 진취적이고 주체적인 20대 여성. 기존 관념에 얽매이지 않고, 꿈을 좇아 자신의 삶을 개척.

〈한겨레〉는 창간 25돌을 맞아 20대 젊은 여성에 주목했다. '파워 엘리트'로 꼽히는 알파걸이나 골드미스가 아니라, 보이지 않는 곳에서 기존 관념에 얽매이지 않고 꿈을 좇아 삶을 개척해나가는 20대 여성들이다. 이들 역시 20대의 불안한 삶의 조건에서 현실적 고민으로 어려움을 겪지만, 이에 굴하지 않는 '진취적이고 주체적인' 모습이 우리 사회에 생기를 불어넣고 있다. 이른바 '진주녀'들이다. 〈한겨레〉는 이런 20대 여성 100여 명을 3주에 걸쳐 다각도로 인터뷰하는 한편, 전국의 20대 남녀 700명을 대상으로 설문조사를 진행했다. 이를 통해 한국 사회에서 가장 미래지향적이라는 평가를 받는 20대 여성들의 진면목을 조명해봤다.

먼저 누리꾼들은 무슨 일만 있으면 등장하는 OO녀라는 용어가 적절하지 않다는 의견을 전했습니다. 남성이 정치에 관심을 가지거나 어떤 행동을 한다고 해서 OO남이라는 용어는 잘 사용하지 않는데, 여성에 대해서 유독 OO녀라는 용어를 붙이는 것이 의문이라는 겁니다.

얌코(JOD_jaewon) 약 6시간 전
나는 당신네들에 의해 개념녀로, 알파걸로, 진주녀로 규정되고 싶은 마음 같은 거 없다. 존나 불쾌해.

so picky(so_picky) 약 7시간 전
한겨레가 "진취적이고 주체적인 여성"을 의미한다며 "진주녀"란 신조어를 내놓았다. 있는 "OO녀"를 없애도 션찮을 판에...

Yoania_A 약 32분 전
@noucampo 워딩이요. **녀 라는 이름을 붙임으로서 이루지는 타자화? 대상화? 가 굉장히 기분나쁘고 그 기저에 깔린, 소위 '진주녀'가 굉장히 이례적이다 라는 생각도 기분나빠요. 가령 저런 행동을 하는 남성을 **남이라고 주목하지는 않으니까요.

안티-레이디(ssessiru) 약 3시간 전
변방의 진주녀, 사회 중심부의 알파걸? 여자들은 '특유의 섬세함과 감수성'으로 남을 보살피는 일을 '남다르게' 하면서 살아야 진취적이고 주체적인거냐? 그럼 알파걸들은 후진적이고 타의적으로 '남들처럼' 고상하고 도도하게 사는 여자들이고?

한편, 소위 '진주녀'들이 어떻게 해서 진주녀가 되었는지에 대한 설명이 부족하다는 지적도 있네요. 기사에 등장하는 계기는 강연회나 토론회, 인문학 공부 등인데, 이것만으로는 진주녀들이 어떻게 그러한 삶을 살아왔는지 설명하기엔 좀 부족하다는 겁니다. 대안적 삶을 모색하는 사람들이 많아지는 게 좋은 방향이라면, 그들이 그러한 삶을 살게 된 경로를 철저하게 분석하는 게 중요하겠지요.

anomicjihad 약 45분 전
진취적이고 주체적인 20대 여성이 진주녀ㅋ 웃기긴 한다만... 진취적이고 주체적인 30대 여성(나, 30대, 프리타형 예술가)은 안 끼워주는 걸로 봐서 진취적이고 주체적인 20대 아가씨에 매력을 느끼는 남자들이 만든 언어임에 틀림없다.

지늉늉의 사회심리학 이야기(imaum0217) 약 3시간 전
진주녀 이야기에도 '(여전히)변방이지만 즐겁게 자신을 희생하는 여자들'을 바람직한 여성인 듯 비추면서 여성들에게 '변하지마! 위로 올라가지마!'라고 하고픈 욕망이 어느 정도 섞여 있는 건 아닌지.

임경선(slowgoodbye) 약 4시간 전
'진주녀'기사의 결함기가 제일 실망스럽다. 그녀들이 '대안적'인 일을 선택하게 된 다른 이유는 없었을까? 그녀들은 왜 강연회를 많이 다니는가? 그 이유들이 너무 피상적이고 허맑다. 진취적이고 주체적인게 그리 간단한가. 희망에는 두려움이 필히 동반하거늘

해심한 담륜(damryun) 약 6시간 전
'진주녀'기사에서 네이밍 센스의 문제점이야 다른 분들이 지적해주실 것이고, 나는 여기서 해당 기사가 싸구려 인문학 마케팅의 성행에 자아각성을 연계지으며, 그로 인해 개인의 삶이 달라졌다는 계몽주의적 감수성을 온존하고 있는 것이 일단 맘에 안든다.

조윤호 기자, 〈미디어오늘〉(2013. 5. 13.)

대안적 삶을 개척한다」를 내놓았는데, 여기서 걸핏하면 나오는 'ㅇㅇ녀', '××녀'라는 호칭에 주목할 필요가 있다. 왜 '진주녀'인가? '진주남'이라는 대칭적 용어가 없는 마당에 왜 굳이 '여성'임을 갖다 붙여 이름을 지어야 하는가? 아마도 〈한겨레〉는 '진취적이고 주체적인' 삶을 살아가는 이 시대 젊은 여성들을 칭찬하고 하나의 롤 모델로 제시하고 싶었을 것이나, 미처 가부장적 관습의 망에서 빠져나오지 못한 채 허우적대는 한국 언론의 민낯을 들키고야 말았다.

4. 뉴스와 젠더: 생산

1) 언론사 조직의 여성 소외와 차별: 기자

이렇게 젠더 편향적인 뉴스가 만들어지는 데는 조직의 문제가 가장 크게 작용한다. 즉 언론사라는 곳이 전통적으로 남성이 많은 남성 위주의 문화에 젖어 있는 경우가 대부분이라는 것이다. '험난한' 기자의 길을 가기로 결정했어도 일단 여성은 남성보다 들어가기가 쉽지 않다. 여성 지원자들이 아무리 성적이 좋아도 언론사는 남성을 필요로 하기에 '적정' 인원을 남성으로 뽑는다. 역차별이다. 담당 부서 역시 과거보다 나아지긴 했어도 여전히 편집이나 문화부 쪽에 주로 배치된다.

뉴스의 문제는 여성 기자가 상위 직급에 드물다는 사실과도 연관되어 있다. 2013년 한국여기자협회의 조사에 따르면 중앙 언론사에서 여성 기자는 전체 기자의 23% 정도를 차지하는 것으로 나타났다. 이렇게 전체 여성 기자 수는 확실히 증가하고 있지만, 직급별 여기

사라지는 여기자들

지난 2007년 봄, 저와 함께 YTN에 들어온 취재 기자 동기는 모두 7명이었습니다. 여자 4명, 남자 3명. 그때는 이 수치가 얼마나 파격적인 것인지 알지 못했습니다. 성적순대로 하면 일곱 명 모두 여기자인데, 고심해서 이렇게 결정했다는 말을 나중에 들었습니다. 결국 남자를 뽑기 위해서, 성적순으로만 할 수는 없었다는 말입니다. 그나마 여자의 비율이 높은 것은 전례 없는 일이었습니다. 어떤 조직이든 이상적인 성비가 있겠지만, 늘 남자가 더 많아왔고, 더 많아야 하고, 안 되면 인위적으로라도 맞춰야 하는 조직이 있습니다. 군대, 경찰 같은…. 그중에 하나가 언론사입니다. 안팎에서 혁신적인 한 해라는 소리를 들었던 2007년 YTN 공채. 결국 여기자가 남기자보다 많이 들어온 것은 그때 한 번뿐이었습니다. 성적으로 뽑는 것보다는 역시 남자가 필요했던 것이지요. 그렇다고 여자 지원자들의 수준이 그때에 비해 떨어진 것은 아닙니다. 여전히 여자 지원자들은 시험에서 만큼은 남자 지원자들에 비해 월등히 잘합니다. 회사가 성비 조절을 위해 성적을 마사지하는 것이죠.

하지만 그 마사지를 더러운 부정이라고만 탓할 수는 없습니다. 회사에 남기자가 필요하기도 하지만 시간이 갈수록 여기자가 현장에서 사라지는 현실 때문입니다. 여기자들은 연차가 올라갈수록 보기 힘들어집니다. 여기자들은 다 어디로 간 걸까요? 기자 세계에서 이른바 '쉬어가는' 자리, 바로 '내근'입니다. 내근은 회사 안에서 근무하며 해외 통신을 처리하거나 뉴스 편집이나 진행을 하는 등의 일입니다. 보통 기자들은 내근을 싫어합니다. 힘들더라도 나다니는 것을 좋아하는 DNA가 있나 봅니다. 그런데 대개 싫어하는 내근 부서에 유독 여자가 많습니다. 여기자라고 내근 좋아서 하는 것 아닙니다. 일하는 여성들의 최대 과제, 결혼과 임신과 출산을 겪으면서 어쩔 수 없는 타협을 하는 경우가 많습니다. 몸은 힘든데 뱃속의 아기를 생각하면 나 좋아하는 일만 할 수 없고 돈도 벌어야 하고… 결국 치열한 취재 현장에서 한 발을 빼서 슬며시 가정으로 옮깁니다. 그러기에 내근은 꽤 괜찮은 일터죠.

그렇다면 현장에 남은 남기자들은 어떨까요? 전투력 높은 여기자가 사라진 전쟁터는 경쟁력 없는 남기자들이 노력하지 않고도 사냥감을 얻어내는 무주공산으로 변합니다. 그렇다고 그들을 부러워할 일은 아닙니다. 노력을 하지 않아도 환경이 알아서 자리를 만들어주는 남기자가 환경에 꿈과 자리를 빼앗긴 여기자보다 나을 것은 없습니다. 이런 상황에서 환경을 적당히 이용하며 녹슬지 않고 성장해 가진 남기자들이 끝까지 살아남는 겁니다. 결국 여기자가 사라지는 건 여자는 출산과 육아를, 남자는 돈을 벌어야 하는 것이 우선인 우리 사회 현실 문제입니다. 저

역시 남편이 집에서 살림하는 상황은 싫습니다. 차라리 둘 중 하나가 그만둬야 한다면 제가 그만두겠습니다. 어쩔 수 없는 성 역할의 노예인 것이죠.

하지만 지금은 꽤 많은 여기자들이 내근이 아닌 현장에서 뛰고 있습니다. 갈수록 현장 여기자들이 많아지는 것 같습니다. 다행히 저도 지금은 아이가 없어 원하는 부서에서 하고 싶은 일 하면서 기자 생활을 하고 있습니다. YTN이 저에게 준 기회를 생각하면 저는 운이 좋은 편입니다. 일단 입사시켜줬고 혹독한 일진을 만나 좋은 교육을 받았고 순회특파원이라는 것도 하게 됐습니다. 순회특파원은 일종의 재난, 종군 기자인데 세계 위험 지역을 전담하는 특파원입니다. 저희 남편은 한숨만 푹푹 내쉬더군요. 저도 엄마가 되며 그런 열정을 내려놔야 할까요? 저절로 식을까요? 열정은 식을지라도 기억은 오래 남을 겁니다. 6년이나 됐는데도, 기자로서 하고 싶은 일이 아직 너무나 많습니다.

여기자는 여전히 기자 사회에선 '소수'에 속합니다. 때론 양적 소수이고 종종 질적 소수, 약자가 될 때도 있습니다. 재학 중 결혼을 하면 제적을 시키던 여학교가 있었습니다. 옛날에 만들어진 학칙인데 이 학칙이 언제까지 유지됐는지 알면 아마 놀라실 겁니다. 생각만큼 변화가 빠르진 않습니다. 그래도 조금씩 나아지고 있습니다. 분명 현장에 있는 여기자들은 늘고 있습니다. 주구장창 문화부만 시켜서 회사를 그만두고 유학길에 올랐다는 선배들을 학계나 정부에서 종종 봅니다. 2010년만 해도 YTN 정치부에 여기자는 저 혼자였습니다. 하지만 지금은 무려 6명입니다. 그에 비하면 마사지가 예전보다 준 것도 사실이고 육아를 하면서도 취재현장을 떠나지 않는 선배들도 늘었습니다. 여기자들에겐 긍정적이고 즐거운 변화입니다.

YTN 김지선 기자(2013년 방송기자연합회 주최 방송저널리즘스쿨 강의 원고 중에서)

자 인원과 비율을 보면 2003년이나 2009년보다 그다지 나아지지 않았음을 알 수 있다. 과거에 비해 전반적으로 차장급 이상 임원의 수가 대폭 늘어나기는 했지만, 전체 간부 기자에서 여성이 차지하는 비율로 보면 거의 변화가 없다. 여성 차장과 국장의 수는 대폭 늘었지만 그 비율은 오히려 2009년보다 약간 감소했고, 부장이나 부국장은 각각 11명과 5명으로 그야말로 손에 꼽을 정도에 불과하다. 더욱이 여성 임원은 단 3명에 불과한 실정이라 2003년 수준마저 회복하지 못하고 있다. 들어갈 때도, 들어가서도, 여성은 언론사에서 주변인의 자리를 벗어나기 쉽지 않은 것이다.

방송도 마찬가지이다. 2012년 조사 자료에 의하면, 지상파 방송의 경우 여성 기자는 전체 기자 2,298명 가운데 325명이고 여성 임원은 전체 131명 가운데 단 6명에 불과하다. 여성 임원 비율은 4.5%로 5%에도 미치지 못하며 여성 기자 비율도 14%에 그치고 있어, 방송사의 뉴스 생산 조직 역시 확고하게 구축된 남성의 영역임을 보여주고 있다.

그렇다면, 더 많은 여성이 기자가 되고 또 승진하게 되면 여성에 대한 뉴스가 더 많아지고 여성에 대한 재현 방식 역시 개선될 것인가? 그러려면 적어도 여성 기자가 남성과는 다른 뉴스 가치를 갖고 있어야 한다는 전제가 있어야 하는데, 연구에 의하면 여성 기자라고 해서 반드시 여성적 뉴스 가치를 갖고 있지는 않다고 한다. 즉 여성 기자가 여성을 '대변'한다고만은 할 수 없다는 것이다. 다만 여성 관련 기사를 좀 더 중시하는 경향이 일부 여성 기자에게서 발견되었을

표 2.
중앙 언론사 직급별 여성 기자 추이(출처: 한국여기자협회 조사 자료)

	2003		2009		2013	
	전체	여성(%)	전체	여성(%)	전체	여성(%)
차장	1,005	61(6.1)	771	95(12.3)	1,251	150(12.0)
부장	421	26(6.2)	387	22(5.7)	1,013	71(7.0)
부국장	137	8(5.8)	129	3(2.3)	249	11(4.4)
국장	53	2(3.8)	38	3(7.9)	75	5(6.7)
위원	197	19(9.6)	197	13(6.6)	190	16(8.4)
임원	46	4(8.7)	95	1(1.1)	74	3(4.1)
합계	1,869	120(6.5)	1,617	137(8.5)	2,852	256(9.0)

* 각각의 조사는 참여 언론사가 정확히 일치하지 않기 때문에 단순비교를 하기에는 적절하지 않다.

뿐이다.

왜 그럴까? 소수의 여성 기자들이 남성적 조직 문화를 바꾼다는 것은 언감생심이다. 조직에 적응하기 위해 여기자 역시 남성적 가치관과 관행을 내면화하는, 이른바 '여성의 남성화' 현상이 일어난다. 상급자가 된 여성은 여성으로서의 가치보다는 조직의 목표에 기능적으로 순응한다는 것이다(그런 여성이 진급하는 것일 수도 있다). 유리천장의 존재도 문제지만, 결혼과 육아 등으로 조직에 대한 헌신이나 충성심이라는 남성적 조직 문화에서 현저히 뒤처질 수밖에 없는 여성 기자가 현실에서 '살아남는다는 것'은 생각보다 심각한 문제이다.

또한 여성 기자는 '객관주의 저널리즘 원칙'에 입각해서 정확하게 보도하는 것이 기자의 기본이며, 따라서 여성에 대해 우호적인 시선으로 접근하는 것을 또 다른 편견으로 생각하는 경향이 있다. 뉴스 가치라는 것이 작게는 언론사 조직 크게는 사회문화적 산물이라는 점을 감안하면, 과연 여성이 기존의 젠더화된 뉴스 가치 기준을 해체하고 새로운 뉴스 가치의 기준을 만들어낼 수 있는 창출자로서의 위치를 점하고 있는가 하는 문제를 더불어 생각할 필요가 있다고 하겠다. 그런 차원에서 다시 직급, 즉 승진의 문제는 중요해진다. 부장급 이상에게 의사결정권이 주어지는 언론사 조직에서 상위 직급의 여성 기자가 여성주의적 시각이 강해진다는 임영숙 · 엄정윤(2005)의 연구 결과는, 보다 많은 수의 여성이 언론사에 진출하고 보다 높은 자리에 오르는 것이 남성적 조직 문화에 대한 저항과 변화의 의지, 다양하고 대안적인 뉴스 가치의 동원을 견인할 만한 실질적인 동력이 된다는 것을 보여주고 있다.

女앵커, 뉴스의 꽃에서 주체로 부상… 女앵커 변천사

사진: 30여 년 전 메인 뉴스의 여자 앵커가 등장한 이래 많은 변화가 있었다.
박찬숙, 김주하, 김소원, 정세진 앵커. (마이데일리 사진DB)

한국 방송사상 최초로 여성 더블 앵커 시스템을 도입한 KBS '8뉴스타임'의 10일 기자간담회의 모습은 한국 방송 뉴스의 여자 앵커의 위상 변화가 급격하게 이뤄지고 보여준다. 17일부터 방송되는 KBS '8뉴스타임'은 두 여성 앵커 정세진 아나운서와 이윤희 기자가 나서 뉴스를 진행한다. 두 여성 앵커만으로 진행되는 뉴스 프로그램은 우리나라에선 처음이지만 외국 방송 뉴스에선 종종 보여지는 풍경이다. 남녀 앵커 체제가 아닌 여여 앵커 체제의 도입은 뉴스 앵커 시스템에 있어서 여성 앵커의 역할과 위상이 변모했다는 것을 보여주는 대목이다. (중략)

여전히 한국 방송에서 남녀 앵커간의 역할이나 위상의 차이가 있으나 점차 여자 앵커의 역할이 커지고 위상도 높아지고 있다. 우리 방송에서 초보적인 앵커 시스템이 선보인 것은 1970년 10월, 취재기자들이 직접 등장하는 체제를 갖춘 MBC '뉴스데스크'였다. 이후 앵커의 권한과 역할, 비중이 점차 늘면서 시청자들에게 상당한 영향력을 미치며 독특한 이미지를 구축해나가

2) 여성은 뉴스의 꽃?: 앵커

변한 듯 변하지 않은 앵커의 구도와 역할

(텔레비전) 뉴스를 말할 때 앵커를 빼놓을 수 없다. 앵커는 뉴스를 전달하는 역할을 하지만, 사실상 방송사를 대표하는 얼굴이라 해

는 앵커들이 속속 등장했다. 여성 앵커가 메인 뉴스에 등장한 것은 30여 년 전 KBS 9시 뉴스의 박찬숙 앵커(전 한나라당 의원)가 처음이다.

이후 KBS, MBC 지상파 방송사 메인 뉴스 앵커 시스템은 중견 남자 기자-젊은 여자 아나운서라는 구도가 형성됐고 이 앵커 시스템은 1990년대까지 유지됐다. 이 과정에서 남자 앵커가 주도적인 역할을 하고 여자 앵커는 보조적인 역할을 해 여자 앵커를 보조적이고 장식적이라는 의미에서의 '뉴스의 꽃'이라는 수식어를 붙이기도 했다. 이 과정에서 여자 앵커는 결혼과 함께 메인 뉴스 앵커를 물러나는 관행도 암묵적으로 자리 잡았다. 물론 1991년 뉴스 전문 앵커 요원으로 선발한 SBS 한수진 앵커가 등장해 SBS '8 뉴스'를 이끄는 것은 주목받을 만하다.

남자 기자—여자 아나운서라는 구도가 깨진 것은 1998년 4월 26일 당시 MBC 기자로 활동했던 김은혜가 MBC 메인뉴스 '뉴스데스크'의 앵커석에 앉은 것이다. 남자 기자—여자 기자 앵커 시스템의 도입이었다. 2000년대 들어서는 방송 뉴스의 앵커 시스템에 적지 않은 변화가 초래됐다. 2004년 SBS '8 뉴스'에 김소원 아나운서가 앵커로 발탁되는 등 미혼 아나운서 전유물이라던 메인 뉴스의 앵커에 기혼 여자 아나운서가 등장하는가 하면 화면 왼쪽 남자 앵커—오른쪽 여자 앵커라는 자리는 왼쪽 여자 앵커—오른쪽 남자 앵커라는 자리변화도 있었다.

멘트에서도 여자 앵커들의 역할이 보조적인 차원에서 상당히 주도적인 역할을 하게 됐다. 이후 2007년 3월 MBC는 주말 메인 뉴스 앵커에 김주하 기자(아나운서에서 기자로 전직)를 단독 앵커로 내세워 여자 앵커사에 하나의 큰 변화를 초래했다. 그리고 17일부터 KBS가 여자 기자—여자 아나운서라는 여성 더블 앵커체제를 도입해 시청자의 반응을 기다리고 있다. 이제 여자 앵커들은 보조적이고 장식적인 '뉴스의 꽃'에서 보다 역할과 위상이 커진 뉴스 프로그램의 주체로서 부상하고 있는 것이다.

배국남 대중문화전문기자, 〈마이데일리〉(2008. 11. 11.)

도 과언이 아닐 만큼 사회적으로 주목받고 대중적 인기를 누린다. 전형적인 좌남우녀左男右女 배치, 나이든 남자 기자와 젊고 예쁜 미혼의 여성 아나운서라는 뉴스 앵커의 전형성은 아직까지 기본적인 틀을 유지하고 있다. 뉴스의 시작은 남성 앵커가 알리며 중요한 뉴스 역시 주로 남성 앵커가 맡는다는 것도 큰 변화가 없다. 위상이 달라

> 8 **박찬숙 아나운서**
> 1968년 KBS 아나운서 공채 1기로 입사한 박찬숙 아나운서는 결혼 후 회사를 그만두라는 압박과 남자들의 우려와 반대 속에 힘겹게 버티다가 앵커로 등장, 스포트라이트를 받으며 영향력 있는 여성의 대열에 합류했다. 이후 정치권의 러브콜을 받아 2004년 17대 한나라당 의원을 지냈다.

지고 있다고는 하지만 기본적인 구도와 역할은 바뀌지 않았다. 시대 변화와는 무관하게 돌아가는 곳이 바로 텔레비전 뉴스 프로그램이라 해도 지나치지 않다.

남성 혼자 뉴스를 전달하는 방식에서 여성 앵커가 메인 뉴스에 처음 등장한 것은 40여 년 전으로 거슬러 올라간다. 1973년 한국방송공사로 출범한 KBS가 9시 뉴스에 박찬숙 아나운서를 남성 앵커와 함께 세우는 '파격적' 시도를 한 것이다.[8] 그러나 이런 방식은 1980년대에 들어서야 보편화되어 KBS의 신은경, 정미홍, 이규원, MBC의 백지연, 정혜정 등 '스타 아나운서'들이 등장하기에 이른다.

1998년 MBC 김은혜 기자의 앵커 기용, 2004년 SBS 기혼의 김소원 아나운서 기용, 2007년 MBC 김주하 아나운서의 단독 앵커 기용 등 작은 변화를 거쳐 2008년 KBS가 정세진 아나운서와 김윤희 기자 등 두 명의 여성 앵커를 내세운 뉴스 프로그램을 신설하기에 이르렀으나 오래가지 못하고 폐지되었다. 다음은 당시 프로그램 신설을 다룬 기사인데, 다소 호들갑스럽다는 인상을 지울 수 없다. 그로부터 5년이 지난 오늘날의 상황은 과연 어떠한가? 왜 여성이 뉴스의 꽃이어야 하는가?

미모, 젊음 그리고 차별

한국 여성 앵커의 위상과 전문성은 다음에서 인용한 인터뷰에 잘 드러나고 있다. 한국 사회에서 여성 앵커는 "남성들이 술 먹을 때 옆에서 젊고 예쁜 여자가 다소곳하게 따라주는 것과 마찬가지의 그런 여성 앵커상과 많이 다르지 않"다(5~10년차 앵커, 기자). "여성은 꽃"이기에 전달력보다는 외모에 중점을 두며 전문성과는 관련 없이 오로지 "좀 더 예쁘고 좀 더 젊은 여성이어야 하"는 것이다(20년 이상 앵커, 기혼, 아나운서).

따라서 나이가 많은 남자가 “당연히 메인”이 된다(앵커, 미혼, 아나운서). “남자만 계속 나오면 지루하니까 (여자는) 한 번씩 바꿔주는 전환용이라고 생각을 하”기에 “처음 아이템은 여자에게 안 주고, 7번째, 8번째부터 여자가 들어간다”(10~15년차 앵커, 기혼, 아나운서). “긴급 뉴스 경우 여성을 잘 쓰지 않고 VIP 관련 기사는 여성을 쓰지 않는” 식의 역할 구분이 자연스럽게 주어진다(20년 이상 앵커, 기혼, 아나운서).

경력을 기반으로 발탁되는 남성 앵커는 대개 40대 이상이고 외모를 기준으로 선별되는 여성 앵커는 대개 20대가 된다. 이러한 나이 차는 단순한 남녀 역할 구분을 넘어서 가르치는 자와 배우는 자, 지배와 복종의 관계를 형성하게 된다. “그 사람들 보기엔 딸인 거고” 그래서 “ ‘얘가 뭘 알까’ 야단도 치”는 것을 “너무 자연스럽게 여기는 학교가 되는” 것이다. “그 분들은 선생님, 저는 학생, 그런 주종관계랄까, 말 잘 들어야 하는 관계가 나이에서부터 성립”된다(10~15년차 앵커, 기혼, 아나운서).

결정권자 대부분이 남자인 방송국에서 여성 앵커를 시청률의 도구로 생각하는 것은 어찌 보면 당연한 것이다. “그 사람들의 머릿속에는 여성 앵커가 꽃이라는 생각이 있으니까, 예쁜 여자, 젊은 여자를 기용해야 시청률이 올라갈 거라는 고정관념을 가지고” 있으며, “여자를 꽃으로 보고 성적으로 많이 보기 때문에 그걸 결정권자들은” 잘 알고 있다는 것이다(10~15년차 앵커, 기혼, 아나운서). “미혼 여성 앵커가 가지는 미스로서의 이미지는 많은 남성 시청자들에게 성적인 매력이 있을 수 있”기 때문에(앵커, 미혼, 아나운서) 여성 앵커에게 결혼은 중대한 결격 사유가 된다.

'성적 매력을 지닌 젊은 미혼 여성'. 언론사는 그렇게 여성 아나운서를 상품으로 만들어 (남성) 시청자들에게 파는 것이다. 결혼하면 앵커 자리에서 물러나는 것은 바로 그런 이유 때문이다. 노골적인 성 상품화인 것이다. 그렇기 때문에, 한때 우리 사회를 떠들썩하게 만들었던 어느 국회의원의 "다 줄 생각을 해야 하는데 그래도 아나운서 할 수 있겠느냐?"는 말은 어쩌면 당사자 한 사람의 문제가 아닌 한국 사회의 일그러진 모습을 그대로 보여주는 것일지도 모른다.

5. 뉴스와 젠더: 소비 혹은 수용

이제 뉴스 소비자 혹은 수용자인 우리 자신에게 눈을 돌려보자. 여성은 드라마, 남성은 뉴스, 또는 여성은 드라마, 남성은 스포츠, 이러한 성별 선호의 차이는 과연 사실일까? 2012년 한국언론진흥재단에서 전국 5,000명의 성인을 대상으로 실시한 『언론수용자의식조사』에 의하면 적어도 뉴스에 관한 한 사실인 것으로 드러났다. 지상파 텔레비전을 제외한 대부분의 미디어를 여성이 적게 이용하고 있으며 미디어 이용 시간과 성별 요인은 유의미한 관계가 있는데, 특히 뉴스 관련 이용을 보면 이러한 차이는 더욱 두드러진다. 지상파 텔레비전 저녁 종합 뉴스를 매일 이용했다는 응답에서는 여성이 더 많았으나, 종합편성채널 저녁 종합 뉴스와 보도전문채널, 인터넷 포털 뉴스와 인터넷 언론사 뉴스를 매일 이용했다는 응답 모두에서 여성이 남성보다 낮게 나왔다.

가장 두드러지는 차이는 신문 열독률에서 나타난다. 남성(49.3%)이 여성(32.7%)보다 열독률이 높고, 평일 열독 시간 또한 남성 41.2

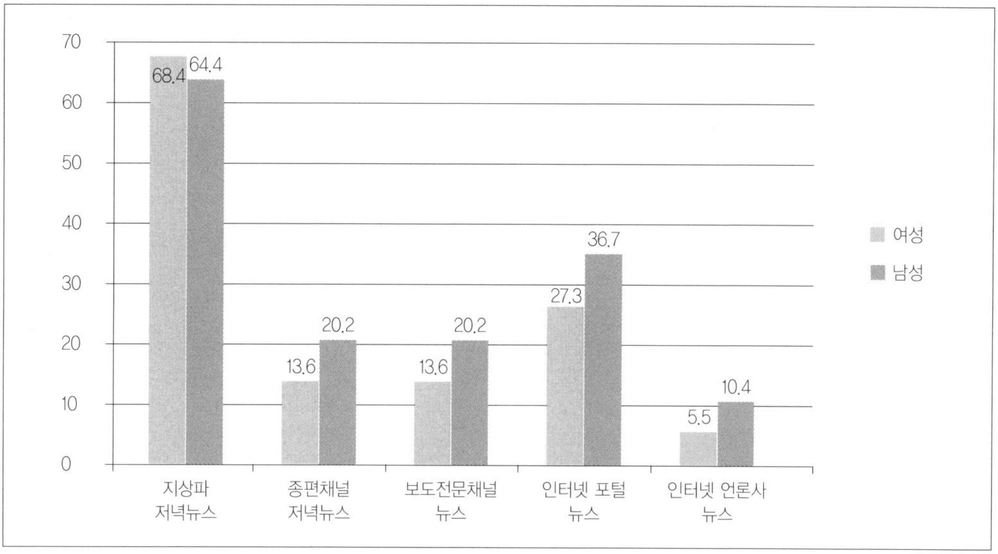

그림 1.
성별 · 매체별 뉴스 매일 이용자 비율

분보다 여성은 5.3분 적은 35.9분에 그쳤다. 열독 일수 및 시간, 분량을 바탕으로 산출한 열독지수 역시 남성(2.92점)이 여성(2.78점)보다 높게 나타났다. 한편 인터넷 뉴스 이용률 역시 남성 67.3%로 여성(57.9%)보다 9.4% 포인트 높았다. 이동형 단말기를 통한 뉴스 이용 빈도도 마찬가지로, 남성(55.8%)이 여성(48.9%)보다 이용 빈도가 높았다.

이러한 차이는 가장 신뢰하는 미디어에서도 나타난다. 텔레비전의 경우는 여성, 높은 연령층, 낮은 학력층, 농 · 축 · 수산 · 광업, 주부, 가구소득이 낮은 층에서 높게 나타난 반면, 신문을 가장 신뢰하는 미디어로 꼽은 사람은 40대와 50대, 자영 · 판매업, 가구소득이 높은 층에서 상대적으로 비율이 높았다. 인터넷 역시 남성, 10대 후반과 20대, 높은 학력층, 학생, 관리 · 경영 · 전문직, 사무직, 진보 정치 성향을 가진 층에서 상대적으로 높은 응답을 보였다.

이러한 결과는 "뉴스를 보지 않는 여성"은 아니지만 "(남성보다)

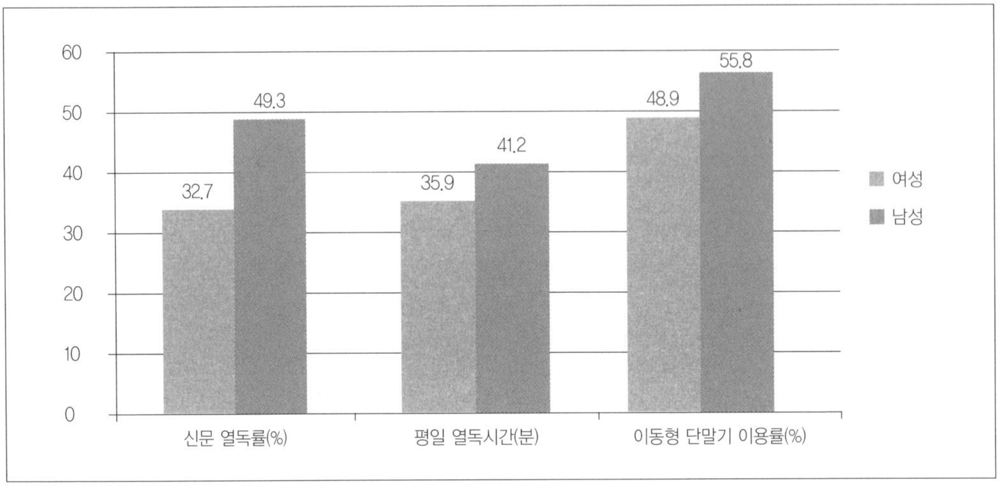

그림 2.
성별 신문 이용 비교

뉴스를 덜 보는 여성"임을 여실히 보여주며, 여성이 정치에 무관심하거나 시민성이 부족하기 때문이라는 남성 중심적 비판의 근거가 된다. 그러나 여기서 중요한 것은 뉴스의 문제가 함께 지적되어야 한다는 점이다. 즉 뉴스 자체가 남성 중심적이어서 여성의 관심을 끌 만한 요소가 적다거나 여성의 일상과는 무관하게 뉴스가 구성, 제시되는 현실에 대한 고려와 문제 제기가 선행되어야 한다. 여성이 뉴스를 적게 보는 이유나 맥락에 대해서는 보다 다양하고 심도 있는 논의가 필요하지만, 적어도 젠더 편향적 뉴스를 감시하고 여성적 관점의 뉴스를 요구하려면 여성이 뉴스를 더 많이, 더 꼼꼼히 볼 필요가 있다는 것만은 분명하다.

6. 대안과 전망: 변화는 가능한가?

1) 여성주의 저널리즘

기존의 뉴스 선별이나 기사화가 남성 중심의 가치관과 관행을 반영한 결과물이라는 인식 하에 여성주의적 관점에서 뉴스를 만들어내고 이슈화하려는 노력이 가시화된 것이 바로 여성주의 저널리즘이다. 우리나라에서는 1988년 〈여성신문〉이, 1997년에는 잡지 〈IF〉가, 2001년에는 〈우먼 타임즈〉가 창간되었고, 인터넷의 확산으로 1990년대 말부터 〈달나라 딸세포〉, 〈언니네〉, 〈월장〉, 〈일다〉 등의 온라인 웹진의 형태로 여성주의 저널리즘 영역을 구축하고 있다. 미스코리아 대회의 공중파 텔레비전 중계를 없애는 성과를 거뒀던 〈IF〉도 2007년부터는 웹진으로 돌아섰다.

이들 여성주의 언론의 차별성은 편집 방침에서 잘 드러난다. '여성적 가치로 세상을 변화시키는 여성신문'을 내세우며 국민주 공모를 통해 창간된 〈여성신문〉은 "생명, 평화, 아름다움의 가치를 소중하게 여기는 신문, 미래지향적 시각으로 대안을 찾아가는 신문, 사회적 약자를 배려하고 관심을 갖고 재조명하는 신문, 열린 공동체를 추구하는 신문, 세계의 여성들과 연대하는 열린 신문"을 목표로 하면서 여성주의 언론의 불모지였던 한국 사회에서 그 영향력을 키워왔다.

또한 2003년 출범한 여성주의 저널 〈일다〉는 "새로운 여성들의 역사를 써나간다, 소수자의 편에 서서 인권을 말한다, 다양하고 발전적인 여성주의 담론을 만든다, 민주적인 소통과 참여를 비탕으로 성장한다" 등을 가치로 내걸고 남성적 뉴스 가치와는 다른 관점과 입장에서 뉴스를 발굴하고 구성하고 있다. 아울러 "'장자연 사건' 언론이 어

사진 2.
〈여성신문〉 홈페이지

사진 3.
〈일다〉 홈페이지

떻게 다뤘나", " '교사 폭행한 학생' 선정적 언론 보도 문제 있다", "육아담론, 아빠는 '부재 중'" 등의 기사와 같이 주류 언론의 문제적 기사와 보도 태도를 지적하고 점검하는 매체 비평도 수행하기도 한다.

이들 신문과 웹진은 지향이나 노선에서 다소 차이가 있고 그 성과에 대한 평가도 다를 수 있다. 그러나, 견고한 남성 문화가 지배하는 한국 사회에서 '다른' 관점과 방식으로 뉴스를 구성하고 확산함으로써 남성적 주류 언론에 대한 대안 언론으로서의 역할을 수행하고 있음에 주목해야 한다.

2) 상품으로서의 뉴스와 뉴스 리터러시

자본주의 사회에서 (당연히) 뉴스도 상품이다(역사적으로 뉴스는 상업적 목적을 위해 만들어졌다). 신문이나 방송 프로그램이라는 상품은 다른 일반 소비재와는 다른 특성을 지니는데, 다름 아닌 광고주의 존재와 역할에 주목할 필요가 있다. 즉 신문이나 방송 프로그램은 그것을 보는 소비자에게 일차적으로 팔리지만 그 소비자를 다시 광고주에게 팔아넘김으로써 더 많은 매출을 올린다는 것이다. 이러한 이중적 속성 때문에 신문은 몇 부가 나가는지 속 시원하게 밝히기를 꺼려 하고 저마다 일등 신문이라 외치며, 방송사는 그렇게나 시청률에 목을 매는 것이다. 부수나 시청률에 따라 광고 매출이 결정되기 때문에 언론사는 수많은 경쟁사나 프로그램을 제치고 수용자의 선택을 받을 수 있는 상품을 만들어 팔려고 애를 태운다.

그러므로, 어떤 뉴스가 만들어지는가 하는 것은 결국 뉴스를 선택하는 우리의 문제로 돌아온다. 뉴스에 대한 리터러시literacy, 즉 해독력과 이해력, 비판력을 키우는 것이 필요하다. 해독력과 이해력, 비판력을 갖추기 위해서는 뉴스를 볼 때 좀 더 주의를 기울여야 한다. 이 뉴스는 왜 이 사건(인물)을 이런 식으로 다루고 있는 것일까? 이 사건(인물)의 어떤 측면이 어떤 이유에서 선택되고 강조된 것일까? 배제되거나 은폐된 측면은 어떤 게 있을까? 같은 사건(인물)을 다른 언론사에서는 어떻게 기사화했는가? 같다면, 다르다면 각각의 이유는 무엇일까? 어떤 가치관 혹은 세계관을 보여주려는 것일까? 그렇게 하는 사이에 뉴스 생산의 맥락을 고려하고 행간을 읽는 힘이 생겨난다.

이렇게 '매의 눈'으로 뉴스를 보는 것에 그치지 않고, 여성을 왜곡하거나 편견이 깃들어 있는 뉴스, 여성을 성적 대상으로 다루는 선정적 기사는 단호하게 거부하는 것, 나아가 해당 기사에 댓글을 달거나 언론사에 전화를 걸어 항의하고 SNS상에서 공유하는 적극적인 자세를 가져야 한다. 뉴스 소비자의 인식과 행동은 문제되는 뉴스를 바꿀 가장 강력한 동력이기 때문이다. 왜? 뉴스는 상품이니까.

생각해볼 문제

1. 신문을 펼쳐놓고 지면의 구성이 어떤 뉴스 가치들로 이루어져 있는지 분석해보자. 여성 관련 뉴스는 어떤 뉴스 가치를 가지고 어느 정도의 비중으로 다루어졌는지 살펴보자. 또, 같은 기사를 여성주의 저널리즘을 표방하는 신문이나 웹진에서는 어떻게 다르게 다루고 있는지 찾아보고 비교해보자.

2. 뉴스가 여성을 다루는 각종 방식이 잘 드러난 사례를 찾아보자. 만일 다른 방식이 발견된다면 어떤 유형이 있는지 살펴보자.

3. 방송사 메인 뉴스의 앵커와 역할에 대해 조사해보자. 남성 앵커와 여성 앵커의 연령, 경력, 외모 등이 어떠한 특징적인 요소가 있는지 살펴보고, 남성 앵커와 여성 앵커가 뉴스 프로그램에서 전달한 뉴스 꼭지들이 내용과 순서에 따라 어떠한 차이가 있는지 분석해보자.

4. 나는 뉴스를 얼마나 보고 있는가? 즐겨보는 뉴스는 주로 어떤 것이며 그 이유는 무엇인가? 어떤 뉴

스를 SNS에 올리거나 항의해본 적이 있는가? 뉴스의 주체가 된다는 것은 무엇을 의미한다고 생각하는가?

더 읽을거리

유선영(2002). 『여성과 언론: 여성보도 개선방안 연구』. 한국언론재단.

Tuchman, G.(1978). *Making News: A Study in the Construction of Reality*. New York: Free Press.

van Zoonen, L.(1994). *Feminist Media Studies*. London: Sage Publications.

더 볼거리

〈업 클로즈 앤 퍼스널Up Close & Personal〉, 존 애브넷 감독, 미국, 1996.

〈왝 더 독Wag the Dog〉, 베리 레빈슨 감독, 미국, 1997.

6장

텔레비전 드라마 속 여성들의 일상: 사랑, 가족, 일

김훈순

우리의 텔레비전은 방송시간이나 시청률을 볼 때 드라마 왕국이라고 해도 과언이 아닐 것이다. 더욱이 최근 다양한 디지털 기기의 보급으로 시간과 장소에 관계없이 드라마 시청은 과거 어느 때보다도 용이해졌다. 시청 선호도가 최상위인 드라마는 남녀노소 모두가 늘 쉽게 공유할 수 있는 가벼운 이야깃거리를 제공한다. 그러면서 우리는 드라마를 삶에 의미와 가치를 부여하는 과정에 개입하는 문화적 생산물cultural product로 진지하게 살피기보다는 흔히 저급한 오락으로 치부한다.

그러나 우리의 일상을 가장 닮은 장르인 드라마는 알게 모르게 어느새 우리 삶의 모델이자 규범이 되어버리고는 한다. 이 장에서는 페미니즘이 성차에 대한 문제 제기를 넘어 사회현상을 파악하는 대안적 인식론(정희진, 2013)으로 자리 잡기를 기대하며, 텔레비전 드라마에 등장하는 여성들의 재현 문제를 젠더 관점gender perspective에서 짚어보고자 한다.

멜로와 가족 드라마가 주를 이루던 텔레비전 드라마는 최근 소재의 다변화를 통해 다양한 하부 장르로 분화되는 경향이 있다. 그럼에도 여성이 주요 시청자이며 여성의 삶을 주 소재로 다루는 대표적인 여성 장르임에는 변함이 없다. 드라마는 여성에게 무엇이 옳고 적절한가에 대한 우리 사회의 규범들을 보편화하여 끊임없이 재생산하며 대중에게 유포하는 기제로서 페미니스트 미디어 연구자들의 주요 관심사가 되어왔다. 이 장은 드라마의 여성 이미지가 과연 현실의 여성을 어떻게 반영하고 또 왜곡시키고 있는지, 현실을 재구성하는 드라마의 여성 재현이 어떤 사회문화적 의미를 생산하는지, 그리고 여성의 인권과 지위 향상에 어떤 긍정적/부정적 역할을 하는지에 대한 진지한 질문을 던지고자 한다.

1. 여성의 일상적 상징 환경으로서의 텔레비전 드라마

1990년대에 여성의 교육 수준 향상을 배경으로 특히 외환위기 이후 증가한 여성의 사회 진출은 여성의 사회적 지위 향상과 가족 제도의 급격한 변화를 초래했다. 일상생활 속에서 남녀평등의 문제는 세대 간, 남녀 간, 계층 간의 갈등으로 표출되며 중요한 사회현상이 되었다. 자본주의의 급속한 확산과 더불어, 성별주의와 연령주의를 근간으로 하는 유교적 가부장제가 여전히 존속하는 한국 사회에서 여성들은 전통적 가치와 근대적 가치의 공존 사이에서 지식과 실천의 괴리, 사적/공적 생활공간의 가치관 분열 등 정체성의 갈등과 혼란을 일상적으로 경험하고 있다.

여성의 사회적 현실에서 다양한 여성 이미지를 생산하는 담론의 장으로서 텔레비전 드라마는 여성의 정체성 형성과 실천, 사회문화적 경험에 직·간접적으로 개입하는 가장 친근한 여성의 일상적 상징 환경symbolic environment in everyday life을 제공한다. 드라마는 여성의 가정생활과 사회 진출 문제, 가족관계, 결혼, 이혼과 재혼 등 갈등적 이슈에 대한 의제 설정agenda-setting이나 문제 제기와 토론을 활성화하는 문화적 공론장cultural forum으로서 순기능도 하지만, 동시에 가부장적 상징 질서를 존속시키는 역기능도 수행하고 있다.

이러한 양가성은 미디어의 태생적 보수성에서 기인한다. 최대 이윤과 최대 시청자 확보를 목표로 하는 산업으로서, 현실을 재구성reconstruction of reality하는 재현 미디어로서 방송은 궁극적으로 가부장적이며 자본주의적인 지배 이데올로기를 담아낼 수밖에 없다. 반면에 여성 시청자들이 가장 선호하는 장르인 드라마에서 남녀평등, 여성인권과 관련된 갈등적 이슈는 지나칠 수 없는 매력적인 상품이기 때문에 여성적 이슈를 다루는 데도 앞장서고 있다. 따라서 방송으로서 드라마가 우리 사회의 지배적 사유 체계인 가부장제와 여성주의적 요구를 함께 수용하기 위해서는 타협은 불가피하며, 그 과정에서 상업적으로 포장된 유사페미니즘pseudo feminism[1]을 생산하는 것은 너무도 당연한 결과라고 할 수 있을 것이다.

성차별적인 전통 가치관과 남녀평등의 근대적 가치관이 공존하고 있는 한국적 사회 현실, 두 가치관 사이에서 정체성의 갈등을 겪는 여성의 일상적 경험, 계층에 따른 여성 간 젠더 의식의 괴리, 상업 미디어가 양산하는 유사페미니즘의 유행 등 여성을 둘러싼 환경은 매우 혼돈스럽게 전개되고 있다. 이러한 여성들의 사회적 현실에 비추어서 이제 드라마가 생산하는 여성의 삶과 그 모습을 구체적으

1 **유사페미니즘**
여성주의를 가장하여 가부장제의 지배 가치를 지지하는 가짜/사이비 여성주의를 뜻한다.

로 살펴보고 의미를 짚어보고자 한다.

2. 상품으로서 텔레비전 드라마의 서사성

서사narratives는 시대, 지역, 문화를 초월하여 인간의 가장 보편적인 소통 방식이며, 우리를 둘러싼 세상과 자신의 경험을 이해하는 방식이기도 하다. 우리 시대 최고의 대중 스토리텔러인 텔레비전이 생산하는 대표적 서사 픽션narrative fiction은 드라마이다. 한국 드라마는 방영 시간대에 따라 아침 일일드라마, 저녁 일일드라마, 주중 저녁드라마(미니시리즈), 주말 저녁드라마, 단막극 등 다양한 유형으로 나누어진다.

그러나 최소 비용과 최대 이윤이라는 경제적 원칙을 토대로 하는 상업 방송의 드라마는 다양한 유형에도 불구하고 표준화된 서사 구조와 특성을 공유한다. 가능한 한 많은 시청자를 확보하기 위해 그들의 공통적인 정서와 가치관에 부합하는 보편적인 주제와 소재로 호소하며, 최소한의 시간과 자본 투자로 최대의 효과를 얻기 위해 동일 배역과 무대장치를 계속하여 사용하는 연속극 형식을 갖는다. 또한 다양한 이질적 시청자를 최대한 확보하기 위해, 예측이 가능한 단순하고 보편적인 서사 구성과 정형화된 인물(예: 영웅, 악당, 조력자 등)을 선호한다.

한편 긴장감이 결여된 도식적 이야기, 동일한 배역과 무대장치의 단조로움을 보완하기 위해 시청자의 흥미를 끌 수 있는 다양한 서사 장치를 이용한다. 예를 들면 표준화된 역할에 적합한 개성적이고 호소력 있는 스타를 볼거리로 등장시키거나, 대가족이나 이웃 등

많은 등장인물을 등장시켜 그들의 관계와 갈등을 부각시킨다. 따라서 텔레비전 드라마는 이야기 속의 사건 배열인 통합체syntagmatic보다는 인물 및 인물들과의 상호 관계인 계열체paradigmatic, 특히 선/악과 같은 이항대립에 집중하게 된다. 이런 인물들의 상호 관계에 대한 강조는 사회의 구조적 모순에서 비롯되는 사회적 문제들, 예를 들면 계층과 세대 간의 갈등, 남녀 간의 권력 투쟁 등은 필연적으로 개인적 차원의 문제로 축소되어 개인의 책임이 강조된다. 결과적으로 드라마는 그 과정에서 보수적이며 체제 유지적 가치관을 함축하게 된다.

사회적 기능의 측면에서, 드라마의 서사 구조는 시청자로 하여금 현실 세계를 올바로 인식할 수 없게 하는 한계를 갖는다. 드라마의 반복 시청은 시청자로 하여금 사회적 비판 능력을 상실하게 하고, 현실과 유리된 허구적 세계의 이미지를 보편적인 현실로 수용하게 하는 문제점이 있다. 나아가 텔레비전 드라마의 서사적 관습은 사회의 구조적 모순을 은폐하고 우리 사회의 지배적 사유 체제인 가부장제와 자본주의를 지지하는 이데올로기를 재생산하는 데 일조하게 된다.

3. 이미지와 현실 사이의 여성들

페미니스트 미디어 연구는 커뮤니케이션학과 여성학이 만나는 접점에서 출발한 학문적 성과이다. 서구의 페미니스트 미디어 연구가 오랜 역사를 지닌 여성운동과 여성학을 토대로 비교적 일찍 시작된 것에 비해, 한국에서 미디어의 여성 재현이 학문적으로 주목받기 시

2 Christine Gledhill & Vicky Ball(2013)은 성 역할 연구 접근을 모방적 접근mimetic approach으로, 의미화 연구 접근을 구성주의 접근constructionist approach으로 명명한다.

작한 것은 1980년대 중반 민주화운동과 더불어 여성운동이 본격화되면서부터이다.

초기에 행해진 한국의 여성 관련 미디어 연구는 이론적 근거와 연구방법에서 한계를 가지고 있을 뿐 아니라 고유한 연구 영역으로 구체화되지 못했다. 그러나 1990년대에 들어와 본격적인 페미니스트 미디어 연구가 선보이기 시작했다. 페미니스트 미디어 연구자들이 가진 문제의식은 다음과 같이 요약될 수 있을 것이다(김훈순 · 김명혜, 1996). 첫째, 남성 지배적인 문화에서 여성은 어떻게 표현되는가, 둘째, 미디어에 재현되는 여성 이미지는 실제 현실을 반영하는가 혹은 왜곡하는가, 셋째 시대적 변천에 따른 여성 이미지의 변화가 있는가, 넷째, 특정한 방식으로 구성되어 의미를 생산하는 여성 이미지의 정치적 함의는 무엇인가, 다섯째, 여성 이미지는 실제로 수용자가 갖는 성차별적 인식에 어떤 영향을 미치는가. 이러한 문제의식의 궁극적 목적은 미디어가 남성 지배적인 시각을 탈피하여 여성의 이미지를 표현할 수 있는 대안적 방식과 바람직한 여성 이미지를 찾아내는 것이다.

현실 속에서 역사적인 존재로서의 여성과 텔레비전 드라마에서 재현된 이미지로서 여성 사이의 관계를 묻는 페미니스트 미디어 연구자들의 논의는 대략 두 가지로 전개된다. 하나는 사회과학적 접근인 미디어 성 역할 연구sex-role study이며 다른 하나는 비판 연구와 구조주의 기호학에 근간을 둔 여성 이미지에 대한 의미화 연구signification study[2]이다. 두 접근 방식을 토대로 실제 한국 텔레비전 드라마가 생산하는 여성 이미지를 살펴보도록 하겠다.

1) 성 역할 접근과 드라마의 여성들

미디어의 성 역할 연구는 커뮤니케이션이론의 '현실반영 모델'과 '사회화 모델'을 근간으로 자유주의 페미니즘 시각에서 이루어졌다. 성 역할 연구는 미디어에 관하여 다음과 같은 전제로부터 출발한다. 첫째, 미디어는 지배적인 사회적 가치를 반영하며, 미디어에서 묘사되는 여성 이미지는 지배적인 사회규범과 사회적 이상을 드러내는 하나의 상징물이다. 둘째, 미디어는 중요한 사회화 수단으로서 우리의 세계관, 가치와 관점에 영향을 미치며, 특히 어린이는 미디어를 통해 사회적 성 역할과 규범을 학습하게 된다.

이 접근은 미디어의 지배적인 여성 이미지가 여성과 남성, 아내와 남편, 어머니와 아버지의 적절한 역할에 대한 기존의 통념을 유지하는 데 기여한다는 점에 주목했다. 그리고 미디어가 긍정적인 여성, 심리적으로 안정적인 여성psychologically rounded character, 실제 여성을 보여주기보다는 정형화stereotype된 이미지를 재현한다는 점을 비판했다. 이들은 심리적으로 안정된 인물이 진정한 인간의 본질이라고 전제하며, 사실과 다른 인물의 정형화는 잘못된 것이라고 주장한다(Glenhill & Ball, 2013).

한국에서 텔레비전 드라마에 대한 성 역할 연구는 주로 1980년대와 1990년대 초반에 이루어졌다. 드라마에 재현된 여성과 남성의 정형화된 이미지, 남녀의 출연 빈도수 등을 분석하여, 실제 여성의 현실을 얼마나 사실적으로 또는 왜곡되게 반영하는가를 논의함으로써 텔레비전 드라마에서 성차별주의가 얼마나 심한가를 입증하는 양적인 내용 분석이 주를 이룬다.

여성 이미지

1960년대 후반부터 1980년대까지의 인기 텔레비전 드라마 11편을 분석한 남명자(1984)는 여성이 순종적이며 희생적인 현모양처로 묘사되고 있음을 발견했다. 고찬희(1984)는 드라마에서 묘사되는 행동력(능동성, 지배력, 호전성, 전문성)은 남성에게 주로 나타나고, 감성적 성향(수동성, 감정, 연약성, 정서)은 여성에게 주로 나타나고 있음을 밝혀냈다. 1984년에 방영된 7편의 현대 드라마를 분석한 결과는 남성은 직업을 가지고 가족 부양을 담당하며 여성은 가정을 지키는 전통적인 남녀의 역할 분담이 나타난다고 밝히고 있다(송유재, 1984).

1990년대 이후 텔레비전 드라마에서도 1980년대와 유사한 여성 이미지가 묘사되고 있었다. 오혜란(1991)은 17편의 드라마 분석을 통해 여성은 전통적인 가사 역할 수행자가 대부분이었고, 직업 유무에 관계없이 여성에게는 개인 문제, 가정 문제가 주요 관심사로 나타났다고 보고한다. 그리고 남성에 비해 여성은 의존적, 순종적, 비야심적, 추종적 성향이 두드러지며 소극적, 낭만적, 인내, 용감하지 못한 성향을 가지고 있는 것으로 묘사된다고 지적했다. 이은진(1991)은 〈전원일기〉, 〈가족〉의 분석에서 여성은 문제를 일으키는 등장인물로, 또 극중에서 잘못을 저지르고 지도받는 유아적인 모습으로 묘사되고 있음을 밝혔다. 2001년에 지상파 3개의 채널에서 방영된 드라마를 분석한 이수연과 김양희(2001) 또한 용모 단정한 여성과 현모양처가 선호되고 있음을 밝혔다

여성의 일

텔레비전 드라마에 재현된 여성 직업에 대한 분석 결과에 따르면,

남성에 비해 여성이 직업을 가지는 경우는 현저히 적을 뿐만 아니라 주로 전통적인 여성 직종에 편중되어 있었다. 1980년대 드라마의 경우 여성 등장인물의 40%가 전업주부인 것으로 나타났으며 여주인공은 주로 21~30세의 젊은 여성으로 드러났다. 직업을 가진 여성의 경우 사무직, 판매직 등 비교적 낮은 지위의 직종과 전통적으로 여성 직업으로 분류된 직종 종사자의 비중이 높은 것으로 나타난 반면, 전문직에는 소수만이 종사한다고 지적했다(송유재, 1990; 한동신, 1984; 이경자, 1984; 고찬희, 1984).

1990년대 연구들에서는 이러한 경향은 변화를 보이기 시작했다. 김명혜와 김훈순(1996)이 1990년대 중반에 방영된 16편의 드라마를 분석한 결과에 따르면, 여성 등장인물의 53%가 대학 졸업의 고학력자이며 51%가 직업을 가지고 있었다. 그러나 직업을 가진 여성 중 25%만이 기혼자였다. 여성 직업으로 인식되었던 비서, 유치원 교사뿐만 아니라 디자이너, 교수, 변호사, 의사 등의 전문직 여성도 상당수 등장하여 과거에 비해 여성의 직업이 다양하게 묘사되고 있음을 알 수 있다. 2001년에 방영된 드라마를 분석한 이수연과 김양희(2001)에 따르면 여성 등장인물의 59%가 직업을 가지고 있고 그중 25%가 기혼자였으며, 여성의 직업 중 전문직은 12%였다. 반면에 남성은 76%가 직업을 가지고 있었으며 29%가 전문직 종사자로 나타났다. 양문희와 강형철(2005)은 2000년대에 방영된 78편의 드라마에 나타나는 여성 관리자와 경영자의 묘사를 분석했다. 남녀 성별 비율이 비슷하지만, 직장 내 관리자 및 경영자의 비율은 남성에 비해 여성이 훨씬 낮은 것으로 나타났고, 특히 기혼 여성 관리자 및 경영자의 비율은 매우 낮은 것을 발견했다. 특히 여성 관리자/경영자가 남성보다 악역으로 묘사되고 있어 텔레비전의 묘사에서 여전히 존재하는 정형화된 남녀에 대한 편견을 보여주었다. 강익희와 하윤금(2001)은 2000~2001년 사이에 방영된 드라마를 내용 분석했는데, 드라마 속 여성 전문가는 현실 세계보다 3배, 서비스 종사자는 6.5배 많게, 반면에 사무직 종사자는 2.5배 적게 등장했다.

드라마가 사회 현실을 반영해 직장 여성을 보여주는 빈도수는 늘어났지만 여전히 여성을 독립적인 존재보다는 가정이나 남편을 더 중요하게 생각하는 존재로 묘사하고 있다(김선남 외, 2004). 김양희와 민인철(1996)은 텔레비전 드라마에서 전문직 여성에 대한 편견과 왜곡을 보여준다고 지적하며, 전문직 여성을 팔자가 세고, 직업의식이 부족하며, 여성이 일하는 것을 경제적 기여보다는 낭만적 자기실현으로 보는 경향이 있다고 밝혔다.

이상의 드라마에 대한 내용 분석 결과를 종합하면, 텔레비전 드라마는 수동적이며 순종적이고 가정을 위해 희생하는 젊고 아름다운 여성을 이상적인 여성상으로 그려왔음을 알 수 있다. 1980년대 드라마 연구는 여성들이 주로 전업주부이거나 여성적인 직종에 종사하고 있음을 밝히고 있다. 그러나 1990년대 중반 이후 이루어진 연구는 여전히 가부장제가 선호하는 여성 인물이 등장하지만, 직업을 가진 여성이 다수 등장할 뿐만 아니라 다양한 직종과 전문직에 배치되어 있음을 밝히고 있다. 이는 우리 사회의 전통적 가치관이 변화하면서 기존의 정형화되고 고정된 성 역할 개념에도 점차적 변화가 일어나고 있는 사회적 현상을 드라마가 반영한 결과일 것이다.

성 역할 접근의 한계

성 역할 연구의 저변에는 미디어는 현실을 객관적으로 비추는 창이라는 현실 반영론과 남녀가 평등해야 한다는 자유주의 페미니즘이 자리한다. 전통적인 커뮤니케이션 연구에서 성별은 생물학적 근거에 의해 차별화된다고 전제하고, 성별은 매스커뮤니케이션의 행위와 효과의 측정 가능한 차이점을 설명할 수 있는 범주로 간주해왔다. 그러나 이러한 전통적인 커뮤니케이션 연구의 젠더 개념을 부정하는 성 역할 연구는 20세기 초 자유주의 페미니즘의 영향을 받은 서구의 사회과학자들의 관점에 동조했다. 이들은 여성이 남성보다 생물학적으로 열등하지도 않고 또한 남성과 다르지도 않다는 점을 주장하면서, 이를 증명하기 위해 경험주의적 연구를 수행했다(Rosenberg, 1982). 이러한 성 역할 연구는 이후 페미니스트 여성 연구에 표준적인 접근 방식이 되었다.

그러나 미디어의 여성 왜곡은 잘못된 것이며 개선할 수 있다고 전제함으로써 이 접근 방식은 한계를 갖는다. 첫째, 미디어의 여성 이미지가 현실의 여성을 왜곡하고 있다고 보는 관점은 미디어가 실제 여성에 대한 사실적 묘사를 할 수 있다고 가정하는 것이다. 즉 '현실 반영론'에 입각하여, 미디어가 현실을 재구성하여 재현한다고 보기보다는 현실에 대한 거울이라고 단정 짓는 것이다. 둘째, 미디어가 묘사하는 왜곡된 여성 이미지를 변화시킬 수 있다고 믿는 점이다. 따라서 성 역할 미디어 연구자들은 직장 여성에 대한 현실적인 묘사를 보여주고, 성적 대상으로서의 여성 묘사를 줄일 것 등을 제안하며 미디어 산업이 여성에 대한 표상과 내용을 바꾸도록 요청한다. 나아가 방송 산업의 남성 중심적 인력 구조와 정책과 같은 왜곡의 원인을 제거한다면 더 많이, 더 좋은 바람직한 여성 이미지가 반영될 수 있다고 주장한다. 따라서 이들은 남성 지배를 폭로하고 성평등 이미지가 반영되도록 여성 전문 인력의 양성과 할당 제도, 방송정책, 심의 제도 등 제도적 개선을 요구하며, 미디어 제작자와 방송정책 결정자들에게 압력을 행사한다.

그러나 이러한 여성 이미지 변화에 대한 요청은 매우 근시안적이며, 더 근본적이고 거시적인 차원인 미디어 산업의 법적, 경제적, 사회문화적 해결에 대해서는 간과하는 경향이 있다(Rakow, 1986). 또한 성 역할 연구는 경험주의적 내용 분석 방법을 통해 정형화된 여성 이미지의 단편적이고 표피적인 현상만 기술하고 확인할 뿐, 여성들이 그러한 특정 방식으로 묘사되어야 하는 이유, 즉 근본적인 모순을 탐구하지 못하는 이론적 결함을 지니고 있다. 다시 말해 정치, 경제, 사회문화적인 국면의 구조적 모순을 간과함으로써 정형화된 여성표상의 배후에 내재하는 자본주의적 논리와 가부장적 이데올로기의 작동을 읽어내지 못하고 있다.

이러한 접근은 비판 연구와 구조주의 기호학을 근간으로 하는 페미니스트 연구자들로부터 도전을 받아왔다. 이들은 성 역할 접근에 대해 다음과 같은 문제를 제기한다. 과연 여성 이미지를 왜곡하는 원인이 제거된다면 미디어에 현실의 여성이 그대로 반영될 수 있는가? 그렇다면 본질적인 여성의 실제pre-existing reality는 무엇이며, 어떤 이미지를 더 현실적이고 긍정적인 여성 이미지라고 누가 정의할 수 있는가?

물론 성 역할 연구는 미디어의 여성 재현에 대한 관심을 높이고 정치적인 변화를 가져오는 데 일정 부분 기여했다. 그러나 현실 반영 모델과 사회화 모델에 근거한 단순 논리는 젠더의 사회적 의미 생산에 적극 개입하는 미디어의 여성 재현 체계를 이해하는 데는 한계가 있다고 볼 수 있다.

2) 의미화 접근과 드라마의 여성들

의미화 연구는 미디어에 재현된 여성 이미지를 구성된 문화적 의미 체계meaning system로 본다. 미디어의 여성 이미지는 현실에 존재하는 여성들에 대한 단순한 또는 왜곡된 반영도 아니며, 여성 재현이 단순히 젠더의 차이를 반영하는 것도 아니라는 입장이다. 의미화 연구는 미디어가 어떻게 젠더 차이를 재현하는가에 초점을 두고 분석한다. 재현은 의미를 선택하고 부여하는 능동적 과정이다. 즉 미디어 이미지들이 어떻게 여성이라는 범주를 생산하고 젠더 차별을 구성하고 남성 지배를 재생산하는지를 설명하고자 한다. 미디어에서 '어떤' 성차별적인 여성 이미지가 생산되는가에 주목하는 성 역할 연구와 달리, 의미화 연구는 '어떻게' 성차별적인 여성 이미지가 생산되고 의미를 갖게 되는가에 초점을 맞춘다.

1990년대 중반에 들어서면서 한국의 여성 이미지 연구는 양적 연구에서 한층 발전하여 기호학, 정신분석학, 후기구조주의, 포스트모더니즘 등의 다양한 이론을 토대로 미디어가 여성을 어떻게 재현하며, 여성의 사회적 의미를 어떤 방식으로 틀 짓는지를 드러내는 작업을 시도했다. 이들 작업은 생물학적 성에 근거를 둔 전통적 커뮤니케이션 연구의 성별 개념이나 자유주의 페미니즘의 젠더 개념에 대하여 문제를 제기하며, 다음과 같은 시각에서 젠더 개념을 설명한다.

젠더는 우리가 여성으로 또는 남성으로 사고하고 행동하는 데 준기 틀reference로 작용하며, 동시에 세상과 우리의 경험을 이해하는 데 토대가 되는 범주들로 구성되는 의미 체계meaning system이다. 또한 젠더는 고정된 실체가 아니라 사회적으로 구성되고 변화되는 의미 체계로서, 상호 작용과 사회적 실천을 통해 나타나는 것이다. 젠더의 사회적 실천이 커뮤니케이션 과정을 통해 이루어지게 된다는 점을 특히 강조하는 라코우(1986)는 젠더 체계를 창조하는 것은 커뮤니케이션이고, 동시에 커뮤니케이션을 창조하는 것은 젠더체계라고 언급했다.

이러한 맥락에서 커뮤니케이션의 한 형식으로서 젠더 체계를 생산하는 텔레비전 드라마는 세계와 우리의 경험을 이해하고 해석할 수 있는 범주를 제공하며, 사회적 실천의 차원에서 우리가 여성으로 또는 남성으로 행동하는 데 준거가 되는 틀을 제공하고, 더 나아가 성 정체성 형성에도 개입하게 된다.

다음은 텔레비전 드라마를 통해 생산되는 젠더 의미 체계, 즉 여성이 어떻게 재현되며, 여성의 사회적 의미가 어떤 방식으로 구축되고 구조화되는지를 살펴보고, 이러한 과정에서 작동하는 지배적 이데올로기를 논의한다. 최근 텔레비전 드라마는 소재의 다변화로 다양한 하부 장르로 분화되는 추세이나, 여기서는 오랫동안 시청자들의 호응도가 높은 주류 장르인 멜로와 가족 드라마를 대상으로 사랑과 결혼, 가족, 일 등 여성의 일상적 경험 속에 배치되는 여성 재현 방식을 검토한다.

낭만적 사랑과 결혼: 선택과 배제

남성과 여성이 만나 사랑하고 결혼에 이르는 과정은 텔레비전 드라마의 중요한 소재이다. 남녀 간의 만남과 결혼은 사회의 기본 단위인 가족을 이루는 기초이며 인간의 생애에서 가장 중요한 통과 의례 중 하나라는 제도적 의미도 중요하지만, 무엇보다도 이러한 사랑 이야기가 인간적 홍미를 제공하기 때문일 것이다. 한국 사회에서 결혼 상대자를 가족이 아닌 개인이 선택할 수 있는 자유가 주어진 근대 이후, 낭만적 사랑은 드라마의 주요 소재로 자리 잡았다. 드라마에서 낭만적 사랑이란 현실에서는 보기 드문 환상인 지고지순하고 영원한 사랑이며, 첫눈에 반하는 운명적 사랑이다. 이런 순수한 낭만적 사랑으로 이루어지는 결혼만이 가장 이상적인 것으로 그려진다. 반면 경제적 거래나 신분 상승을 위한 의도적인 모든 결혼은 바람직하지 못한 것으로 간주된다.

드라마에서 낭만적 사랑과 결혼을 다루는 전형적인 재현 방식은 '선택과 배제' 전략이다. 한 남성을 사이에 둔 두 여성의 삼각관계를 다루는 신데렐라 플롯이다. 삼각관계에서 전통적/근대적 여성 가치의 갈등이 주요 축이지만, 선택된 여성의 신분 상승으로 귀결되는 계층 갈등 또한 삼각관계를 고조시키는 역할을 담당한다. 과거에는 남성의 선택을 받는 여성은 가부장제가 선호하는 전통적인 여성 이미지였으나, 최근에는 캔디렐라[3] 유형의 여성, 탈가부장적인 30대 미혼 여성, 자녀를 둔 기혼/이혼/사별한 여성 등 다양한 여성 캐릭터들이 대세를 이루는 추세이다.

다음은 각각의 여성 이미지들이 어떻게 재현되며, 여성의 사회적 의미가 어떤 방식으로 구축되는지 살펴보도록 하겠다. 첫째, 1990년대까지 드라마에서 가장 선호되었던 가부장제 통념에 따른 전통적인 여성 이미지는 사랑하는 남성을 위해서는 모든 것을 희생하며, 순종적이고 온유한 미모를 지닌 젊은 여성이다. 그녀들은 백마 탄 왕자인 남주인공에 의해 선택되어 사랑을 얻는다. 경쟁 관계에 있는 여성은 강하고 주체적이며 자신의 목표 의식이 뚜렷하다는 특성을 지니지만 이런 유형의 여성은 남주인공에 의해 거부되고 배제된다. 이런 과정에서 전통적/근대적 가치를 갈등 축으로 여성 간의 경쟁적

3 **캔디렐라** 씩씩한 만화 주인공 캔디와 남성에 의한 여성의 신분 상승을 모티브로 한 동화 속 주인공인 신데렐라의 합성어이다.

관계 설정은 가부장적인 여성관을 더욱 강화시킨다(김명혜 · 김훈순, 1996).

선택과 배제의 서사 전략은 남성을 위해 헌신하는 여성에 대한 선호와 미화를 통해서 사랑을 왜곡시키는데, 여성은 이를 내면화하여 낭만적 사랑의 준거 틀로 삼게 된다. 나아가 여성의 섹슈얼리티를 통제하고 여성 억압을 영속시키는 가부장적 이데올로기 장치로 작동할 수 있다. 드라마 〈사랑〉(MBC, 1998)이 전통적인 여성 이미지가 등장하는 전형적인 예로, 최근에는 이러한 여성 이미지가 대중성이 떨어지는 탓에 아침드라마의 시대극에 주로 등장한다.

둘째, 2000년대에 등장하는 캔디렐라 유형은 여전히 젊고 예쁘지만 전통적 여성 이미지와는 다른 변주된 여주인공이다. 일반적으로 남성보다 낮은 계층 출신으로, 경제적 어려움에도 불구하고 착하고 밝은 성격을 지니고 최선을 다해 열심히 살아간다. 아무리 어려운 장애와 시련이 닥쳐도 무모할 정도로 씩씩하고 긍정적으로 극복하는 여성들이다. 물질적 욕심도 사랑에 대한 욕망도 없으며, 자신에게 불이익이 될지라도 남의 어려움을 보면 앞뒤 가리지 않고 나서서 도와줄 정도로 정의롭기도 한, 어찌 보면 상황 파악을 못 하는 순진한 여성들이다.

그러나 재벌 2세나 성공한 남성은 낮은 계층 출신에 천방지축인 신선한 그녀들에게 첫눈에 반하여 도움을 주고 사랑에 빠진다. 이 과정에서 남성을 일방적으로 사랑하는 상류층 여성이 남성의 사랑을 뺏기 위한 음모와 방해를 일삼으며 삼각관계가 설정된다. 여주인공은 강하게 반대하는 남성의 부모와 질투하는 여성에 의해 시련을 겪게 되는데, 이는 계층 갈등으로 표출된다. 그러나 신분이 낮고 어려움에 처해 있는 여주인공은 백마 탄 남성의 사랑을 받으며 조신한 여성으로 거듭나며 신분 상승을 성취하게 된다. 결국 독립된 여성 주체로서 성장하기보다는 구원자인 남성의 선택을 받음으로써 가부장적 질서 속으로 통합된다. 캔디렐라 유형의 여주인공이 등장하는 드라마로는 〈파리의 연인〉(SBS, 2004), 〈시크릿 가든〉(SBS, 2011), 〈신들의 만찬〉(MBC, 2012), 〈청담동 엘리스〉(SBS, 2013), 〈최고다 이순신〉(KBS, 2013) 등이 있다.

사진 1.
시크릿 가든(2011)

셋째, 2000년대에 들어서면서 30대 전문직 미혼 여성을 주인공으로 하는 드라마는 하나의 장르로 여겨질 만큼 양산되었다. 이런 드라마의 등장은 골드 미스라는 신조어가 나타난 시대적 특성과 무관하지 않을 것이다. 기존 드라마에서는 주변 인물로 배치되었던 여주인공들은 미모와 젊음이라는 공식을 벗어난 평범한 독신 여성으로, 자신의 일에 대한 열정을 드러낸다. 이들에게 직업은 있어도 그만 없어도 그만인 장식품이 아니라 자신의 땀과 노력으로 일구어낸 인생의 중요한 가치로 묘사된다. 또한 전통적인 여성 이미지에서 벗어난 거친 말투, 과감한 행동 등으로 좌충우돌하며, 성적인 욕망을 가감 없이 드러내기도 한다. 전통적인 여성상을 찬양하는 기존의 정형화된 드라마에서 여성의 적극적인 성 표현은 일탈적이자 비판받아야 할 대상이었다. 또 그녀들은 남녀의 가부장적 권력 관계를 전도시킬 수 있는 연하의 남성들과 커플이 되는 것으로 기존의 가부장적 연령주의에 도전하기도 한다(김명혜, 2000; 김훈순 · 김미선, 2008; 정

사진 2.
〈내 이름은 김삼순〉(2005)

영희, 2007).

그러나 앞서 살펴본 전통적 여성 이미지나 캔디렐라 유형의 여주인공처럼 탈가부장적인 여성들도 여전히 남성 주도적인 사랑과 결혼을 하고, 사회적 성공을 거둔 남성들의 선택을 받는 신데렐라 환상을 충족시키며 가부장적 질서에 통합된다. 탈가부장적 여성 이미지는 최근 우리 사회에서 부각되는 주체적이고 남녀평등 의식을 실현하는 여성들, 사회적 진출의 증가 추세에 부응하는 직업인으로서의 여성들을 일정 부분 대변하지만, 신데렐라 플롯을 벗어나지 못하는 드라마의 도식적인 서사에 갇혀 그 진보성은 희석되고 있다. 〈결혼하고 싶은 여자〉(MBC, 2004), 〈내 이름은 김삼순〉(MBC, 2005), 〈여우야 뭐 하니〉(MBC, 2006), 〈달콤한 나의 도시〉(SBS, 2008), 〈동안 미녀〉(KBS, 2011) 등은 전형적인 30대 미혼 여성이 주인공으로 등장하는 드라마이다.

넷째, 최근 텔레비전 드라마는 낭만적 사랑의 대상으로서 기존에 배제되었던 여성들, 즉 자녀를 둔 기혼/이혼/사별 여성들을 포섭하고 있다. 유교적 가부장제의 통념에 따르면 남편 없이 홀로된 경우라도 자녀를 둔 여성이 지켜야 할 최고의 가치는 모성이기에, 그녀들은 성적 욕망이 없을 뿐 아니라 성적 매력도 없는 탈성화[4]된 인물로 규정된다. 그러나 드라마에 등장하는 그녀들은 재벌 2세나 성공한 젊고 잘생긴 연하남의 순정적 사랑의 세례를 받고 결혼에까지 이른다. 이러한 낭만적 사랑 서사는 최근 급속한 가족 관계의 변화와

4 **탈성화**
능동적으로 자신의 성적 욕구를 표현하거나 주장하지 못하는 여성의 특성으로, 이는 특히 드라마 속 어머니 이미지에서 두드러진다. 이는 유교 전통에서 유래하는 성적 억압과 여성이 자기의 성을 무기로 권력을 쟁취하지 못하게 하는 억압의 기제이다.

여성 섹슈얼리티에 대한 사회적 인식 변화를 담아내며 중년 여성 시청자들에게 대리만족과 판타지를 제공한다.

그러나 서사 구조를 보면 가부장적 선택과 배제 전략에서 한 치도 벗어나 있지 않다. 자녀가 있지만 변함없이 아름답고, 순진하고 순종적인 여주인공은 사별, 이혼 또는 남편의 외도로 인해 가부장적 질서에서 배제되어 위험에 처해 있으며 남성의 보호 본능을 자극한다. 이 경우도 어김없이 주체적이고 유능하고 아름답기까지 한 상류층 미혼 여성이 등장하여 삼각관계가 설정되고, 중·하류 계층의 여성 주인공은 상류층인 남성의 부모와 방해자인 여성과 끊임없는 계층 갈등을 겪는다. 그러나 연하의 매력적인 남성은 전통적인 여성의 미덕을 그대로 지닌 착하고 온순하여 늘 당하기만 하는 그녀들에게 한눈에 반하고, 자신감과 자존감을 회복시켜 자립하도록 도울 뿐 아니라 아이까지 품어주는 자상한 연인이자 조력자 역할을 한다. 연상의 유부녀와 연하남의 결합은 가부장제의 연령주의를 파괴하고 여성을 모성과 등치하는 관습에 도전하는 듯 보이지만, 결국에 그녀들은 남성들의 선택을 받아 사랑을 이루거나 신분 상승을 거쳐 가부장제 질서 속으로 성공리에 재진입하게 된다. 대표적인 예는 사별한 남편의 집에 머무르며 시부모를 모시는 드라마 〈굳세어라 금순아〉(MBC, 2005)와 〈불굴의 며느리〉(MBC, 2011)의 여주인공들, 드라마 〈조강지처 클럽〉(SBS, 2008), 〈이웃집 웬수〉(SBS, 2010) 〈나쁜 남자〉(SBS, 2010), 〈그래도 당신〉(SBS, 2012)에 등장하는, 남편의 외도로 이혼당하는 여주인공들이다.

여성의 지위 향상과 젠더에 대한 사회적 인식 변화 등 시대적 정서에 따라 변화된 여성 인물들의 등장에도 불구하고 낭만적 사랑의 도식적인 이야기 공식[5]formula에 의해, 즉 가부장적 질서에 이들을

5 최근 드라마에 자주 등장하는 출생의 비밀, 불치병, 불륜, 음모와 복수 등은 시청자의 관심을 끌고자 하는 자극적인 서사 장치일 뿐, 기본적인 이야기 구조에는 변함이 없다.

통합시키는 '선택과 배제'의 서사 전략에 의해 그 전복성은 사라진다. 따라서 위에서 살펴본 여성 이미지의 변화는 상업적 방송이 공존하기 불편한 두 대척점에 있는 가치, 즉 가부장제의 지배적 가치와 여성주의적 요구를 타협한 결과이거나 방송의 상업성과 가부장제가 공모한 결과로 부각된 현상으로 볼 수 있다.

가족과 여성의 위치: 권력 부여와 폄하

가족 내의 여성 이미지인 어머니, 아내, 며느리의 역할은 주로 대가족을 그리는 일일드라마나 주말드라마에 등장한다. 현실에서는 보기 드문 3대, 4대가 모여 사는 중류층의 대가족이 등장하고, 대가족의 가족 구성원 모두가 주인공이 되는 복합적인 이야기 구조를 가진다. 우리 사회의 전통적 가족 제도가 빠르게 해체되고 있음에도 불구하고 드라마에 빈번히 설정되는 대가족 제도는 가부장적인 전통가치를 유지 · 생산하는 데 일조한다. 특히 대가족의 일원으로서 여성은 가족의 안정과 행복을 위해 헌신 · 봉사하는 현모양처와 효부, 나아가 남성 권력을 대리하여 가부장적인 질서에 복종하고 그것을 적극적으로 재생산하는 주체로 묘사되고 있다.

다음은 가족 안에서 각각의 여성 이미지들이 어떻게 재현되며, 사회적 의미가 어떤 방식으로 구축되는지 살펴보도록 하겠다. 첫째, 가정을 이상화하는 가족 드라마에서 이들의 존재를 공고히 하는 방식은 '권력 부여와 폄하' 서사 전략이다(김명혜 · 김훈순, 1996). '권력 부여 전략'은 전통적인 여성의 역할과 비전통적인 여성의 역할을 대비하여 전자에게 힘을 실어준다. 가정의 행복과 안정을 위해 자신의 모든 것을 희생하는 여성을 이상화함으로써 가부장적인 전통 가치를 지배적인 것으로 규정한다. 이들은 스스로 권력을 포기하거나 거부하는 인물로서 가부장적인 권력 질서에 순응하도록 탈권력화되며, 성격적, 정서적으로 안정되고 일관된 이상적 이미지를 보인다. 반면에 가부장제에서 선호하는 여성에 대한 권력 부여를 정당화시키는 역할을 하는 '폄하 전략'은 가부장적 질서에 도전하거나 위협하는 여성들을 과장하고 희화화시키며 우매하게 묘사함으로써 서사 속에서 주변화시키는 방식이다.

드라마 〈무자식 상팔자〉(JTBC, 2013)는 권력 부여와 폄하 서사 전략의 전형적인 예가 될 수 있을 것이다. 4대가 모여 사는 대가족에서 큰며느리는 권위적인 시부모를 정성으로 봉양하고, 남편과 자식들의 크고 작은 문제들에 현명하게 대처할 뿐만 아니라 동서들 간의 갈등을 가부장적 권력을 대리하여 해결하며, 가족의 행복과 안정을 위해 최선을 다하는 정서/가사 노동자로서 헌신과 희생을 다하는 인물로 묘사된다. 반면에 노후를 위해 가정경제를 통제하려는 둘째 며느리는 남편을 무시하는 수전노로 묘사되고, 기혼 여성의 임무인 아이를 못 낳는 막내며느리는 철없이 유아적 행동을 하는 여성으로 희화화한다. 이들은 전형적인 여성 이미지인 열등하고 부차적인 여성의 위치를 재확인시키는 기능을 한다. 또한 가족의 기대를 받았던 재원인 검사 딸은 미혼모로서 성격이 까칠할 뿐만 아니라 부모나 형제와도 화합하지 못하는 이기적이고 갈등적인 인물로 그려진다.

여성에게 허락되지 않는 가정경제의 주도권 소유, 여성의 결핍으로 상징되는 불임, 가부장적 질서를 거부한 미혼모로 표현되는 이들은 가부장제를 위협하는 존재로서 부정적인 묘사를 통해 폄하된다. 반면에 대가족의 가부장적 질서를 수호하기 위해 인내하고 헌신하는 큰며느리에게는 보상으로 권력 부여empowerment가 된다. 가끔은 큰며느리도 시부모의 뜻에 반하는 주체적인 목소리를 내고, 남편

사진 3.
〈무자식 상팔자〉(2013)

과 자식의 사생활에 과도하게 간섭하며, 대가족의 맏며느리로서 과다한 임무에 싫증을 낸다. 그러나 이런 저항은 가부장적 질서를 위협하지 않는 수준 내에서 맏며느리에게 허락되는 보상이다. 바로 이 지점이 주부 시청자들에게 현실적 묘사로 받아들여지면서 공감을 사게 된다.

가부장제 권력에 도전하는 기혼 여성의 상징으로 세간의 주목을 받았던 드라마 〈아줌마〉(MBC, 2001)에서는 남성 중심적인 가정에서 억압받고 있는 아내이자 며느리인 주인공이 가부장제 권위의 허상을 깨닫고 자신을 억압했던 결혼 생활에 반기를 들고 탈출하고자 하는 주체적인 여성의 모습으로 등장한다. 그러나 여주인공의 희화화를 통해 주체적 여성으로의 성장 과정이 갖는 정치적 의미가 희석되고 폄하되고 있다(김민정, 2001). 이러한 유형의 여성 이미지들은 〈엄마가 뿔났다〉(KBS, 2008), 〈인생은 아름다워〉(SBS, 2010) 등의 가족 드라마에서 흔히 찾아볼 수 있다.

둘째, 가부장제 내에서 여성과 모성은 등치되기 때문에 가장 이상적인 여성은 자식을 위해 사랑과 배려를 아끼지 않고 자신을 희생하는 어머니이다. 가부장제에서 여성이 도달할 수 있는 최고의 권력은 모성을 통해서이다. 모성의 발현은 자식의 성공에 의해서 인정되기 때문에 자식의 성공에 지나치게 집착하는 폐단을 낳기도 한다.

최근 드라마에는 전통적인 어머니 이미지가 변주되어 자식의 성공에 집착하는 과잉 모성intensive mothering을 지닌 물질적 욕구가 강한 여성이 빈번히 등장한다. 이들은 경제적 권력을 가진 상류층 여성으로서, 자녀들의 출세와 결혼을 위해서는 모든 편법을 이용하는 이기적인 어머니로 자식을 자신의 소유물로 여긴다. 특히 이들은 자식의 사랑을 방해하고 갈등을 추동하는 역할을 한다. 이들 과잉 모성의 어머니와 같은 편에 서는, 낭만적 사랑 서사의 삼각관계에서 배제되는 여성은 주체적이고 유능한 미모의 인물이지만 남성의 사랑을 일방적으로 갈구하고 집착했기 때문에 부정적 여성 이미지로 낙인찍히고 폄하된다. 이에 비해 이기적인 어머니는 처벌받기보다는 용서받음으로써 가족의 일원으로서 가부장적 질서에 통합된다. 비록 자식을 위한다는 명분으로 양심의 가책 없이 악행을 저지르는 어머니일지라도 가부장제가 선호하는 가치, 즉 자식에 대한 사랑과 희생을 보여주는 모성으로 간주하여 힘을 실어주는 것을 볼 수 있다. 대표적으로 최근 인기리에 방영되었던 〈백년의 유산〉(MBC, 2013)에 등장하는 두 어머니, 〈시크릿 가든〉 등 낭만적 사랑의 서사를 그린 드라마 속 남주인공의 어머니들이 대부분 이런 유형이다.

여성의 일: 슈퍼우먼 신드롬과 전문직 여성의 과잉 재현

텔레비전 드라마에서 재현되는 여성의 일과 관련해 슈퍼우먼 신드롬과 전문직 여성의 과잉 재현이 두드러진다. 먼저 슈퍼우먼이란 가정에 충실한 전통적인 여성 이미지를 그대로 유지하는 동시에 공적인 삶에서 남성 못지않게 일을 잘하는 다재다능한 여성이다. 겉으로는 남녀평등을 구현하는 듯 보이나 실제로는 전통적인 여성 의식을 고수하는 입장이다. 시부모 봉양, 자식 양육, 남편 내조, 가사 노동

등 가부장제에서 규정하는 여성의 본분과 자신의 일, 이 두 가지를 다 완벽하게 해내야 한다는 논리이다. 미국의 여성운동가 글로리아 스타이넘이 슈퍼우먼은 여성의 적이라고 지적했듯이, 이는 실현 불가능한 여성 역할에 대한 환상이며 여성을 이중으로 억압하는 기제로 작동한다. 그럼에도 텔레비전 드라마는 전문직 기혼 여성을 슈퍼우먼으로 길들이는 도식적 서사를 양산해내며, 이를 코믹하게 묘사함으로써 당연시하는 경향이 있다.

사진 4.
〈넝쿨째 굴러온 당신〉(2012)

전문직 여성이 결혼을 통해 남성의 대가족에 편입됨에 따라 그녀의 적극성과 진취성은 가족의 화합을 해치는 갈등적 요인으로 작용한다. 갈등의 해결은 근본적인 대가족 구조와 가부장적인 이데올로기의 변화를 통해서가 아니라 여성의 개성을 부정함으로써 해결된다. 여성이 남성과 대등한 개인으로서 갈등을 해결하는 것이 아니라 남성의 대가족 구조 속에서 전통적인 역할과 기대에 부합함으로써 갈등이 해소되는 것이다(황혜선, 2002).

높은 시청률을 기록했던 주말드라마 〈넝쿨째 굴러온 당신〉(KBS, 2012)은 슈퍼우먼 길들이기의 전형적인 서사를 보인다. 시집살이를 원치 않는 여주인공은 미국에 입양된 고아 남편과 결혼하고 가부장제에서 여성에게 당연히 요구되는 출산을 거부하며 헌신적인 아내와 순종적인 며느리 역할도 거부한다. 독립적이며 개인주의적 삶과 일을 통한 자아실현과 성공을 추구하는 여주인공을 수용하는 자상한 남편이지만, 4대가 모여 사는 남편의 대가족이 나타나면서 여주인공의 진취성은 갈등을 빚는 원인이 된다. 그러나 자신이 추구하는 가치를 포기하고 점점 대가족의 구성원으로 순응해가며 모성을 회복하고 순종적이고 헌신적인 며느리로 거듭나면서 행복하고 성공한 슈퍼우먼의 모습을 보인다.

또 하나의 특성으로 과거와 비교하여 텔레비전 드라마에 전업주부보다 직업을 가진 여성들이 빈번히 출연한다는 점을 들 수 있다. 그녀들은 의사, 검사, 판사, 변호사, 기업 CEO, 교수, 기자, 작가 등 사회적 성공을 의미하는 전문직에 종사한다. 기혼 여성일 경우 직업에 전념하는 대가로 가정생활에서 불화를 겪게 되는 반면, 대부분의 미혼 여성 인물들에게 직업은 하나의 배경 설정일뿐 직업의식이 결여되어 있는 모습으로 나타난다. 그 결과 자아실현 추구나 전문인으로 직업적인 성공을 꾀하기보다 그저 전문직은 하나의 장식물일 뿐, 가부장적인 질서에 편입하기 위해 남성들의 사랑을 인생의 목표로 추구하는 모습만이 그려진다. 따라서 드라마 속에서 전문직 여성의 빈번한 등장은 여성 이미지의 본질적인 변화라기보다는 최근 우리 사회에서 부각되는 여성 인권에 대한 관심과 여성들의 사회 진출 증가 추세에 부응하여 구색을 맞춘, 미디어의 상업적 포장에 지나지 않는 유사페미니즘일 뿐이다.

또한 텔레비전 드라마에 현실에서 허용되는 비율보다 훨씬 많은 전문직 여성 인물들을 등장시키는 것은 이율배반적인 신화/의미를 생산할 수 있다. 여성은 페미니스트들이 주장하는 것보다 이미 더 높은 사회적 지위를 성취하고 있으며 여성의 평등한 사회적 지위는 사회의 근본적 구조 변화 없이도 이루어질 수 있다는 것이다. 그럼에도 불구하고 여성이 사회적 지위가 높은 전문직을 갖는 것은 여성 자신과 가정의 안정과 행복에 위협이 될 수 있다. 결론적으로 전문직 여성이 현실보다 많이 등장하는 것은 시청자들에게 성차별적인 현실을 직시하지 못하게 할 뿐만 아니라, 드라마에서 전문직 여성들이 겪는 불행이 실제 여성들에게 신분 상승의 꿈을 꾸지 못하게 하는 일종의 경고이자 현실에 만족할 것을 제안하는 메시지가 된다고 할 수 있다.

4. 문화적 공론장으로서의 텔레비전 드라마

텔레비전 드라마는 우리 시대의 대중적 젠더 담론을 생산하는 대표적 문화적 공론장cultural forum으로, 변화하는 사회 속에서 다양한 가치를 담아내고 있다. 물론 상업방송으로서 텔레비전 드라마는 한 사회의 지배적 가치 체계나 지배 이데올로기로부터 자유로울 수는 없다. 그럼에도 텔레비전 드라마는 이질적인 시청자를 최대한 확보하기 위해 다양한 서사 장치를 지니며 문화가 공유하는 경험을 바탕으로 시청자와 상호 작용하는 서사 구조를 가질 수밖에 없다. 따라서 드라마의 서사는 시대가 추구하는 가치 체계와 변화하는 사회문화적 담론을 이해할 수 있는 단서를 제공한다. 따라서 대표적인 여성 장르인 드라마에서도 지배적인 사유 체계인 가부장제와 여성주의적 요구들이 갈등하고 투쟁하며 그 과정에서 균열과 틈새가 존재하게 된다. 궁극적으로 지배 체제의 지지로 결론지어질지라도 그 갈등 과정에서 나타나는 균열과 틈새는 새로운 경험과 논의를 제시할 수 있다.

이러한 관점에서 텔레비전 속 멜로와 가족 드라마를 중심으로 사랑과 결혼, 가족, 일 등 여성의 일상적 경험 속에 배치되는 여성의 재현 방식을 성 역할 접근과 의미화 접근의 두 이론적 틀을 토대로 살펴보았다. 여성 이미지에 대한 성역할 접근은 드라마에 어떤 성차별적인 여성 이미지들이 재현되는가에 주목하는 반면, 의미화 연구는 어떻게 성차별적인 여성 이미지가 생산되고 사회적 의미를 갖게 되는가에 초점을 맞춘다.

성 역할 접근은 드라마에 재현되는 정형화된 여성과 남성 이미지, 남녀의 출연 빈도수 등을 분석하여, 실제 여성의 현실이 왜곡되게 반영되는 정도를 논의함으로써 텔레비전 드라마에서 성차별주의가 얼마나 심한가를 입증하는 양적인 내용 분석을 한다. 결론적으로 여성 이미지를 왜곡하는 원인을 제거한다면 더 바람직한 현실의 여성상이 더 많이 재현될 수 있다고 주장한다.

반면 의미화 접근은 드라마 속 여성 이미지를 현실에 존재하는 여성들의 단순하고 왜곡된 반영으로 보지 않고 사회적으로 구성되는 의미 체계meaning system로 본다. 따라서 어떻게 성적 차이를 구성하는가에 초점을 둔 의미화 접근은 재현을 사물의 의미를 선택하고 구성하는 능동적 과정으로 주목한다. 즉 드라마의 이미지들이 어떻게 여성이라는 범주를 만들어내어 성적 차별을 만들고 남성 지배를 공고히 하는지를 설명하고자 한다. 나아가 이 접근은 드라마가 생산하는 젠더 의미 체계가 세상과 우리의 경험을 이해하고 해석하는 토대가 되고, 성 역할 실전에 중요한 틀로 작동하며, 궁극적으로 성 정체성 형성에도 개입한다고 본다. 따라서 의미화 접근은 텔레비전 드라마에서 남성 지배적인 시각을 탈피하여 여성 이미지를 표현할 수 있는 대안적 방식은 무엇인지 추구한다.

드라마 왕국이라고 부를 정도로 많은 드라마가 양산되고 장기적으로 방영되는 드라마가 거의 없는 방송 현실에서, 구체적인 드라마에 집중하여 논의하는 것은 한계가 있다. 따라서 이 장에서는 기존의 텔레비전 드라마 속 여성 이미지에 대한 연구를 토대로 전체 드라마의 여성 이미지를 조망하는 동시에 개별 드라마의 여성 이미지를 이해할 수 있도록 접근 방식을 일반화하고자 시도했다.

생각해볼 문제

1. 텔레비전 드라마 속 여성 이미지를 바라보는 두 가지 접근 방식의 차이를 설명하고, 각각의 장단점을 논의해보자. 그리고 현재 방영되고 있는 드라마를 하나 선택하여 두 접근 방식을 적용하여 분석해보자.

2. 텔레비전 드라마 작가와 시청자 대부분이 여성인 텔레비전 드라마가 가부장적 가치를 지지하는 여성 이미지를 끊임없이 재현하는 이유를 논의해보자.

3. 여성주의 시각에서 텔레비전 드라마에 재현될 수 있는 바람직한 대안적 여성 이미지를 생각해보자. 만약 그러한 여성들이 등장할 경우 텔레비전 드라마 시청률에 영향을 미칠 것인가에 대해 논의해보자.

4. 최근 마초적 남성보다는 꽃미남으로 대변되는 드라마 속 남주인공들이 성적 대상화되며 볼거리로 묘사되는 경향이 있다. 연상녀와 연하남의 결합도 자주 등장한다. 그 배경과 이유를 논의해보자.

더 읽을거리

수잔 월터스(1995). 『이미지와 현실 사이의 여성들: 여성주의 문화이론을 향해』. 김현미 외 옮김(1999).

또하나의문화.
크리스 바커(2004). 『문화연구사전』. 이경숙 · 정영희 옮김(2009). 커뮤니케이션북스.
: 학술 용어에 대한 이해를 높이기 위해 참고할 수 있는 유용한 개념 해설서이다.
이재경 외(2010). 『여성학』. 미래인.
정희진(2013). 『페미니즘의 도전』. 교양인.
Hall, S.(2013). *Representation*(2nd ed). London: Sage Publications.

텔레비전 오락 프로그램의 리얼리티와 섹슈얼리티

이경숙

텔레비전 오락 프로그램은 대중의 관심을 끌기 위해 일회적으로 스타를 출연시키는 데 익숙하다. 그중에서도 한창 인기 있는 아이돌 스타는 텔레비전 오락 프로그램의 단골 출연자들이다. 정규 오락 프로그램뿐 아니라 비정규 특집 오락 프로그램까지 모두 아이돌이 장악하고 있다. 시청률 경쟁이 치열한 주말 오락 프로그램은 물론이고 '아이돌 육상 대회' 등 비정규 편성되는 각종 특집 프로그램에서도 아이돌이 시청률 견인차 역할을 하고 있다.

이처럼 텔레비전 오락 프로그램이 아이돌을 자주 활용하는 이유는 무엇일까? 오락 프로그램에 출연하여 아이돌 스타들이 일반인과 같은 모습으로 망가지는 이유는 무엇일까? 이 장에서는 텔레비전 오락 프로그램이 시청률 경쟁에서 살아남기 위해 리얼리티 포맷과 아이돌 스타를 활용하는 방식을 살펴보고자 한다. 이를 통해 웃음을 주는 오락 프로그램에서조차 아이돌 스타의 몸이 자연스럽게 표준화되면서 섹슈얼리티가 강조되는 방식의 의미를 읽어낼 것이다.

1. 텔레비전 오락 프로그램과 리얼리티

1) 리얼리티 포맷 도입의 배경

텔레비전 오락 프로그램은 보도·교양 프로그램과 달리 '국민 정서 함양과 여가 생활 다양화'를 목표로 제작된다. 이러한 텔레비전의 오락 프로그램은 시청자에게 즐거움을 주는 역할을 담당해왔으며, 그 역할은 시청자의 욕구와 사회적 상황에 따라 변화해왔다. 1962년 KBS의 〈TV 그랜드 쇼〉부터, 1980년대 MBC의 〈웃으면 복이 와요〉 등의 슬랩스틱 코미디 쇼, 민영 방송이 도입된 1990년대 이후 인기 스타를 내세운 SBS 〈주병진 쇼〉, 〈이홍렬 쇼〉 등의 토크쇼 등과 더불어 춤과 음악 등을 도입하며 포맷의 변신을 다양하게 시도했다. 이후 오락 프로그램은 드라마적 구성은 물론 다큐멘터리 관습까지 활용하는 탈장르적 성격을 보이고 있다. 텔레비전 오락 프로그램의 탈장르화 경향은 세계적 추세인 리얼리티 쇼 포맷을 도입한 연예인 중심의 리얼 버라이어티 쇼로 정착하고 있다.

다큐멘터리가 아닌 오락 프로그램에서 기존의 관습대로 잘 짜인 대본에 의해 연기하기보다는 일상적 상황에서 자연스럽게 웃음을 유발하는 장치가 늘어나는 것은 지구적 매체 환경의 변화와 관련이 있다. 최근 케이블, 위성방송, 인터넷의 출현으로 채널이 증가하는 미디어 환경과 이에 따른 수용자의 선택권 확대와 욕구 변화가 두드러진다. 텔레비전 수용 경험이 풍부한 영리한 수용자는 미리 기획되어 대본에 의해 만들어진 유사한 포맷의 오락 프로그램이 생산하는 예측 가능한 웃음에서 식상함을 느끼게 되었다. 이러한 환경에서 새로 출현한 채널에 수용자를 빼길 처지에 놓인 지상파 방송사는 세계적으로 검증된 리얼리티 쇼 포맷의 특성에 주목했다. 프로그램의 변신을 모색해야 하는 텔레비전 오락 프로그램 제작진은 인물에 대한 관찰과 엿보기를 통한 욕구 충족을 통해 수용자를 확보하는 리얼리티 쇼의 포맷을 취하게 된 것이다. 이는 방송 환경의 지구적 변화와 신자유주의적 경쟁에 내몰린 방송 산업이 안정적 시청률과 수익을 창출하기 위한 전략의 일환으로 채택한 방식이기도 하다.

리얼리티 쇼는 이미 2000년대 초반 미국 등 해외에서 일반 수용자의 참여와 상호 작용을 통해 인기를 검증받은 포맷이다. 우리나라에서도 최근 일반인을 대상으로 하는 오디션 프로그램부터 스타를 등장시킨 토크쇼와 버라이어티 쇼 등 다양한 장르의 오락 프로그램에서 리얼리티가 강조되고 있다. 오디션을 통해 스타를 발굴하는 〈K-pop 스타〉와 〈위대한 탄생〉, 좌충우돌 여행담을 보여주는 〈1박 2일〉, 일상의 다양한 미션과 도전을 보여주는 〈무한도전〉, 〈런닝맨〉, 젊은 남녀의 로맨스를 가상 체험하는 〈우리 결혼했어요〉, 아빠와 아이의 여행기를 보여주는 〈아빠! 어디 가?〉, 군대 체험기를 다루는 〈진짜 사나이〉 등 지상파 방송에서 일상적 체험과 도전을 스타를 통해 경험하게 하는 리얼 버라이어티 쇼가 오락 프로그램의 대세를 이루며 시청률 경쟁을 한다. 다만, 주목해야 할 점은 〈빅 브라더〉와 같이 일반 수용자가 등장하는 리얼리티 쇼의 세계적 인기와는 달리, 한국의 지상파 텔레비전 오락 프로그램에서는 연예인 중심의 리얼 버라이어티 쇼가 정착했다는 것이다. 이는 규모도 작고 불안정한 한국의 대중문화 시장에서 스타성과 리얼리티를 결합하여 안정적으로 프로그램을 상품화하는 방식이다.

2) 리얼 버라이어티 쇼의 관습

텔레비전의 리얼 버라이어티 쇼는 재미를 추구하지만 서로 다른 소재와 주제, 형식으로 다양하게 생산된다. 그럼에도 이들은 공통적으로 다수의 카메라를 동원하여 '도전'과 '경쟁'의 과정을 관찰을 통해 보여주면서 인물의 행위와 심리를 드러내는 데 충실하다. 〈무한도전〉이나 〈런닝 맨〉의 경우 전문 연예인으로 구성되어 경쟁을 포맷으로 삼고 주제에 따라 인물들의 일상적 행위와 캐릭터를 부각시키며 과제를 수행한다. 관찰을 통해 리얼리티를 강조하는 오락 프로그램에서 도전과 경쟁을 주제로 삼는 이유는 프로그램의 전개 과정에서 수용자의 몰입을 높이기 위한 갈등과 긴장을 형성할 수 있기 때문이다. 심지어 로맨스를 소재로 하는 〈우리 결혼했어요〉도 도전과 경쟁 과정을 축으로 서사를 구축한다. 이 프로그램은 젊은 남녀의 연애 과정을 보여주지만, 미션을 부여받고 수행하며 경쟁하는 연인들의 내밀한 심리를 관찰함으로써 리얼리티를 창출한다.

또한 리얼 버라이어티 쇼는 다른 프로그램과 달리 제작진이 생산자와 참여자의 역할을 오가며 프로그램 텍스트 표면에 등장한다. 이들은 리얼리티를 생산하기 위해 제작진으로서 관찰자의 위치뿐만 아니라 참여자로서 미션 부여자, 조정자 등 상황에 따라 역할을 교차한다. 카메라 밖에서 제작진은 참여자가 미션을 수행하는 과정에서 갈등하고 경쟁하는 과정을 관찰하고, 엿보고, 중계한다. 이를 위해 제작진은 특정한 상황에 연루된 출연진뿐만 아니라 제작진을 포함한 인물과 배경을 관찰하기 위해 다수의 카메라를 동원하여 인물의 성격과 심리를 세밀하게 담아내고 그들의 행위와 역동적 관계를 자연스럽게 보여준다.

리얼리티의 생산은 인물의 관찰 이외에도 제작 과정의 노출을 통해 보완된다. 제작진의 개입과 노출은 이야기 전개 과정에서 리얼리티를 보증하는 장치로 활용된다. 관찰 이외에 인터뷰 기법 또한 리얼리티를 생산하는 방식으로 활용된다. 인물의 인터뷰는 개별 사건들에 의미를 부여하고, 분리된 사건들을 이야기 전개 과정에 편입시키며, 장면들을 전환하는 역할을 한다. 인터뷰는 미션 수행이나 도전 과정에서 발생한 사건이나 갈등, 인물의 행위와 상황에 대한 해석과 심리를 전달하는 장치로 활용된다. 이렇게 리얼 버라이어티 쇼에 동원된 기법은 인물이 처한 상황과 과정을 세밀하게 보여주고 제작 과정을 드러내며, 텔레비전을 탈신비화하고 오락 프로그램의 진정성을 생산하는 장치로도 활용된다. 그러나 이러한 진정성 또한 카메라를 동원하여 관찰된 것이고, 이야기 전개를 위해 동원된 요소이다. 이러한 리얼 버라이어티 쇼의 관습은 수용자가 텔레비전 오락 프로그램 속 인물들의 행위와 심리를 관찰하고 엿보는 즐거움을 낳는다.

2. 아이돌과 리얼리티 오락 프로그램

새로운 미디어의 출현과 채널의 증가, 영상 콘텐츠의 원활한 유통으로 방송은 국가 경계를 초월하여 지구적 차원에서 경쟁을 맞이했다. 채널 증가와 시장의 확대로 문화 산업은 생존을 위해 몸집을 키우거나 각 영역 간 합병이나 수직적 결합을 모색하게 되었다.

디지털 환경에서 미디어 산업의 수익 구조가 변화하면서 스타를 매개로 상품을 판매하는 텔레비전, 음악, 공연 등 각 영역은 그 관계가 더욱 긴밀해졌다. 이들이 생산한 문화 상품의 소비자는 영상 매체와 함께 성장한 청소년이 구매력을 갖추며 핵심 소비자로 부상했다. 문화 산업은 이들을 핵심 소비층으로 해서 다양한 창구로 유통시킬 상품 개발에 주목했다. 주 소비자층인 청소년을 중심으로 대량 소비를 이끌기 위해 기획사를 중심으로 한 문화 산업은 각 부문을 포괄할 수 있는 '아이돌'을 주요 상품으로 기획하고, 이들을 유통시켜 이윤을 극대화할 전략을 모색한다. 아이돌은 자신의 상품 가치를 인정받고, 공연, 드라마, 예능, 행사 등 다양한 창구를 통해 순환하며 이윤을 낳을 수 있는 능력을 겸비해야 한다. 이들은 기획 단계부터 노래, 춤, 연기 등 각 영역에서 훈련을 통해 재능을 쌓는다.

아이돌이 공연이나 행사를 통해 수익을 쌓기 위해서는 먼저 대중에게 알려져야 한다. 다수 대중을 소비자로 하는 텔레비전 오락 프로그램은 아이돌 상품 순환을 위한 브랜드 구축의 장으로 활용된다. 텔레비전 오락 프로그램은 핵심 소비자층이 선호하는 스타 아이돌을 출연시킴으로써 시청률을 높이고, 아이돌은 프로그램 출연을 인지도를 높이는 기회로 삼는다. 이 과정에서 아이돌 그룹의 연예 기획사와 방송국의 공생관계가 강화되면서 아이돌 스타에 대한 대중의 관심과 다양한 매체의 관심도 커지게 된다.

그러다 보니 젊은 시청자뿐만 아니라 중·장년층이 시청하는 예능 프로그램에도 아이돌 스타가 주축을 이룬다. 젊은 층을 대상으로 하는 〈런닝 맨〉은 물론이고, 다양한 계층을 대상으로 하는 공개 코미디인 〈개그 콘서트〉, 중·장년층을 염두에 둔 토크쇼 형식인 〈세 바퀴〉 등의 프로그램에도 아이돌의 출연은 지속적으로 이루어진다. 이러한 문화 산업의 지구적 경쟁 환경에서 아이돌과 리얼리티 쇼가 대중문화의 주축을 이루게 되었다. 아이돌은 만능 엔터테이너로서 음악 프로그램, 예능, 리얼리티 프로그램, 텔레비전 드라마까지 모든 엔터테인먼트 장르를 넘나들며 대중문화 산업을 장악하고, 문화 트렌드를 주도하게 되었다. 이들은 〈2NE1 TV〉, 〈빅뱅 TV〉와 같이 자신을 대상으로 하는 케이블 리얼리티 쇼, 코미디 쇼, 리얼 버라이어티 쇼 등 다양한 오락 프로그램을 넘나들며 인지도를 높이고 관련된 상품을 홍보한다. 이 과정에서 스타인 아이돌 출연자들이 보여주는 재능과 웃음을 통해 수용자는 즐거움을 얻게 된다. 리얼 버라이어티 쇼의 배경이 되는 자연스런 상황에서 아이돌은 다른 인물들과의 관계 속에서 친근함과 자신만의 캐릭터를 구축하며, 인지도를 높이고 다양한 계층으로 팬을 확대한다. 이 과정에서 아이돌이 대중문화의 아이콘으로 부상했고, 이는 대중문화의 각 영역이 산업적으로 긴밀하게 연계되며 성장하는 과정과 관련이 있다. 아이돌은 자신의 몸과 재능을 자원으로 삼아 다양한 창구로 유통되며 원소스멀티유즈 one-source-multi-use[1]로 부가가치를 실현한다. 기획사, 방송사, 광고 회사 등의 문화 산업의 주요 행위자가 서로 연계하여 수익 창출을 위해 스타의 젊고 아름다운 몸을 상품화하고 유통시킨다.

1 **원소스멀티유즈** 하나의 콘텐츠를 영화, 게임, 음반, 애니메이션, 캐릭터 상품, 장난감, 출판 등의 다양한 방식으로 판매해 부가가치를 극대화하는 방식이다. 하나의 인기 있는 콘텐츠는 추가적 생산 비용을 최소화하면서 다른 상품으로 전환해 높은 부가가치를 얻을 수 있을 뿐만 아니라, 연관 산업의 매출에도 영향을 끼치는 시너지 효과를 낸다.

3. 영상 매체와 몸의 가시화

20세기 영상 미디어와 채널의 증가를 통해 몸의 가시성이 커지면서 소비 사회의 상품 생산과 라이프스타일 영역에서도 이에 대한 관심이 증가했다. 영상 미디어를 통한 몸의 시각화는 이 시대의 성과 육체에 대한 의미를 실천하고 규범을 형성하는 역할을 한다. 영상 매체를 통해 재현된 몸은 몸에 대한 규범과 의미를 실천하는 기호로 작동한다.

카메라를 통해 촬영되어 특정 기호로 해석되는 몸은 온전히 생물학적이거나 자연적인 것이 아니다. 몸은 순수한 백지 상태가 아니라 역사적이며, 의미를 실천하는 문화적 구성물이다. 조선시대와 현대인의 몸은 서로 다른 이미지로 연상되는 문화적 대상이다. 우리가 다양한 미디어를 통해 접하는 인간의 '몸'은 시간과 공간을 경험하는 주체이다. 몸은 개인의 정체성을 구성하는 중요한 요소이자 정체성을 드러내는 통로이다. 현대 사회에서 몸이란 용어를 통해 떠올리는 이미지나 연상들은 보통 사람, 개인의 몸이기보다는 미디어를 통해 특정 이미지로 재현된 몸이다. 행위 주체로서 인간을 다루는 영상 미디어는 몸의 시각화를 통해 좋은 몸과 나쁜 몸, 아름다운 몸과 추한 몸 등을 구분하는 기준을 생산한다. 이는 영화, 텔레비전, 비디오 등 20세기 영상 미디어의 발달과 채널의 증가와도 관계가 있고, 이들 미디어를 통해 감각적 경험이 풍부해지면서 몸 '보여주기'가 늘어난 것과도 관계가 있다. 몸에 대한 보여주기는 외부 세계에 대한 시각적 관찰이라는 근대성이 낳은 욕망을 실현하는 방식이기도 하다.

발전한 영상 기술을 통해 가시화되는 몸에 대한 관심은 몸 관리 열풍으로 확산되었고, 몸 관련 프로그램과 신문기사 등 몸에 대한 사회적 담론도 폭발적으로 늘어났다. 이 과정에서 관리되어 찬양받는 몸은 미디어를 통해 상품화된 연예인의 몸이다. 각종 미디어가 몸에 대한 담론을 생산하면서 몸과 관련해 짐승돌, 식스팩, 몸짱, 꽃미남, 얼짱 등의 용어가 탄생했다. 연예인의 몸을 토대로 탄생한 이들 용어는 평범한 일반인의 몸을 평가하고 비교하는 척도로도 활용되고 있다.

이렇듯 영상 미디어의 시각적 대상으로서 존재하는 몸의 상품화는 다채널·다미디어 환경에서 더욱 강화된다. 육체를 지닌 개인과 집단을 상품화하여 판매하는 문화 산업은 대중적 주목을 받는 몸을 기획하고 생산하여 이를 브랜드화하는 데 주력한다. 이것이 바로 젊고 아름다운 육체를 지닌 아이돌과 걸 그룹이다. 아이돌과 걸 그룹은 카메라의 응시에 적합한 몸으로 관리되고 만들어지며 자신의 몸을 응시의 대상으로 적극 허용하는 동시에, 카메라의 시선과 규범에 순응하는 "유순한 몸"[2]으로 스스로를 길들인다. 문화 산업에 의해 기획·생산되어 유통되는 이들은 텔레비전, 대중음악, 공연 등의 문화 산업 전 영역을 순환하면서 수익을 창출한다.

2 **유순한 몸**
권력의 미시물리학 속에서 일정한 규범과 관례에 따라 통제되고 학습된 몸이다. 근대로 넘어오면서 군대, 학교, 병원, 감옥, 공장 등이 몸을 훈육하고 유순한 몸을 만들어내는 기관으로 등장한다. 이 몸은 주체의 욕망과 의지를 따라가기보다 타자의 척도와 기준을 따라가는 몸이다(푸코, 2003).

4. 오락 프로그램의 리얼리티와 섹슈얼리티의 결합

푸코는 섹슈얼리티를 담론의 문제이자 권력의 역사적인 장치로 파악하여 그 역사성에 주목했다. 시각 매체가 발달한 현대 사회에서 문화 산업은 몸의 가시화를 통해 섹슈얼리티를 이윤 창출의 도구로 삼고 있다. 매체 간 경쟁이 강화된 지구적 환경에서 텔레비전 오락 프로그램도 이러한 역사적 배경에서 몸을 매개로 이야기를 구축하고, 섹슈얼리티에 대한 담화를 생산하며, 리얼리티를 강조한다. 카메라를 통해 스타의 몸을 볼거리로 대상화하고 이를 화젯거리로 삼아 인간의 성적인 욕망이나 쾌락을 추구하는 방식은 섹슈얼리티에 대한 사회적 가치판단과 규범을 생산하는 데 기여한다.

리얼리티를 표방하는 오락 프로그램이 몸을 볼거리로 삼아 섹슈얼리티에 초점을 두는 과정은 시청률을 높이려는 방송 산업과 인지도를 높이려는 연예인의 이해관계를 충족시키기 위해 이루어진다. 이들 프로그램을 통해 연예인은 자신의 재능과 캐릭터에 대한 대중적 인지도를 구축하고 인정받는 통로로 활용한다. 주요 게스트로 출연하는 아이돌이나 걸 그룹은 일회적 등장에서 강한 인상을 남기고 수용자의 흥미를 끌기 위해 자신의 몸, 선정적 춤, 신체 노출을 유희의 대상으로 삼는다. 이들은 자신의 선택에 의해 춤을 추고, 몸을 단련시키며 쾌락을 추구하듯이 행위하지만, 이는 문화 산업의 규제와 요구에 순응하는 행위이다. 이들은 어린 시절부터 연습생으로서 재능을 갖추기 위해 신체를 단련하는 몸 수련 과정을 거치고, 예능감을 갖추기 위해 개인기를 준비해야 한다. 또 토크를 진행하거나 미션을 수행하는 과정에서 요구받게 되는 행위를 언제든 실행할 준비가 되어 있어야 한다. 이들은 즉석에서 댄스를 선보여야 하고, 재능을 표출해야 하며, 웃겨야 한다. 이러한 방식으로 오락 프로그램은 아이돌과 걸 그룹의 몸과 재능을 소비한다. 이 과정에서 아이돌과 걸 그룹의 몸은 찬양받는 대상이자 따라야 할 규범이 되면서 이들에게서 섹슈얼리티[3]가 강조된다. 섹슈얼리티가 강조된 이들의 몸은 문화 산업의 훈육에 의해 형성된 문화적 구성물이다.

인간의 성적인 욕망, 성적인 정체성 및 성적 실천을 의미하는 섹슈얼리티의 영역에서도 우리는 규범적/비규범적, 정상적/비정상적 등의 가치판단을 하고 있다. 리얼리티 쇼나 토크 쇼 등의 텔레비전의 오락 프로그램은 아이돌과 걸 그룹이 상품화하는 이들의 육체를 강조하며 시각적 응시의 대상으로 삼는다. 영상을 통해 전달되는 몸은 볼거리로 구성되고, 이들 프로그램은 몸이 담지하고 표현하는 성적 요소와 관리된 매력적 몸매를 능력과 동일시한다. 이 과정에서

3 **섹슈얼리티**
몸에 근원을 둔 성적 욕망을 지칭하기도 하고, 성적 존재 그 자체를 가리키기도 한다. 섹슈얼리티는 섹스, 젠더와 관계되면서 명확하게 구분 짓기 어려운 성별정체성gender identity, 성적인 정체성sexual identity과 같은 정체성의 구성 및 분류와 연계된다. 광범위하게 섹스에 관한 생각이나 의미, 성적 행위 또는 사회적 관행들, 성적 경향성 또는 성정체성, 성적 욕망, 성적 관계 또는 성의 정치성 등을 의미하기도 한다(조심선희, 2006). 관련 개념은 29쪽을 참조하기 바란다.

담화 형성의 물질적 토대인 영상적 재현의 구체적인 존재로서 몸이 전면에 드러나게 되고, 섹슈얼리티의 유형이 몸을 매개로 재현된다. 프로그램에 등장하는 인물이 보유한 능력(재능)과 몸, 섹슈얼리티가 젊은 연예인의 주체 구성의 주된 구성 요소로 등장한다. 미디어의 물질적 요소인 영상, 자막, 소리, 대화를 통해 생산되는 성적 환상과 몸에 대한 욕망은 섹슈얼리티에 대한 태도를 형성하게 되고, 성별 이미지 구성에도 영향을 끼친다.

사진 1.
MBC 〈우리 결혼했어요〉의 한 장면(출처: MBC 홈페이지)

텔레비전 오락 프로그램에서 생산되는 성적 담화는 아이돌이나 걸 그룹을 매개로 기존의 성별 정체성의 경계를 허물기도 하고, 강화시키기도 한다. 걸 그룹과 짐승돌로 표상되는 남성과 여성의 몸을 통해 구성되는 성별 정체성은 생물학적으로 자연스러운 것으로 받아들여지며, 가부장적 성별 규범을 강화하기도 한다. 시몬느 드 보부아르는 "여성은 여성으로 태어나지 않는다. 대신 여성이 되어진다A woman is not born a woman but becomes one"고 말했다. 또한 주디스 버틀러는 '자연화된 정체성'이 반복적 수행을 통해 스스로를 규범으로 만드는 효과가 있다고 주장한다. 버틀러는 자동적으로 섹슈얼리티가 고정될 수 없다고 가정한다. 섹스는 젠더 수행의 문화적 효과이자 담론과 규율 권력으로 만들어지는 것이며, 젠더의 기원이 아니라 오히려 젠더의 오랜 수행의 결과, 사회문화적으로 구성되는 것이다. 이렇게 볼 때, 남성과 여성의 몸을 표준화하는 아이돌과 걸 그룹의 몸은 여성과 남성의 몸으로 수행의 연속을 통해 재구성된다.

한편 최근 오락 프로그램에서는 미소년을 가장하는 남성 아이돌의 섹스와 수행된 젠더 간의 불일치나 혼란 등의 현상을 볼 수 있다. 이러한 현상은 여성과 남성을 나누는 구획을 교란시키고 젠더 체계의 불안정성이나 비본질성을 드러낸다. 젠더란 무대 위의 공연처럼 현재 그것을 수행하고 있음으로써만 보장되고 유지되기에, 남성 아이돌의 여성적 자태와 교태 섞인 목소리, 능동적 섹스어필sex-appeal을 하는 걸 그룹 등으로의 가장은 동질적인 실체로서의 남성과 대치되고 있는 동질적 실체로서의 여성에 대한 구분을 혼란시킬 수 있다. 이는 남성과 여성의 몸은 생물학적 차이를 지니기도 하지만 동시에 사회적으로 구성됨을 보여준다.

이렇듯 영상 매체가 발달하고 문화 산업의 상품화 전략이 다양해지는 시기에 나타나는 성 정체성의 균열과 의미의 탄생은 실제 문화 산업의 수익 창출 전략과 연계되어 있음을 파악할 필요가 있다. 동시에 이들 오락 프로그램은 남성과 여성의 성별 차이에 기초한 이미지와 섹슈얼리티를 적극 소비함으로써 성별 정체성을 강화하는 역할을 한다. 리얼리티를 강조하는 오락 프로그램은 음악이나 뮤직비디오에서 구축한 물신적 신체 이미지를 넘어서 현장에서 아이돌과 걸 그룹의 몸짓과 일상성을 강조한다. 일상성, 친근함, 자연스러움을 강조하는 이들 오락 프로그램은 스타를 통해 보통의 여성이나 남성을 가장하고 모방하고 있는 것이다. 따라서 이들이 재현하는 젠더 정체성은 일상적이고 당연한 것으로 수용되기 쉽다.

5. 꽃미남과 짐승돌은 누구인가?

영상 매체와 소비 산업의 발달로 남성성의 구성이 변화하고, 시각적 대상으로서 남성의 몸이 부각되고 있다. 전통적인 남성성과 이미지에 균열이 나타나고 있는 것이다. 최근 전통적인 근육질의 남성 이미지와 공적 인물로서의 남성 이미지 사이의 공고한 경계를 허물며, 남성성에 아름다움과 유순함을 강조하는 여성성이 가미되면서, 남성의 외모에 대한 관심이 높아지고 있다. 외모, 행동, 정서에서도 다감하고 낭만적이며 여성에게 친절한 부드러운 남성상이 부각되고 있다. 세상을 지배하는 권위적이고 힘 있는 남성에서 누구에게나 사랑받을 수 있는 남성 이미지로 변화하고 있다.

이러한 변화의 과정에서 새로운 남성상을 재현하는 아이돌이 대중문화의 트렌드로 부상하고 있다. 이들은 낭만적이고 친절한 태도, 근육질 몸매를 겸비하며 새로운 남성상을 구현한다. 이들은 잘생긴 얼굴과 다듬어진 몸매를 식스팩을 통해 과시하며 뛰어난 춤 실력을 갖추고 있다. 고운 얼굴에 화장을 하며 멋스러운 패션으로 몸매를 드러낸다. 이들은 음악과 공연을 위한 능력과 재능도 갖추고 있으며, 예능감과 적응력을 가지고 오락 프로그램에도 출연하여 순발력 있게 반응하면서, 문화 산업의 유통망에서 지속적으로 순환한다.

미디어를 통해 등장하는 이러한 남성 아이돌의 이미지는 성형과 패션 등을 포함한 외모 관리 산업과 문화 산업의 요구가 반영된 결과물이다. 남성성의 변화는 소비문화의 확산과 함께 남성성의 대상화와 상업화와 연계된다. 화장품, 옷, 외모 관리 등 여성에게 해당되었던 정체성 표현 방식들이 남성의 몸에 적용되면서 소비를 통해 남성성의 재구성이 실현된다. 몸이 대중의 볼거리로 부각되면서 외모

사진 2.
'짐승돌'로 불리는 아이돌 그룹 2PM(출처: 캘빈클라인 화보)

상품의 구매력이 있는 여성 욕망의 대상으로 남성이 재현되고, 남성을 응시함으로써 즐거움을 추구하는 소비 주체로서 여성의 존재가 부각되고 있다. 아이돌 꽃미남을 통해 남성 섹슈얼리티의 폭과 범위가 확대되면서 어린 소녀들로부터 이모와 누나뻘의 연령층까지 여성 소비 주체의 존재를 확대시킨다.

'꽃미남'과 '짐승돌'은 여성의 응시 대상으로서의 남성을 지시하는 용어이다. 꽃미남은 꽃처럼 화려하고 예쁜 미소년을 의미하는 말로 상품 마케팅에서 처음 사용되었지만, 외모가 여성스럽고 잘생긴 남성을 통칭하는 용어로 일반화되었다. 짐승돌은 인터넷 신조어로 기존 언론을 통해서도 자주 활용되는 용어이다. 짐승돌은 짐승남처럼 거친 남자 아이돌이며, 멋있고 거친 이미지의 아이돌을 뜻한다. 짐승돌 이미지로 카메라의 시선과 사람들의 주목을 얻게 된 아이돌 그룹 2PM이 대표적인 예이다. 짐승돌에서 보여주는 코드는 '짐승 같은' 야성과 근육질의 몸이면서 동시에 '소년 같은' 귀엽고 애교스러운 모습이다. 이들은 여성 욕망을 충족시키기 위해 근육질의 신체 이미지를 노출하고, 그동안 금기시되던 상체 노출을 통해 성숙한 남성의 신체를 드러낸다. 이들은 성숙과 미성숙의 경계를 보여주기 위해 미소년의 이미지와 근육질의 남성성을 넘나든다. 이 과정에서 남성이 여성의 성애적 대상으로 뚜렷이 부각되며, 여성이 이를 즐기는 것도 자연스럽게 허용되고 장려된다. 이는 소비 산업의 성장과 함께 소비자인 여성을 위해 남성의 몸을 대상화하는 카메라의 움직임과 육체의 클로즈업 등의 시선 처리를 통해 실현되고 있다. 카메라의 응시는 젊음과 남성의 육체를 구성하고, 미적 피사체로 남성의 몸을 위치시킨다.

남성성에도 외모지상주의가 작동하고 있고, 꽃미남과 짐승돌은 감각적인 이미지로 외양을 전시하면서 전통적인 가부장적 남성상과는 다른 새로운 남성성을 수행한다. 신자유주의 경쟁 체제에서 발현된 젠더 정치학은 남성성의 균열과 다양한 남성상의 출현을 초래했다. 최근 이슈가 된 루저loser[4]와 대비되는 꽃미남은 한국의 대표적 메트로섹슈얼metro-sexual[5]의 남성 이미지이다.

기존의 남성 젠더 역할이 생산과 노동에 치우쳤다면 점차 여가 생활, 취미 등이 부각되면서 남성의 자기 표현과 개성이 중시되고 있다. 꽃미남과 짐승돌이 재현하는 몸은 영상 매체와 대중문화를 지배하는 권력이 되고, 외모지상주의 시대에 남성의 표준을 제시하는 의미로 정착하고 있다. 이러한 경향은 텔레비전 오락 프로그램에서 아이돌이 아니지만 '유느님'이라 불리는 유재석과 '능력자' 김종국의 몸에도 적용되며, 이들의 몸은 프로그램을 지배하는 권력이 된다. 곧 신자유주의 시대에서 몸은 경쟁력이다. 신자유주의 경쟁 체제에서 능력과 성공에 대한 찬사는 외모와 패션을 관리한 개인의 몸에 주어진다. 자본과 상업적 권력이 확산하는 소비문화는 몸의 물질성을 가

4 **루저**
루저는 신자유주의 경쟁 체제에서 실패자를 의미하며, 육체와 능력/자본에 대한 가치 규범으로 섹슈얼리티를 강조하는 남성성의 결핍을 의미하기도 한다.

5 **메트로섹슈얼**
외모에 관심이 많은 남자의 득세와 육체의 시각적 대상화를 지칭하는 용어이다. 이 용어는 1990년대 말에서 2000년대 초를 기점으로 대중문화에서 유행한 신남성형을 지칭한다. 도시적이고 성공적이고 세련되며 외모도 잘 다듬어진 현대적 남성 이성애자. 멋진 용모와 패션 스타일을 강조하며 세련된 문화적 취향과 감수성을 표현한다.

6 **베이글녀**
베이비 페이스baby face에 몸매는 글래머glamour라는 뜻의 신조어이다.

시화하면서 꽃미남과 짐승돌로 표상되는 남성 이미지를 표준화하고 있다.

6. 걸 그룹의 소녀와 베이글녀[6]는 누구인가?

1990년대 이후 H.O.T.를 기점으로 아이돌 그룹이 대중음악을 주도하기 시작하면서 기획사에서 훈련시켜 데뷔시키는 아이돌 가운데 소녀들 또한 걸 그룹이라는 명칭으로 기획되고 상품화되었다. 청소년을 주요 소비 대상으로 하는 문화 산업은 소비층을 확대하기 위해 소녀 육체의 상품화와 글로벌 시장화 전략을 추구한다. 2000년대 중반 이후 '원더걸스'와 '소녀시대', '빅뱅'의 성공 이후 아이돌의 수용자층이 불특정 다수의 일반 대중으로 확대되었다.

오빠 팬과 삼촌 팬을 확보하기 위해 다수의 소녀로 구성된 걸 그룹은 귀여운 외모, 섹시한 몸, 감각적이고 선정적인 몸짓과 춤으로 수용자의 외연을 확대해야 한다. 이들의 춤과 몸짓은 영상 매체를 통해 특정한 방식의 기호 가치로 등장하고 소비되며, 이야기를 생산하고 유포된다. 걸 그룹이 제시하는 육감적이며, 귀엽고 청순한 외모는 인터넷과 잡지, 신문 등의 매체에도 기호로 등장한다. 이들이 공연장이나 행사장 등에서 보여준 육감적 몸매는 '야구장 시구', '레드카펫 가슴골 사진' 등의 용어와 함께 포털 사이트의 검색어 순위를 오르내리며 여성의 몸에 대한 가치와 정체성 형성과 여론에도 영향력을 행사한다. 이들을 매개로 제시되는 여성의 몸에 대한 규범은 여성이 돈과 시간과 노력을 들여 가꾸어야 할 존재이며, 지속적인 관리를 통해 날씬함을 유지해야 한다는 것이다.

몸과 섹슈얼리티를 통해 기호로 제시되는 걸 그룹을 지칭하는 용어는 몸을 파편화하여 감각적으로 지칭한다. 베이글녀, 폭풍볼륨감, 꿀벅지 등은 '시크릿'이나 '시스타' 등의 걸 그룹 소녀를 표현하는 데 동원되기도 하지만, 여성의 몸을 평가하는 기호로 활용된다. 베이글녀는 청순한 외모와 섹시한 몸매를 갖춘 여성을 지칭하는 신조어이다. 걸 그룹의 섹슈얼리티를 강조하는 S라인은 카메라의 적극적인 시선에 의해 부각되며, 몸매를 드러내는 시스루 패션, 몸짓, 워킹, 표정을 통해 여성성의 기호로 재현된다. 걸 그룹의 파편화된 몸매는 여성성의 강조와 육체의 관리를 통한 권능화empowerment와 연결된다. 이러한 과정에서 여성의 몸매는 언제 어디서든 보여질 수 있는 응시의 대상이라는 위치를 부여받게 되고, 카메라에 적합한 얼굴과 몸매를 위한 규범을 제시한다. 모든 영상 매체들이 걸 그룹을 응시의 대상으로 삼으면서 섹슈얼리티의 과잉과 외모 관리의 권능화가 나타나고 있다. 이는 여성성에 관음의 대상이라는 위치를 부여하는 방식이다. 시건방춤, 엉덩이춤, 골반춤, 섹시댄스 등으로 연상되는 걸 그룹에 대한 평가는 이들의 노래나 연주 실력보다는 얼마나 춤을 잘 추는가, 얼마나 섹시한 몸매를 가지고 있는가로 평가된다. 이들은 자신의 가치를 실현하기 위해 오락 프로그램에 나와 자신의 브랜드를 알리고자 춤과 몸을 통해 구축한 자신의 캐릭터를 소비하며 예능 감각을 발휘하고, 패셔니스타로서 새로운 스타일을 잘 소화해내야 한다. 즉 걸 그룹이 지녀야 할 능력은

사진 3.
걸 그룹을 바라보는 미디어의 시선[출처: 〈이데일리〉(2011. 8. 7.)]

사진 4.
〈2NE1 TV〉의 한 장면(출처: 2009. 8. 12 방영분 캡쳐)

몸매와 몸짓, 감각과 스타일인 것이다. 이들의 이미지는 기존의 성적 규범을 일탈적으로 허무는 듯이 보이지만, 전통적 여성성의 특징인 수동적이고 유아적인 여성을 성애화하는 방식이다. 이들의 몸을 통해 성적인 자극과 유혹의 주체로서 섹슈얼리티가 강조되고, 그것이 이미지로 구축된다. 걸 그룹의 육체는 스펙터클이 되고, 성적 욕망의 충족을 위한 매개자로서 작동한다.

이러한 걸 그룹을 소비하는 수용자의 관음증적 시선은 보는 자신은 노출되지 않으면서 남을 몰래 보는 즐거움과 연결되고, 이는 이미지에 대한 권력과 통제와 결합된다. 걸 그룹의 몸에 대한 물신주의적 응시는 특정 물체나 신체 부분에 성적 의미를 부여하는 것과 연관된다. 이들의 육체는 꿀벅지, 가슴, 허리, 골반 등으로 파편화되고, 이를 통해 성적인 여성을 환유적으로 나타낸다. 성애적 이미지를 강조하는 걸 그룹은 댄스를 통해서도 이를 강조하며 몸짓, 안무, 의상 등을 통해 성적 코드를 지시하는 이미지를 형성한다. 오락 프로그램에서도 걸 그룹의 육체에 대한 카메라 워크는 관음적 응시에 익숙하고 출연진과 수용자는 이를 즐긴다. 오랜 단련을 통한 성취 과정을 보여주는 〈2NE1 TV〉와 같은 걸 그룹의 리얼리티 프로그램은 여성적 수다와 일상의 과정을 보여주며, 일반 소녀의 삶을 살아가는 모습으로 가장한다. 이는 섹슈얼리티를 강조하는 관음증적 시선과는 다른 일상에 대한 관음증적 시선을 형성한다. 이들은 일상에 놓여진 카메라의 시선에 익숙하며, 보여지는 대상이 아닌 자신을 표현하는 주체라는 위치를 부여받는다. 이들 걸 그룹은 주체성을 획득하고 실현하는 것으로 보여지지만, 이는 소비문화와 개인적 소비 습관의 실현이다. 케이블 채널에서 방영되는 걸 그룹의 리얼리티 쇼는 실제 모습을 드러내주는 장르로서 간주되어 정체성 구성에 효과적인 장치로 기능한다. 일반 소녀와 성애화된 이미지의 걸 그룹의 경계를 넘나들며, 날씬하고 아름다운 몸을 관리하고 가꾸어야 함을 모두에게 내면화한다.

7. 꽃미남과 미소녀의 섹슈얼리티는 어떻게 생산되는가?

아이돌의 식스팩과 걸 그룹의 늘씬한 다리는 아름다운 몸의 파편화된 기호이다. 텔레비전을 통해 꽃미남과 미소녀로 유통되는 이들의 몸은 남성과 여성의 현대적 기호로 생산된다. 영상을 통해 신체에 각인된 꽃미남과 미소녀의 기호는 자본주의적 욕망과 문화 산업의 공모를 통해 생산된다.

이윤을 추구하는 자본주의적 문화 산업은 영상 매체를 순환하여 이윤을 창출할 상품으로서 스타를 기획하고, 재능을 지닌 젊고 아름다운 육체를 하나의 상품으로 생산하는 과정을 거친다. 기획사는 상품 구매자인 대중의 욕망에 부응하여 소비될 수 있는 육체의 상품화를 위해 소비 창구인 영상 매체에 적합한 꽃미남과 미소녀의 몸을 기획한다. 문화 상품으로서 꽃미남과 미소녀는 산업 조직이 공산품을 생산하는 공정과 유사한 분업의 원리에 의해 생산된다. 상품의 기획, 훈련과 재능 연마 등을 포함한 제작, 유통 등의 각 공정은 각각의 전문가에 의해 분업적으로 수행된다. 문화 상품을 생산하는 노동 과정에 참여하는 작곡가, 안무가, 연주자 등 창작자나 예술가는 모두

문화 산업의 자본가에게 고용된 피고용인이다. 그래서 자본가가 문화 상품의 제작 과정에서 최종 결정권을 행사하기에 생산물인 아이돌이나 생산과정에 참여하는 예술적 창작자의 자율성보다 우선하고, 자본가는 상품 가치를 실현하는 아이돌의 몸에 대한 통제권을 지니게 된다. 자본주의적 경제 원리가 꽃미남과 미소녀를 상품으로 생산하는 데 작동하게 된다. 아이돌은 이 과정에서 자신의 몸을 자본으로 상품 가치를 실현할 수 있도록 다이어트, 몸매 관리, 성형 등을 통해 길들이며, 자본주의적 문화 산업의 원리를 내면화해야 한다.

문화 산업에 의해 '돈을 버는 것'을 목표로 상품화되는 꽃미남과 미소녀의 육체는 최소의 비용을 들여서 최대의 이윤을 창출하기 위한 기업적 관리 대상이다. 자본주의적 훈육을 통해 소비자의 욕망을 실현하는 이들의 몸은 꽃미남과 미소녀의 기호이자 상품가치를 실현하는 객체화된 대상이다. 이들의 목표는 소비자를 극대화시키는 것이며, 이들은 텔레비전 오락 프로그램 등에 출연하여 인지도를 높임으로써 가치 실현의 토대를 구축한다. 이들은 대중의 주목을 끌기 위해 자신의 이미지를 토대로 성 담화를 주도하고 망가지는 모습을 보이며 캐릭터를 구축한다. 방송 산업은 시청률을 위해 꽃미남과 미소녀의 섹슈얼리티를 강조함으로써 자본주의적 욕망에 공모한다. 꽃미남과 미소녀는 자신의 육체 기호를 소비하며 다양한 텔레비전 오락 프로그램을 통해 가치를 실현한다. 이들의 몸을 매개로 재현하는 섹슈얼리티는 하나의 표식으로서만 나타나는 것이 아니라 성 정체성 형성과 주체적 인식의 토대로서 작동한다. 이는 나아가 자본주의적 욕망에 부응하며, 문화 산업에 의해 만들어지고 유통되어 개인이 자신의 몸을 길들이도록 훈육하는 장치가 된다.

생각해볼 문제

1. 미디어와 채널이 증가하고 기획사 중심으로 연예 산업이 재편되는 환경에서 아이돌이 텔레비전 오락 프로그램에 자주 등장하는 이유는 무엇일까?

2. 리얼리티 쇼가 한국의 텔레비전 프로그램뿐만 아니라 세계적으로 인기를 끌게 된 배경은 무엇인가?

3. 중년의 인물과 비교할 때 걸 그룹과 아이돌의 몸을 바라보는 카메라의 관습은 어떤 특징이 있을까?

4. 육체나 외모 관련 프로그램의 증가와 성형 및 헬스 산업의 성장은 어떤 관계가 있을까?

더 읽을거리

게일 훅스(1996). 『섹슈얼리티와 사회』. 임인숙 옮김(2005). 일신사.
수전 보르도(1993). 『참을 수 없는 몸의 무거움』. 박오복 옮김(2003). 또하나의문화.
수잔나 D. 월터스(1995). 『이미지와 현실 사이의 여성들』. 김현미 등 옮김(1999). 또하나의문화.
이동연 편(2011). 『아이돌: HOT에서 소녀시대까지 아이돌 문화보고서』. 이매진.
이종수(2004). 『TV 리얼리티: 다큐멘터리, 뉴스, 리얼리티 쇼의 현실 구성』. 한나래.

더 볼거리

'외모지상주의', 〈그것이 알고 싶다〉, SBS, 2011년 10월 18일 방영.
〈미녀는 괴로워〉, 김용화 감독, 한국, 2006.
〈무한도전〉, MBC, 2006~현재.
〈드림하이〉, KBS, 2011.

스크린을 통해 본 여성

8장

한희정

영화는 이미지와 볼거리를 제공하며 상상력을 맘껏 발휘할 수 있는 대중매체이다. 관객은 재미와 판타지를 추구하고 영화가 제공하는 다양한 소재를 통해 설득당하고 매료된다. 더 나아가 영화는 생산자, 관객을 연결시켜주는 사회문화적 소통의 장이며 한 시대의 이데올로기를 담고 있는 텍스트이다. 따라서 개개인의 영화 보기는 사회적 행위라 할 수 있으며 영화는 개인의 삶이나 사회를 변화시킬 수 있다. 이는 영화 매체가 다양한 가치들이 충돌하는 이데올로기적 장치이며 영화 보기란 이데올로기적 활동으로서 영화 텍스트를 통해 문화적으로 정체성을 결정할 수 있기 때문이다.

이 장에서는 이러한 영화 매체 속 여성 재현 문제에 초점을 맞춘다. 여성 영화의 개념을 정리하고 상업 영화와 여성주의 영화에서 여성이 어떻게 재현되는지 살펴본다. 또한 스타 시스템이나 제작 환경 등 영화 산업적 측면이 주류 상업 영화에서 여성 재현에 어떤 영향을 미치는지 탐구한다.

1. 영화는 여성을 어떻게 재현하는가?

1) 성적 대상

유성 영화 시대 이후 일관된 주제와 형식을 유지하며 하나의 제도가 된 영화 산업은 최대한 많은 관객을 동원하여 수익을 남기기 위해 보편적 이데올로기인 성차별 이데올로기와 가부장 이데올로기를 담아왔다. 영화 산업 측면에서 보면 영화는 적지 않은 제작비를 회수하기 위해서 흥행을 보장받아야 하기 때문에, 대부분의 상업 영화들은 남성적 가부장적 매체로서 젠더 불평등을 가속화시켰다. 영화의 내러티브[1], 시각적 재현 양식인 카메라 워크, 조명, 음향 등은 남성 중심의 이미지를 만들어내는 데 기여한다. 따라서 수많은 상업 영화에서 여성들은 소외되거나 배제되었으며, 여성을 주인공으로 전면에 내세우는 경우에도 왜곡된 여성 재현이 일정 부분 되풀이될 수밖에 없었다. 따라서 영화의 젠더 재현은 남성이 권위적이고 가부장적인 권력의 정체성을 공고히 하는 이미지로 등장하는 반면, 여성은 성적 대상화가 되어 남성들의 쾌락을 위해 존재하는 이미지로 나타나는 것이 대부분이다.

페미니즘 영화 이론의 대표적인 이론가 로라 멀비Laura Mulvey는 「시각적 쾌락과 내러티브 영화Visual Pleasure and Narrative Cinema」(1975)를 통해 장르 영화에서 여성의 재현 방식과 남성 이데올로기에 대해 비판했다. 그녀는 당시 당연하게 생각하던 할리우드 영화

1 **내러티브**
영화의 이야기 구조를 지칭하는, 보다 일반적인 개념으로 둘 이상의 이야기story outline나 플롯 구조(영화의 영상을 통해 시청각적으로 표현된 사건의 질서)뿐만 아니라 이야기의 요소들을 통제하고 그에 일정한 틀을 제공해주는 시점, 서술자와 이야기 세계의 주인공, 사건들과의 관계 등으로 이루진다. 이 요소들이 어떻게 결합하느냐에 따라 스토리가 다르게 전개된다.

식 쾌락을 라캉의 정신분석 개념으로 인간 주체 형성 과정과 연관지어 설명하면서 가부장제의 사회 구조가 인간 주체의 무의식까지 작용한다는 사실을 지적했다.

멀비는 영화가 주는 쾌락을 '시각적 쾌락'이라고 규정하고 가부장제 사회에서 남성이 시선의 주체가 되고 여성이 시선의 대상이 된다는 점을 부각시키면서, 이런 현상이 시각적 쾌락의 논리와 결합해 어떻게 영화의 서사적 구조를 결정하게 되는지를 설명한다. 멀비에 따르면 영화의 즐거움은 영화를 '보는' 쾌락에서 나오며, 이 쾌락은 보는 행위에 대해 정신분석이 제시하는 두 가지 모순적인 쾌락과 연관된다. 즉 타인을 시선의 대상으로 삼으면서 얻게 되는 쾌락(절시증scopophilia[2])과 거울 속에서처럼 자신보다 더 완벽해 보이는 자신의 이미지를 발견하는 데서 오는 쾌락(나르시시즘narcissism)을 말한다. 남성은 어두운 영화관에서 환한 스크린 속 여성 인물의 몸을 훑어보는 지배적 위치에서 쾌락을 얻는다. 남성 관객이 영화 속의 여성을 들여다보는 행위와 남성적 시선으로 훑는 카메라, 영화 속 남성 주인공이 여성을 바라보는 시선 등이 통합되어 영화 속의 여주인공은 남성 욕망의 대상이 된다. 남성들은 나르시시즘의 과정을 통해 스크린 위의 남성 주인공과 자신을 동일시identification시킴으로써 완결시킨다. 또한 영화 속의 여성은 '볼거리'로 등장하며 전통적인 할리우드 영화 속 등장인물의 시선은 남성의 시선일 뿐이며 여성 관객이라 하더라도 남성의 시선을 가질 수밖에 없다고 전제한다.

멀비는 남성 욕망의 대상으로 여성의 존재가 규정되는 것을 폭로하고자 했다. 또 여성 관객은 스크린상의 여성 인물이 지닌 수동적 입장과 동일시하든지 아니면 남성의 위치를 설정할 수밖에 없으므로 여성의 주체성은 철저히 배제되어 있다고 분석했다. 멀비는 관객

2 **절시증**
'보는 쾌락pleasure in looking'을 의미한다. 일반적으로 절시증과 관음증을 엄밀하게 구분하지 않고, 관음증을 포괄하거나 동일한 것으로 사용한다. 관음증은 상대방이 모르는 상태에서 다른 사람들의 행위를 엿보는 행위를 말한다. 어두운 극장의 관객은 관음자voyeur의 시선이라고 할 수 있다.

여성 관객의 쾌락

멀비 이후 여성 관객의 쾌락은 가능한가에 대한 질문에 대해 시네 페미니스트는 크게 두 갈래의 입장을 취한다. 즉 정신분석학적 시각에서 여성 관객의 주체적 관람은 피학증에 기초하거나 여성이 남성적 시각을 취함으로써 가능하다고 보는 측과 여성의 주체적 관람이나 쾌락 유발이 충분히 가능하다고 주장하는 것이다. 제키 스테이시Jakie Stacey는 「애타게 차이를 찾아서Desperately Seeking Difference」(1987)에서 영화 속 여성들 사이의 관계뿐만 아니라 영화 속 여성과 여성 관객 사이에 응시가 발생할 수 있다고 주장하며 초기 멀비의 남성 응시와 남성 시각적 쾌락을 전복시킨다.

한편 드 로레티스De Lauretis는 독립여성주의 영화의 텍스트 분석을 통해서 레즈비언적 관람 양식이나 다양성에 기초한 열린 영화 보기의 모델을 남성 응시의 대안으로 제안했다. 또 엘리자베스 코위Elizabeth Cowie는 남녀 모두에게 가능한 복잡한 역젠더cross-gender 동일시 개념을 제시한다. 즉 영화의 환상 구조가 주체에게 부여하는 가상적 쾌락은 관객에게 젠더의 경계를 넘어 다양한 동일시를 경험할 수 있게 한다는 것이다. 이같이 드 로레티스와 코위의 주장으로 남성의 관음적, 물신적 대상인 여성 관객의 즐거움은 애초에 불가능하다고 한 초기의 멀비의 주장이나 여성 관객은 남성의 옷을 빌려 입어야(복장전환transvestism) 가능하다는 후기 멀비의 주장, 그리고 영화 속 이미지의 상품적 유혹에 수동적으로 이끌리게 된다는 메리 앤 도앤Mary Ann Doane의 이론에서 벗어나 비로소 여성 관객도 주체성을 가지고 영화를 즐길 수 있다는 주장의 물꼬를 트게 된다.

이 영화 내용에 비판적 거리를 유지할 수 있지만 영화 속 인물의 시선에 맞춰 사건의 사실성을 확보함에 따라 두 시선의 전복적 힘은 영화의 가부장적 시선에 묻히게 된다고 결론을 내렸다.

이러한 남성주의적 영화 재현이 반복, 재생산되는 것은 영화 산업적 특성에서 기인한다. 영화는 오락거리, 예술, 문화인 동시에 수익을 창출해야 하는 상품이다. 영화 매체의 산업적 특성은 영화의 생산, 수용을 고려하여 수용자들이 영화 관람의 대가를 기꺼이 지불하도록 만들어야 한다는 점이다. 1910년, 영화 제작 초기부터 할리우

〈나쁜 남자〉(김기덕 감독, 한국, 1999)

사진 1.
영화 〈나쁜 남자〉 포스터

사창가 깡패 두목인 한기는 여대생 선화에게 첫눈에 반하지만 그녀가 그를 경멸하는 행동을 보이자 복수심으로 선화를 창녀로 만든다. 창녀가 된 선화는 하루하루 찌들어가고 한기는 숙적인 달수파의 공격을 받아 사건에 휘말려 사형선고까지 받았다가 부하의 자수로 감옥에서 풀려난다. 선화를 데리고 창녀촌을 떠난 한기는 바닷가 마을을 떠돌고, 트럭에서 선화가 다시 몸을 팔면서 연명한다.

한기가 선화를 처음 보았을 때 머리부터 발끝까지 훑어내는 한기의 시선을 비롯하여 영화 전면에는 여성을 훔쳐보는 관음적 시선이 지배적이다. 한기는 선화를 유괴해 창녀로 만들고 선화의 매춘 모습을 지켜본다. 이때 사창가 방에 자리한 거울 벽은 영화 속의 미장센과 공간 자체를 관음적 구조로 만들어 준다. 이는 멀비의 '관음적 시선'을 극대화시킨 경우이다. 영화 후반에 감옥에서 출소한 한기는 거울 벽 반대편에서 불을 켜 자신의 얼굴을 드러냄으로써 관음적 시선을 스스로 파괴한다. 그러나 이 영화는 남녀 평론가들의 엇갈린 평가에도 불구하고 멀비의 관점에서 보았을 때 여성의 육체와 섹슈얼리티가 주인공 남성의 시선에 의해 보이도록 만들어진 전형적인 반여성주의적 영화로 평가된다.

드의 스튜디오 시스템[3]은 안전한 투자와 수익 보장을 위해 잘 팔리는 이야기와 안정적인 소재를 찾게 되었다. 그 과정에서 이미 성공을 거둔 이야기의 변주로 영화 제작을 선호하게 되었으며 이러한 장르 영화의 선호는 스튜디오 시대 이후에도 명맥을 유지하게 되었다. '최소 비용 최대 효과'라는 경제 원칙에 따라 제작의 표준화와 효율성이 이루어졌는데, 제작자는 스튜디오 시스템을 통해 영화 세트를 재활용하는 것으로 비용을 최소화한다. 관객은 익숙한 스토리와 스

3 **스튜디오 시스템**
영화 산업의 제작, 배급, 상영, 이 세 가지 영역을 하나의 영화사가 운영하는 체제를 뜻한다.

타를 통해 기대감을 높이고 오락적 요소를 즐긴다. 반복해서 재생산되는 장르 영화는 제작의 경제성을 높이고 자본의 안정적 재생산을 보장한다.

스타 시스템 또한 대중 영화 속 여성 이미지를 성적 대상화하는 데 일조한다. 스타 시스템은 상업적 흥행 공식에 따라 영화를 제작한다. 스타란 자본주의 상품이자 문화 텍스트인 동시에 대중이 욕망하는 대상이므로 흥행 실패의 부담을 낮추고 자본의 안정성을 가져온다. 존 벨턴John Belton의 표현대로 스타란 대중의 의식을 사로잡는 특정 두려움, 욕구, 근심, 꿈을 표현하는 일종의 사회문화적인 바로미터이다. 기획사들은 한 편의 영화가 성공하면 그 배우에게 동일한 이미지의 역할을 계속 맡게 하면서 의도적으로 각종 홍보와 비평을 통해 스타의 이미지를 만든다. 특히 여성 스타들은 남성이 만들어낸 판타지와 체제에 복무하는 동시에 많은 관객이 동일시하기를 원하는 욕구를 충족시켜야 스타가 되므로 영화 속에서 성적 대상화되기 쉽다.

2) 모성

여성주의 관점에서 모성은 중요한 쟁점이다. 영화 속의 어머니는 험난한 고난을 극복한 희생의 대상이 되기도 하고, 자식에 대한 집착으로 살인자가 되거나 괴력의 모성을 드러내는 인물로 재현된다. 주류 영화에서 모성은 가부장제 질서가 지속적으로 억압해온 여성성의 계승과 극복이라는 점에서 재현되거나 모녀 관계를 수용하는 과정을 통해 보여준다. 어머니의 가르침에 순종적인 딸은 관습적인 희생적 모성을 받아들여 다시 대물림하게 되고 이는 가부장제를 뒷받침해온 자발적 희생의 모습을 띤다. 또한 자식의 존재는 가부장제의 굴레를 벗어나려는 어머니를 저지하기도 한다. 영화 〈피아노〉(1993)에서 주인공 에이다의 딸 플로라는 엄마와 베인스의 불륜을 눈치 채고, 엄마에게 "그런 짓은 옳지 않다"고 일깨워준다. 플로라는 가부장의 권력으로 피아노를 칠 수 없도록 에이다의 손가락을 절단시킨 스튜어트처럼 엄마의 욕망을 견제하고 감시한다.

우리나라의 모성 멜로드라마의 대표작이라고 할 수 있는 〈미워도 다시 한 번〉(1968)은 할리우드의 모성 멜로드라마인 〈스텔라 달라스 Stella Dallas〉(1937)와 비유된다. 상류층 남성과의 혼외 관계에서 얻은 자식을 자식의 미래를 위해 상류층 사회로 다시 돌려보낸 뒤 사교계의 유명인과 결혼식을 올리는 딸을 호화로운 결혼식장에서 몰래 지켜보며 눈물짓거나(스텔라), 아들의 행복한 미래를 위해 이별의 고통을 무릅쓰면서 스스로를 죄 많은 여인으로 책망하는 모습(혜영)은 희생적 모성 재현의 진수를 보여준다. 정신분석학적으로 〈미워도 다시 한 번〉 속 혜영의 지고지순한 모성은 오이디푸스 이후 단계에서 잃어버린 이상적 어머니를 꿈꾸는 남성 관객의 환상을 재현하는 동시에, 아들을 위해 어떠한 희생이라도 감수하는 어머니를 열망하는 오이디푸스 이전의 남성 환상을 채워주는 모성 재현이라고 할 수 있다.

드물게 모성 신화를 전복하고 이기적 모성으로 딸과의 애증 관계를 보여준 〈마요네즈〉(1999)는 희생적인 모성에 반기를 든 가장 현실적인 모녀 관계를 보여준다. 딸 아정은 나잇값

사진 2.
영화 〈마요네즈〉

을 못하고 철부지 소녀처럼 투정만 부리는 엄마를 이해할 수 없다. 아정은 과거 아버지가 병으로 몸져누워 있는 상황에서 얼굴에는 콜드크림을, 머리에는 마요네즈를 바른 채 방에 누워 대변을 지린 아버지를 굴려놓고 등짝을 때리는 과거 엄마의 모습을 경멸스럽게 떠올리며 엄마에게 소리친다. "엄마 미안해. 난 그때 심장을 잃어버렸어. 난 엄마가 없어." 여성성을 포기하지 않는 이기적 모성 재현은 극중의 딸과 더불어 모성 신화에 익숙한 관객을 불편하게 만들지만 희생적인 모성 이미지에 의문을 제기하게 한다.

한편, 모성과 관련된 섹슈얼리티는 색광녀 등의 과잉 섹슈얼리티, 불임이나 욕망의 결핍, 살해나 식인의 행위를 하는 극단적 인물로 소개되는 경우가 많아서 모성과 섹슈얼리티는 병치될 수 없는 것으로 재현된다. 따라서 주류 영화에서 가장 많이 볼 수 있는 희생적 어머니는 성적 욕구가 없는 탈성화desexualization된 존재로서 모성에 신성의 의미가 부여되기도 한다.

3) 팜므 파탈

영화 속에서 자신의 성적 욕망을 적극적으로 드러내는 팜므 파탈 이미지의 여성들은 딸, 아내, 어머니의 역할을 벗어나기 일쑤이며 그들은 가부장적 질서를 깬 대가로 죽임을 당하거나 사회로부터 격리되며 폭력, 엽기의 전형으로 재현된다. 결국 여성의 과도한 섹슈얼리티에는 추함, 악, 가해자, 불임의 의미가 부여되고 성적 욕망을 드러내지 않거나 억압당한 여성은 아름다움, 선, 피해자, 모성의 이미지가 부여된다.

남성적 시각에 의한 전통적 팜므 파탈의 이미지는 지나치게 욕망을 탐하는 여성이나 냉혹하고 잔인한 요부, 흡혈귀처럼 남성의 정액과 피를 빨아 생명이나 성공을 쟁취하는 사악한 여성을 의미했다. 반면 여성적 시각의 현대적 팜므 파탈은 남성과 동등하거나 더 우월하며 능동적이고 능력 있는 새로운 롤 모델로 묘사된다. 이들 여성주의적 시각으로 새로운 의미를 낳는 팜므 파탈은 제3세대 페미니즘의 특성을 보인다. 제3세대 페미니즘의 특성은 다인종, 다문화, 다양한 성 정체성의 연합을 통해 다수의 억압된 주체성을 보여주거나, 인종, 계급, 젠더, 섹슈얼리티의 측면에서 상반된 특성을 동시에 나타내는 모순성을 지닌다. 또한 개인주의적 주체성을 드러내거나 착한 여성 이미지에 대해 반발하는 나쁜 여성 이미지를 보인다.

영화 〈폭로Disclosure〉(1994)에서 옛 애인이던 남성 부하 직원을 유혹하고 오히려 성희롱sexual harassment을 당했다고 누명을 씌운 메리더스 존슨은 '남성적 여성masculine feminine'의 모습으로 남성 권력의 위기를 보여주는 현대적 팜므 파탈이라고 할 수 있다. 또한 1980년대를 풍미했던 마돈나는 남성과 여성, 처녀와 창녀, 십자가와 악마 등 극단의 요소들을 결합하여 강한 이미지를 발현시켰다. 마돈나는 과거의 팜므 파탈 이미지를 답습하기도 하고 코르셋 등 에로틱한 여성적 매력을 강조하여 스스로를 성적 대상화시키기도 했지만, 그 시각의 주체가 여성 자신이라는 점에서 과거의 팜므 파탈 이미지와는 다르다고 할 수 있다. 그녀는 남성을 유혹하면서도 여성적 주체성을 살리는 여성주의적 팜므 파탈의 이미지로 종교, 섹스, 돈, 권력, 인종 문제를 이슈화시키면서 대중을 사로잡았다.

1990년대의 팜므 파탈 캐릭터는 〈배트맨Batman 2〉(1992)의 캣우먼을 들 수 있다. 그녀는 반인반묘의 모습으로 자신을 죽이려고 했던 재벌과 사회에 대해 복수를 꿈꾸는 막강하면서도 지적인 영웅 이미지의 착한 팜므 파탈이다. 〈캣우먼Catwoman〉(2004)의 페이션스는 화장품 회사의 디자이너로 일하는 소심한 흑인 혼혈로 악덕 사주 헤데어에 의해 살해되지만, 고양이들의 신통력으로 부활되어 민첩함과 힘을 지니게 된다. 다이아몬드가 박힌 발톱을 무기로 삼은 그녀는 과거의 어떤 캣우먼보다 강하고 독립적이다. 그녀는 복수가 끝나면 사랑에 안주하지 않고 자신만의 길을 유유히 떠나는 남성 영웅의 주인공과 닮아 있다. 2000년대 이후에는 할리우드 여전사들의 이미지를 변형시킨 '팜므 파탈형 여전사'가 대거 등장했다. 〈툼 레이더Lara Croft: Tomb Raider〉(2001)의 라라(안젤리나 졸리 분)와 〈킬 빌Kill Bill〉(2003)의 더 브라이드(우마 서먼 분), 〈미녀 삼총사〉(2000)의 나탈리(카메론 디아즈 분), 딜런(드류 베리모어 분), 알렉스(루시 리우 분)가 대표적인 캐릭터이다. 우리나라의 전형적인 현대판 팜므 파탈은 〈친절한 금자씨〉(2005)의 주인공 금자(이영애 분)를 들 수 있다. 금자는 파렴치한 남성을 피해자들이 집단으로 응징할 수 있도록 13년 동안 준비해온 복수극을 차근차근 실행해 나간다. 그녀는 주체성을 가지고 독립적으로 악한을 응징하는 현대판 팜므 파탈의 모습이다.

4) 희생자/괴물로 재현

영화에서 공포는 판타지, 고딕, SF 등 다양한 형식을 통해 이야기되어왔다. 한동안 서구 페미니스트들은 이들 공포물에 등장하는 괴물은 언제나 남성이었고 여성은 남성 괴물들의 희생양이었다고 분석하면서 공포 영화가 여성 혐오적이라고 규정했다. 이런 관점에서 여성은 남성 괴물이 정상인 남성으로부터 탈취하고 싶어 하는 욕망의 대상이자 남성이 괴물을 퇴치했을 때 아버지로부터 받는 보상이다.

특히 공포 영화의 고전이라고 할 수 있는 〈할로윈Halloween〉(1978)에서 여성들은 아버지의 법에 의해 처단될 수 있는 미치광이 살인자의 희생자였다. 그 후 〈13일의 금요일Friday The 13th〉(1980)의 살인마는 아들의 죽음이 당시 야영장 직원들의 무심함 때문이라고 믿고 복수심에 불타는, 죽은 제이슨의 어머니인 브리스 부인으로 밝혀진다. 여성과 시선의 문제에서 주류 영화에서는 시선을 소유할 권리를 박탈당한 여성이 등장하는 경우가 대부분인데, 공포 영화에서는 여성에게 '볼 수 있는 권리'를 부여하고 그런 강력한 시선을 담지한 여성은 괴물스러운 주체로 나온다. 그러나 주체적인 시선을 부여받은 괴물스러운 여성들은 내러티브상 마지막에 처벌받아 희생되며 그 결과 이러한 시선의 합법성을 잃게 된다.

공포 영화에서의 희생자 재현에 대해 바바라 크리드Barbara Creed는 여성이 공포스럽고 괴물 같은 존재로 구성될 수밖에 없는 사회의 가부장적 속성을 지적하고, 그렇게 존재할 수밖에 없는 여성 괴물을 읽어내지 못한 남성 중심적 비평을 비판했다. 그녀는 서구의 많은 공포 영화에서 여성 괴물들이 귀신 들린 육체[〈엑소시스트The Exorcist〉(1973)], 마녀[〈캐리Carrie〉(1976)], 뱀파이어[〈악마의 키스The Hunger〉(1983)], 원초적 어머니[〈에이리언Alien〉(1986)], 아름답지만 치명적 살인재〈원초적 본능Basic Instinct〉(1992)]로 다양하게 재현되고 있음을 지적한다. 여기서 여성 괴물은 여성에 대한 남성들의 두려움, 그들 자신에 대한 여성들의 두려움을 이야기한다. 여성의 재생산성, 월경 혈, 숨겨진 질과 자궁, 새로운 생명체를 창조하는 놀라운 힘에 대한 두려움 등이 포함된다. 마찬가지로 늑대인간, 뱀파이어, 좀비, 유인원, 살인자, 식인종으로 재현되는 남성 괴물도 남성에 대한 여성의 두려움과 남성 자신의 두려움을 나타낸다. 이러한 괴물은

〈사이코〉(알프레드 히치콕 감독, 미국, 1960)

사진 3. 영화 〈사이코〉의 한 장면
: '칼과 난도질'과 '위험에 처한 여성'은 공포 영화에서 반복된 모티프가 되었다.

로버트 블록의 동명 소설을 영화화한 작품. 마리온은 애인 샘과 미래를 꿈꾸며 사무실에서 고객에게 계약금으로 받은 4만 달러를 챙겨 도망가려고 한다. 샘에게 가던 도중, 그녀는 한밤중 베이츠 모텔에 머물기로 한다. 그곳에서 마리온은 샤워를 하던 도중 정체불명의 살인범에게 잔인하게 살해당한다. 사라진 언니를 찾아 나선 동생 라일라는 베이츠 모텔의 지하실에서 해골의 모습으로 보존된 베이츠 부인을 만난다. 그 순간 라일라는 여장한 채 칼을 들고 나타난 노먼의 공격을 받게 되지만 언니의 애인인 샘의 도움으로 위기를 모면한다. 잡힌 노먼은 정신분열증으로, 어머니로 분장해 이중인격으로 살아가던 살인마인 것으로 드러난다.

이상적 인간 주체에 적합하지 않은 개인이나 집단으로서 사회적으로 철저히 타자화시키기 위해 구성된 두려움을 재현한다. 남성 괴물은 잔인한 행동을 통해서 남근적 상징 체계의 나약함을 드러내면서 이성적인 존재여야 하는 남성들을 기괴하게 만들어 도덕적 패닉을 일으킨다. 반면 여성 괴물은 그녀의 몸과 여성의 재생산 기능, 특히 어머니로서의 본질 때문에 두려움을 주게 된다. 〈캐리〉(1976)에서 캐리의 괴물성은 생리와 연결되며 〈사이코Psycho〉(1960)에서 어머니의 모습으로 살해하는 노만의 괴물성은 아버지의 부재와 극복하지 못한 오이디푸스 콤플렉스와 연결된다. 괴물은 그 사회에서 터부시하는 것들과 대면하도록 해준다. 따라서 괴물의 본질은 사회마다 문화마다 다르다(Creed, 1993).

2. 여성주의 영화란 무엇인가?

1) 여성주의 영화의 정의

흔히 여성 영화[4]란 여성들이 좋아할 만한 장르의 영화를 지칭하기도 하며 여성이 중심 캐릭터로 등장하는 영화를 지칭하기도 한다. 예를 들어 전통적으로 여성 영화라 할 수 있는 멜로드라마의 경우, 관객은 영화에서 재현된 여성적 욕망의 미장센을 통해 동일시를 경험하지만 결국 여성 주인공이 주체성에 근접했다가 파괴되는 내러티브를 따라가면서 남성적 질서에 재편입된다. 따라서 이 글에서는 여성 관객용 영화women's film나 여성을 주인공으로 한 영화women's picture와 구분하여 여성주의적 관점이 보다 극명하게 드러난 영화를 '여성주의 영화'로 지칭하고자 한다.

여성 영화 이론가들이 보는 여성주의 영화는 어떤 하나의 '여성주의 영화 실천'을 추구하는 것은 존재하지 않으며, 동시대 영화에서 작업하는 여성들은 폭넓고 다양한 형식과 스타일 속에서 여성주의 작품을 생산하고 있다. 무엇보다 여성주의 영화란 여성의 억압에 일조하는 가부장적 지배 체제에 대한 거부의 관점을 지녀야 한다고 보았다. 또한 기존의 남성주의적 영화 문법에서 벗어나 여성을 포함한 소수자에 대한 문제 제기와 그에 대한 대안적 전망이 드러날 때 여성주의 영화라고 할 수 있다.

따라서 '여성주의 영화'는 여성의 문제(대안적인 주제)를 여성적인 시각(대안적인 형식)으로 표현하는 것을 의미한다. 이러한 또 다른 관점의 소수집단으로서의 여성 영화를 지칭하면서 앨리슨 버틀러Alison Butler는 여성주의 공동체를 낳기 위해 형식, 시기, 문화의 경계

4 **여성 영화**
흔히 우리말로 번역하여 '여성 영화'로 통칭해서 사용되고 있지만 좀 더 구분을 해본다면 여성 관객용 여성 영화는 'women's film'으로서 1920년~1960년대 등장한 멜로드라마나 로맨틱코미디를 가리킨다. 또한 할리우드 여성 장르로 근대화된 도시를 배경으로 여성이 주인공인 여성 영화women's picture는 1960년대 서구 여성주의 이후 여성 관객을 겨냥한 할리우드 영화인 여성 영화chick flick와 구분될 수 있다. 통칭인 여성 영화women's cinema는 영화 작품, 제도, 비평과 수용 담론뿐 아니라 앞의 모든 여성 영화 개념을 포함한 여성 영화 네트워크 전반을 가리키는 용어이다.

를 가로지르면서 그것을 주목하는 자의 눈에만 존재한다고 했다. 멀비는 영화의 남성적 시각적 쾌락은 깨져야 한다고 주장하면서 주류 서사 영화에 반대해 기존의 질서를 무너뜨리는 영화를 여성주의 영화로 보았다.

대중 영화에서는 관객의 여성주의 의식도 한몫을 한다. 할리우드 장르 영화라 하더라도 지배 이데올로기가 작동하는 방식에 따라 현실감을 제공하며 주체 효과에 의해 확고한 지배계급의 이데올로기를 전하는 영화가 있는가 하면, 지배 이데올로기를 내포하고 있지만 내적 긴장과 균열에 의해 모호하지만 틈을 보이는 영화가 있다. 이 경우에는 관객에 따라 여성주의적으로 전복적 의미와 진보적 평가가 가능하다.

2) 여성 감독과 여성주의 영화

여성 영화에 대한 여성주의 이론이 처음 등장했던 1970년대에는 여성이 만든 영화가 거의 없었다. 이렇듯 대중 영화 속의 여성 재현이 왜곡되는 이유 중 하나는 영화 산업의 논리 이외에 영화 제작자들이 주로 남성이라는 사실이다. 2013년 선댄스협회의 연구 자료에 의하면 할리우드 영화의 단 23.9%만이 여성 감독에 의해 만들어졌다. 그중 34%는 다큐멘터리, 17%가 장편극 영화였다. 제작자들은 여성 감독의 비전을 신뢰하지 않아 투자를 저어하고, 남성 액션, 남성 영웅 같은 남성적 이야기가 보편적으로 받아들여지는 반면 여성의 이야기는 오직 여성들끼리만 통한다고 생각한다. 더군다나 여성 감독들이나 여성 중심의 영화가 거의 없기 때문에 여성이 만든 영화의 실패가 산업 전체로 부풀려지고 성공은 요행으로만 받아들여진다.

〈피아노〉(제인 캠피온 감독, 오스트레일리아 · 뉴질랜드 · 프랑스, 1993)

사진 4. 영화 〈피아노〉의 한 장면
: 유일한 소통의 매체였던 피아노를 치는 데 없어서는 안 될 손가락을 자르는 남편의 가부장적 폭력에도 에이다는 희생자로 전락하지 않고 여성으로서의 존엄성을 지킨다.

19세기 말, 미혼모 에이다는 사생아 딸 플로라를 데리고 얼굴도 모르는 남자와 결혼하기 위해 미개척지 뉴질랜드에 도착한다. 에이다는 여섯 살 때부터 침묵을 선택한 채 살아왔으며, 피아노와 딸 플로라를 통해서만 소통했다. 에이다의 남편 스튜어트는 에이다의 피아노를 해변에 버려둔다. 에이다는 남편의 친구 베인스의 도움을 받아 그의 집으로 피아노를 옮긴다. 베인스는 에이다가 피아노를 치는 동안 자신이 원하는 어떤 행동이든 할 수 있도록 허락한다면 피아노를 돌려주겠다고 약속하고 결국 에이다와 베인스는 비밀스러운 사랑에 빠지게 된다. 그러나 이 사실을 알게 된 스튜어트는 에이다의 손가락을 도끼로 잘라 응징하고 에이다는 육지로 떠나게 된다. 떠나는 배 위에서 에이다는 피아노와 함께 바다 속으로 고의로 끌려들어가 자살을 시도한다. 그러나 그녀는 죽음 대신 살기 위해 물 위로 솟아오르게 된다. 불안한 이드(피아노)를 저버리고 '자아'를 찾아 새로운 삶을 선택한 것이다. 비로소 분신alter-ego인 피아노로부터 독립한 에이다는 베인스와 함께 안정적 지위를 회복하고 살아간다.

아테네영화제 집행위원장인 멜리사 실버스테인Melissa Silverstein은 2013년 서울국제여성영화제 국제학술대회에 참가해 할리우드에서는 여성 관련 영화가 성공하면 충격을 받으며 영화가 실패할 경우 여성 감독은 남성 감독보다 더 오래 '연출 감옥directing jail'에 갇혀 재기에 어려움을 겪는다고 증언했다.

이런 상황에서 여성주의 의식을 가진 많은 여성 감독에 의해 제작되는 페미니스트 영화 제작 붐은 페미-시네에 큰 원동력이 되었다. 물론 여성이 감독을 했다고 해서 모두 여성주의 영화가 되는 것은

〈안토니아스 라인Antonia's Line〉(마를렌 고리스 감독, 벨기에 · 네덜란드 · 영국, 1995)

사진 5. 영화 〈안토니아스 라인〉 속 4대에 걸친 딸들

2차 세계대전이 끝난 직후 안토니아는 어머니의 임종을 지키기 위해 고향을 떠난 지 20년 만에 딸 다니엘을 데리고 네덜란드의 한 작은 마을로 돌아와 농장을 물려받는다. 마을 사람들은 그녀를 이방인 취급하고 그녀는 마을의 홀아비 바스의 청혼을 받아들여 농사일에 도움도 받고 잠자리도 같이하는 가까운 이성 친구로 지낸다. 결혼은 거부하지만 아이만 갖고 싶어 하던 안토니아의 딸 다니엘은 천재 소녀 테레사를 낳는다. 남성우월주의자인 마을의 대지주 댄의 아들 피트에게 강간당한 상처가 있는 테레사도 시몬과 사랑을 한다. 시몬은 남자에게 버림받고 두 아이를 데리고 안토니아 농장에 들어와 함께 사는 레타의 아들이다. 결혼은 하지 않은 상태에서 사라가 태어나면서 안토니아 가의 4대가 이어진다.

안토니아는 스스로 아들과 남편을 필요로 하지 않았으며 안토니아 가계의 딸들은 기꺼이 아비 없이 자식을 낳고 키운다. 그녀는 결혼과 가족의 가부장제, 억압적이고 위선적인 종교, 이성애적 속박에서 벗어나 자유를 구가하며 자신들이 원하는 세상을 일구어나간다.

아니다. 영화 산업은 당대 사회의식과 밀접한 관계 속에서 존재하기 때문에 전반적인 여성 의식의 변화와 더불어 페미니스트 독립 영화뿐만 아니라 성공한 상업 영화에서도 진보적이고 대안적인 여성 재현이 나타나기 시작했다.

여성 감독 활동은 영화의 여성 재현과 밀접한 관계가 있다고 할 수 있는데, 한국 영화 탄생 이래로 2000년대까지 활동하는 장편 영화 여성 감독은 10여 명에 불과하다. 따라서 재현이 주체성의 표현이라고 보았을 때, 재현의 역사가 남성 감독들의 가부장적인 자기 이미지를 반영한 것은 당연한지도 모른다. 2000년대에 들어서 한국 여성 감독들의 활동이 비교적 활발해졌다. 주류 영화를 만든 여성 감독 영화에서는 대부분 여성의 주체적 관점과 삶에 대한 문제의식이 투영되어 있는 것을 발견할 수 있지만, 가부장제에서 이루어지는 성차별에 대한 모순과 갈등을 직설법으로 다루지는 않는다.

3) 주류 영화에서 보이는 페미니즘의 한계

1960년대 후반부터 부상되기 시작한 페미니즘이 서구에 사회문화적으로 영향을 주기 시작할 때조차 영화 매체는 여전히 가부장적 시각에서 벗어나지 못하고 있었다. 리들리 스콧 감독의 〈에이리언〉(1979)은 할리우드 영화에서 강력한 여전사를 주인공으로 내세운 첫 영화였다. 자궁 모양을 한 이미지의 우주 화물선, 남성의 몸에서 부화하여 나오는 외계 생명체 등으로 전도된 성 역할과 에이리언을 모두 물리치고 문제를 해결하는 리플리(시고니 위버 분)의 강한 여성성은 이전의 여성 재현과는 분명히 차별적인 모습이었다. 그러나 정신분석학적으로 외계 생명체에 의해 새끼를 배에 심게 된 우주 비행사 케인은 거세되는 남근적 어머니를 상징하며 외계 생명체가 배를 찢고 나오는 것은 남성 어머니의 거세를 의미한다. 남성 이론가들은 이 영화가 여성의 힘을 실현시켜 한 단계 발전한 영화라고 주장하지만 일부 이론가들은 여성성을 부성석으로 묘사한 영화로 평가한다.

주류 영화에서 강력한 여성을 주인공으로 하고 여성 문제를 제기한다 하더라도 이는 사회 구조적 문제로 접근하기보다는 여성 개인을 특정 문제의 해결자로 내세움으로써 각종 어려움과 억압을 극복해낸 한 여성의 인간 승리 내러티브로 재현한다. 내러티브적인 면에서 여성주의의 관점을 지닐 수 있지만 그 강한 여성이 영화 시선의

외모 차별

샤론 맥과이어 감독의 〈브리짓 존스의 일기〉(2001)에서 브리짓은 뚱뚱하고 기민하지 못한 골초로 남성들이 선호하는 미의 기준과는 거리가 멀지만 외모에 대한 사회적 편견을 이겨내고 자신이 추구하는 진정한 사랑을 찾게 된다. 정병각 감독의 〈코르셋〉(1996)이나 김용화 감독의 〈미녀는 괴로워〉(2006)의 주인공들이 사랑을 얻기 위해 결국 날씬한 몸매를 갈구하게 되는 내러티브와 대조적이다. 특히 〈미녀는 괴로워〉의 제니는 콘서트장에 모인 관객들 앞에서 성형된 자신의 현재를 고백하고 성형 전의 한나로 재탄생함으로써 자기부정을 통해 자기긍정의 과정을 겪는다. 이는 제니 자신의 의지에 달린 문제가 아니라 사회적 용서와 인정으로 인해 가능한 결과였다. 결국 감독이나 영화 속의 주인공들이 성형으로 내모는 사회에 대한 분노를 표출하는 것과는 상관없이, 제니는 만화영화 〈슈렉〉처럼, 한나의 몸(저주)에서 매력적인 외모(마법에서 풀림)를 얻은 후에야 그에 부합하는 낭만적 사랑을 찾게 된다.

주체인지 대상인지 주시해야 할 필요가 있다. 여성이 남성적으로 그들이 주로 해왔던 여러 가지 활약상을 용감하게 재현했다고 해서 반드시 여성주의 영화라고 할 수 없다.

한편 한국에서는 1990년대에 젊은 여성 관객에게 소구하기 위해 처음으로 '페미니즘'이 영화 홍보 콘셉트가 되기도 했다. 뚱뚱한 여성에 대한 외모 차별에 대항하는 내러티브로 알려진 영화 〈코르셋〉(1996)은 실상은 외모 차별의 내러티브를 재현하고 있는 영화였다. 당시 〈코르셋〉 홍보 기사를 보면 "기존의 페미니즘은 여성을 피해자로 단정, 고통과 억압의 존재로 보고 경직된 울분을 토하고 남성에 대해 적대적인 논리를 펴왔으나 이 영화는 그 같은 시각에서 벗어나 '파워페미니즘'[5]을 지향, 여성이 현재 지닌 그대로의 힘에 대해 강한 확신을 갖고 그것을 폭넓고 유연하게 열린 마음으로 행사하자는 메시지를 담은 영화(〈경향신문〉, 1996. 4. 9)"라고 소개하고 있다. 파워

5 **파워페미니즘**
1990년대 미국에서 나오미 울프Naomi Wolf가 주창하고 케이티 로이피Katie Roiphe 등이 지지하는 중산층 백인 여성 중심의 페미니즘이다. 여성은 자신에게 일어나는 일을 통제할 힘을 갖고 있기 때문에 사회가 여성을 억압할 수 없다고 주장한다. 심지어 당시 대학 캠퍼스와 사회에 빈번히 발생하는 강간 문제조차 부인하면서 강간은 정상적 성관계를 묘사할 뿐이라고 주장한다.

페미니즘의 반여성주의적 속성을 알지 못하고 강조한 것이기는 하지만 〈코르셋〉은 '페미니즘'을 영화 홍보 콘셉트로 삼은 첫 한국 영화였다.

3. 젠더의 억압과 차별을 극복한 재현을 위하여

다양한 매체의 여성 재현 문제에서 젠더의 다름을 인식하고 서로 존중하는 것은 영화 매체에서도 궁극적으로 해결해야 할 과제이다. 어떻게 하면 젠더 차별을 극복할 수 있을까?

영화 산업의 시스템상 드러나는 한계에도 불구하고, 영화 매체는 여성주의 의식 고양에 기여할 수 있는 장점을 지닌다. 즉 영화 매체는 상상력과 환상을 기반으로 하므로 인종, 계급, 젠더, 지역, 세대에서 나타난 모든 사회적 불평등을 거부할 수 있는 여지를 지닌다. 또한 자본주의적 이익 추구에 민감한 영화 자본의 영향을 받지 않고 여성주의 작가나 감독에 의한 실험적 독립 영화 제작이 가능하다. 예를 들어, 사랑과 결혼이라는 주제를 놓고 볼 때 방송 드라마가 가부장적 이데올로기와 낭만적 사랑과 결혼의 서사를 주로 그린다면, 스크린에서는 좀 더 실험적으로 반헤게모니적 여성주의 담론을 펼칠 수 있다.

상업 영화든 여성주의 영화든 영화 관객spectator은 스펙터클을 즐기기만 하는 수동적인 존재가 아니다. 이들은 적극적인 수용자로서 현실의 경험과 인식을 영화 보기에 주체적으로 개입시키고 다시 영화에서 얻어진 경험을 일상적인 삶에 투영한다. 줄리아 크레스테바Julia Khristeva의 상호 텍스트성intertexuatlity의 개념으로 설명하자면,

영화 텍스트는 수용자의 경험에 따라 어떤 텍스트들을 연관시켜 해석하느냐에 따라 같은 텍스트를 보고도 다른 의미를 부여하게 되며, 영화 매체의 생산자, 수용자, 텍스트의 관계를 허물고 전혀 다른 의미를 읽어낼 수도 있다. 상업 영화의 반여성주의 영화라 할지라도 수용자의 여성 의식에 따라 젠더의 억압과 차별의 의미를 읽어내고 여성 재현에 대한 비판적 해석이 가능할 수 있다.[6]

6 제키 스테이시Jackie Stacy는 『스타 응시하기Star Gazing: Hollywood Cinema and Female Spectatorship』(1994)를 통해 지배 이데올로기의 재현물인 할리우드 영화가 반드시 여성 관객에서 부정적 영향을 주지 않으며 로맨스나 연속극과 마찬가지로 여성 스타들과 동일시하는 환상적 즐거움을 얻고 그것을 통해 오히려 자신의 삶을 변화시키는 등 독자적으로 주체성 형성에 긍정적인 역할을 할 수 있다고 주장한다.

또한 제도적인 뒷받침이 필수적이라고 할 수 있다. 영화계 젠더 평등 실천에서 괄목할 만한 사례는 스웨덴영화진흥기구가 영화계의 젠더 평등을 실천하고자 마련한 '2013 영화 협정'을 들 수 있다. 2013년 서울국제여성영화제 국제학술대회에 참석한 토베 토르비욘슨Tove Torbiörnsson(스웨덴 영화진흥기구 영화/사회 원장)은 '2013 영화 협정'을 통해 제작 펀딩에서 프로모션을 진행할 영화의 선택, 상영관에 대한 펀딩과 새로운 인력 채용 문제까지 젠더 평등의 시각이 스웨덴 영화계에 스며들고 있으며, 2015년까지의 협정 기간 동안 펀딩 금액 전액이 감독, 각본가, 제작자 영역에서 50대 50으로 여성과 남성에게 고루 할당될 예정이라고 밝혔다. 스웨덴영화진흥기구는 현재 리더십의 주요한 기본 원칙들 중 하나로서 영화 매체가 민주적 사회를 확립하는 데 매우 중요하고 강력한 도구라는 점에 동의하고 있으며, 여성들이 자신의 이야기를 말할 수 있도록 허락되지 않은 상황을 더 이상 묵인할 수 없다고 본 것이다.

여전히 한국 주류 영화에서 여성은 반여성주의적으로 성애화된 여성으로 재현되는 경우가 많다. 그러나 다양한 젠더의 확장과 함께 남성성도 전통적인 모습에서 변화를 보이고 있다. 성 역할이 전도된 남성 인물이 세심하고 돌보기 좋아하며 배려하는 모습으로 재현되기도 한다. 영화는 한 시대의 산물이자 그 사회와 문화의 반사경

서울국제여성영화제

사진 6.
제15회 〈서울국제여성영화제〉

"여성의 눈으로 세계를 보자!"라는 구호를 내걸고 1997년 첫 선을 보인 서울국제여성영화제는 여성의 시각으로 삶의 다양한 측면을 다룬 영화를 상영함으로써 여성적 가치를 확산하여 새로운 여성 문화로 도약할 수 있는 축제의 장을 마련해왔다. 서울국제여성영화제를 통해 세계 여성 영화의 최근 흐름을 소개하고 아시아여성영화제네트워크를 통한 아시아 여성 영화인과 여성 영화제 간 교류 활성화, 세계여성영화제네트워크 구축을 통한 아시아권의 중추적 역할과 아시아 여성 영화인 발굴에 힘써왔다. 제작 지원을 통한 국내 영상 산업 발전을 도모하고 여성 영화의 공공성 및 대중성을 확보하여 일상적 · 상시적으로 관객과 소통해왔다. 지난 15년여 동안 서울국제여성영화제는 여성 감독과 여성 평론가, 여성 관객의 새로운 시각의 대안적 담론을 생산해냄으로써 페미니즘 영화뿐만 아니라 한국 영화의 지평을 넓히는 데 일조하고 있다. 여성주의적 문화정치를 실천하기 위해 '이주여성워크샵', '아카이브 보라', '정기 상영회' 등의 프로그램을 운영하고 있다.

이므로 영화 매체의 여성 재현은 성적 불평등의 문제에만 국한되지 않고, 배경이 되는 사회의 계급, 민족, 인종, 지역적 모순이 맞물려 영화적 상상력에 따라 다양한 스펙트럼 안에 놓이게 된다. 계급, 성적 시향성, 인종, 국가, 정치 · 문화적 제도라는 다양한 차원의 렌즈를 통해 드러나는 젠더 이미지가 가부장적 이데올로기로 억압되거나 전통적인 젠더 역할에 얽매이지 않을 때, 그리고 수용자들이 영화에 드러난 모순적 상황에 주목할 때, 영화는 시대와 국가를 초월하는 변화의 힘이 될 것이다.

생각해볼 문제

1. 젠더의 관점에서 현실과 영화 속에서 재현된 현실은 어떻게 상호 작용하는가?

2. 영화에 등장하는 다양한 남성성과 여성성에 대해 생각해보자. 시대에 따라 어떤 변화를 겪는가?

3. 제인 캠피온 감독의 〈피아노〉에서 카메라 워크는 다른 주류 영화의 남성적 카메라 워크와 어떻게 다른가?

4. 상업 영화나 여성주의 영화를 보고 젠더 차별과 관련해 의식이나 태도 변화를 일으켰던 경험에 대해 이야기해보자.

더 읽을거리

서인숙(2003). 『씨네 페미니즘의 이론과 비평』. 책과길.

이희원(2000). 「여성, 관객성, 쾌락-시네페미니즘」. 『페미니즘, 어제와 오늘』. 민음사.

장일 · 김예란(2006). 『시네마 인 & 아웃』. 지식의날개.

Butler, A.(2002). *Women's Cinema: The Contested Screen*. 김선아 · 조혜영 옮김(2011). 『여성영화: 경계를 가로지르는 스크린』. 커뮤니케이션북스.

더 볼거리

〈나의 페미니즘My Feminism〉, 로리 콜버트 감독, 캐나다, 1997.

: 제8회 서울국제여성영화제 상영작.

〈바그다드 카페Bagdad Cafe, Out of Resenheim〉, 퍼시 애들론 감독, 독일(구 서독), 1993.

〈안토니아스 라인Antonia's Line〉, 마를렌 고리스 감독, 벨기에 · 네덜란드 · 영국, 1995.

〈우리들은 정의파다〉, 이혜란 감독, 한국, 2006.

〈피아노〉, 제인 캠피온 감독, 오스트레일리아 · 뉴질랜드 · 프랑스, 1993.

광고 속 젠더 재현

9장

정영희

광고는 한 사회의 특정 시기에 구성된 보편적 욕망의 표상체로서, 현대 산업사회에서 가장 활발하게 소비되는 대중문화 현상의 하나이다. 기본적으로는 상품 판매를 위해 만들어지지만, 그와 동시에 그 시대의 지배적 이데올로기를 작동시키고 재생산하는 보편적인 기호로서 기능한다. 벤츠와 같은 유명 자동차 광고는 제품 판매를 위해서만 동원되는 것이 아니라 소비자의 부와 지위를 상징하는 기호로서 소비된다. 따라서 소비자는 종종 제품 자체의 기능보다는 그것이 표방하는 기호를 구매하고 소비한다.

하지만 시각적 이미지를 통해 실재감까지 제공하는 광고의 언어는 매우 성차별적이다. 여성에 관한 고정관념을 사용하여 성 역할을 구분하고 여성을 성적 대상으로 구성함으로써 성차별을 고착시킨다는 비판을 받고 있다. 광고에서 여성은 대부분 신체적으로 아름다운 여성이나 현모양처인 여성, 고급스럽게 생활하는 여성, 성적 대상인 여성, 남성에 의존하는 여성, 단순히 장식으로 등장하는 여성 등으로 표상되고 있다. 반면 남성은 강하고 자립적이며, 여성의 보호자로서 묘사된다. 최근 광고에서는 부드럽고 자상하며 여성적 감성까지 두루 갖춘 남성 이미지가 등장하지만 이것이 남성 폄하를 의미하지는 않는다. 오히려 부드럽고 가정적이기까지 한 긍정적인 새로운 남성 이미지를 생산한다. 반면 여성에 대한 묘사는 조금 다르다. 과거에 비해 여성의 성 전형성이 노골적으로 드러나는 경우가 적어졌지만, 광고 속 여성은 근본적 변화 없이 여전히 성차별적, 성 억압적이라는 것이 여러 연구 결과를 통해 증명되고 있다.

이 장에서는 광고 속 여성 재현, 성적 대상화, 여성의 성에 대한 광고의 소비 방식 등을 살펴보고, 기표만 살짝 갈아입은 채 여전히 성차별적 메시지를 생산하고 있는 광고의 문제점에 대해 생각해보기로 한다.

1. 광고에서의 여성 인식

광고는 꼼꼼하게 따져보면 분명 이상한 내용인데 얼핏 보면 이상하게 여겨지지 않는다. 그러면 광고 속 여성과 남성의 위치와 역할을 바꿔서 생각해보자. 광고가 얼마나 이상한지, 얼마나 성차별적인지 금방 알 수 있을 것이다. 어빙 고프먼Erving Goffman은 광고가 하나의 문화 제도이며 광고주는 가능한 한 그 문화권의 관습을 유지하고 이미 형성된 형태를 고착화시키려 한다고 주장했다. 광고는 한 사회에서 통용되는 지배적 관념과 이미지가 힘을 발휘되는 영역으로서, 지배 이데올로기가 작동하는 주요 장르이다. 기본적으로는 제품 판매를 돕기 위한 것인 만큼 소비자에게 어필하기 위해 다양한 전략을 구상하고 있다. 그 과정에서 대부분의 광고 전략은 고전적인 성 역할과 성 전형성에 강하게 의존한다. 관습화된 성 역할과 성 이미지에 의존해야 광고 텍스트가 당연하고 자연스럽게 읽힐 수 있기 때문이다. 또한 성적 유혹은 인간의 본능을 자극하는 것으로 소구력이 매우 높아서, 오늘날 광고의 많은 부분에서 여성의 섹슈얼리티를 소비한다. 광고의 잠정적인 소비자를 남성(신체적 성뿐만 아니라 남성적 시선을 포함)으로 상정하기 때문에 그러한 광고에서 여성은 성적 대상이 된다.

또한 광고는 오랜 세월 동안 정형화되어온 여성에 대한 고정관념을 적극 활용한다. 여성 소비자를 공략하기 위해 여성과 남성의 차이, 아줌마와 아저씨의 차이, 남성은 모르는 사실, 여성의 본질, 쇼핑에 대한 여성의 생각, 여성의 생활 등 다양한 차원에서 광고 전략을 구상한 한 저서 『광고는 여성 소비자를 이해하는 과정이다』(이영희, 2003)는 우리 사회에서 통용되고 있는 여성에 대한 차별적인 관념을 잘 반영하고 있다. '여성은 자기 식대로 생각하고 말하고 행동한다', '여성은 수리에는 약하지만 화폐 숫자에는 예민하다', '여성은 아름다운 존재이고 싶다', '여성은 추억으로 산다', '어머니는 자식을 통해 다시 태어난다' 등과 같이 여성의 본질에 대한 오해와 편견이 많다. 또한 '여성은 사고 싶은 것과 사야 할 것을 구별하지 못한다', '여성은 망설이면서 사고 밤새 고민하다 다음 날 바꾸러간다', '여성의 취미는 의류 쇼핑이다', '여성은 종종 산 물건을 놓고 오기도 한다', '여성은 귀찮아서 홈쇼핑을 한다' 등과 같이 여성을 미숙하고 판별력 없는 존재로 평가하는 사회적 편견도 반영되어 있다. 이렇게 여성에 대한 사회적 편견과 부정적 인식이 광고 텍스트에서 부각되면서 여성에 대한 편견과 폄하 인식이 재생산된다.

1990년대 이후 한국 광고에서 여성을 재현하고 구성하는 방식이 달라지고 있다는 평가도 있다. 하지만 N세대 등장 이후 노골적인 성차별적 광고가 잦아들었다고 하더라도, 2000년대인 현재까지도 성차별적 메시지가 보다 은밀하고 우회적으로 전달되고 있다. 2003년 여성부의 의뢰를 받아 한국여성개발원이 실시한 TV 광고 모니터링 결과가 그 사실을 증명한다. 텔레비전에 방영된 광고를 모니터하여 여성을 성적 대상화하는 정도, 성 역할 고정관념 강화 정도를 점수화하여 광고의 성차별성 정도를 밝혀낸 것이다. 이 작업은 TV에 방송되는 개별 광고의 성차별성을 점수화하는 작업과 그 성차별성이 광고되는 상품, 광고 시간, 형식적 특성에 따라 어떤 구조를 나타내는가 등 두 가지 차원에서 이루어졌다. 분석 결과를 요약하면 269쪽 별면과 같다.

1990년대 N세대 등장 이후 젊은 여성들이 성 전형성, 성차별적 광고 텍스트에 비판적 성향을 드러내면서 TV 광고 속 여성 묘사는 '강한 여성과 소심한 남자', '여전사' 등 다양해졌다. 그러나 앞서 보다시피 이러한 결과는 성차별적 요소가 완전히 사라지지는 못했다는 것을 반증한다.

그렇다면 광고에서 나타나는 이러한 성차별적인 메시지는 왜 문제가 되는가? 기본적으로 광고에 나타난 여성은 실제 여성을 반영하기보다는 사회적으로 구성된 고정관념을 반영하여 여성에 대한 특정 부분이 왜곡·과장되어 재현된 것이다. 광고에 나타난 여성에 대한 고정관념은 수용자의 성 인식에 영향을 미친다. 특히 사회화가 덜된 청소년들에게 성 역할 고정관념과 왜곡된 여성 이미지를 심어줄 수 있기 때문에 현재를 넘어서 미래에까지 부정적인 영향을 끼친다.

TV 광고의 성차별 현황 모니터 결과

- 분석 대상 TV 광고 총 644개 중 24%는 한 가지 이상의 방법으로 여성을 성적 대상화시키고 있었으며, 40%는 한 가지 이상의 방법으로 성 역할 고정관념을 강화시키고 있는 것으로 나타나 적지 않은 광고가 성차별적임이 드러났다.
- TV 광고의 성차별성 구조(배치되는 상품, 방송 프로그램 및 광고 형식의 요인을 통해)를 분석한 결과, 성차별성이 강한 광고가 가장 많이 배치되는 상품은 화장품 · 위생품이며, 성차별적 광고가 가장 많이 배치되는 프로그램 장르는 드라마였다.

이처럼 여성이 소비의 주체가 되는 상품의 광고와 시청률이 높은 프로그램의 광고의 성차별성이 높아 실질적으로 소비자에게 전달되는 성차별성 메시지의 효과는 매우 높았다. 광고 형식을 통해 보면 광고 해설자나 주 등장인물에서 여성의 비율이 높아 기존의 광고 연구에서 주장하는 것보다 여성이 적극적인 역할을 하는 것으로 보이나, 여성이 해설자나 주 등장인물이 되는 경우 성차별성이 높아 오히려 여성의 이미지를 성차별적으로 도용하고 있다는 결론에 이르렀다. 또한 등장인물의 활동에 있어서도 남성 인물은 전문직 활동에, 여성 인물은 가사활동이나 아무런 활동 없이 장식적 역할에 머무는 것이 많아 성차별적이었다.

발췌 및 요약: 「TV 광고의 성차별 현황에 대한 모니터 결과 보고서」(2003).

그러면 절대로 이상하게는 안 보이지만 알고 보면 너무 '이상한' 텍스트인 광고에서 여성이 어떻게 재현되는지, 또 어떤 방식으로 성적 대상으로 구성되는지를 살펴보고 광고와 관련된 여성주의적 이슈를 짚어보기로 하자.

2. 광고와 젠더 이슈

1) 여성의 재현

여성 이미지 연구

광고 속 여성의 문제는 광고를 내용 분석한 양적 연구 전통에서 먼저 출발했다. 광고에서 여성이 등장하는 빈도, 연령대, 직업, 역할 등을 산술적으로 평가한 것이다. 이러한 연구들은 광고에서 여성을 왜 그러한 방식으로 묘사하는지, 어떤 방식을 통해 이루어지는지에 대한 역사적이고 사회적인 해석 없이 현황적 분석에 그친다. 하지만 광고에 묘사된 여성의 모습에 문제를 제기함으로써, 결과적으로 젠더 이슈로 발전하게 한 밑그림이 되는 연구들이다.

광고와 여성에 관한 가장 오래된 연구 주제는 '광고 속 여성 이미지' 연구이다. 1980년대까지는 내용 분석을 통한 '여성 이미지' 연구가 많았다. 1990년대부터는 기호학적 방법론, 담론 분석 등 다양한 질적 연구 방법을 동원한 '재현' 연구와 이데올로기 연구가 활발하게 이루어졌다. 텔레비전 광고 속 여성에 대한 정형화에 관한 첫 번째 주요 연구는 도미닉Dominick과 라우흐Rauch가 수행했다. 이들이 미국 뉴욕의 방송 광고 1,000개를 수집하여 살펴본 결과, 여성의 38%가 집안에 있는 것으로 나타났고 여성 등장인물의 반 이상이 주부로 묘사되었으며, 광고 해설자의 87%가 남성이었다. 광고의 60%가 남성을 중요한 역할자로 묘사했고 여성이 중요하게 등장하는 광고는 화장품과 개인 위생용품 광고 정도였다. 광고에 나타나는 전형적인 여성은 가정주부로서 주로 부엌이나 욕실에서 활동하는 것으로 나타났다. 또한 여성은 권위 있는 남성의 의견을 따르거나 다른 사람과의 관계에서 예속적으로 묘사되었으며 아름답게 보이는 데만 신경 쓰는 것으로 나타났다.

한국에서는 광고와 여성에 관한 연구가 1980년대 중반부터 활발하게 이루어졌다. 이 시기의 연구는 엄밀하게 따지면 여성주의적이라고 평가할 수는 없다. 그러나 광고 속 여성에 대해 문제 제기를 시작했다는 점에서는 의미가 크다. 최근까지 진행된 광고 속 여성 이미지 연구는 표 1과 같다. 분석 대상이 차별적인 것을 골라 정리한 결과이다.

이들 연구에서 공통적 결론은 광고에 묘사된 여성이 젊고 아름다우며, 성적 매력이 있어 남성을 즐겁게 해준다는 것이다. 직업적으로는 어머니나 가정 주부로 묘사되고 있으며, 직장인이라 할지라도

표 1.
광고에 묘사된 여성 이미지 연구[출처: 『광고로 읽는 여성–1930년대 잡지광고에 비친 여성의 모습』(이희복·김대환, 2008), 21쪽 재구성]

연구자	분석 대상	주요 결과
김희동 (1983)	4대 여성잡지(여성동아, 여성중앙, 여원, 주부생활) 분석	여성 모델의 직업은 무직의 20~30대, 배경은 가정.
송유재 (1987)	신문 잡지 TV분석	등장인물 60%가 여성, 의류/장신구/화장품 광고에 등장, 직업은 주부, 젊은 여성 등장.
송진희 (1991)	남성지와 여성지 비교	여성의 90% 이상이 직업 없는 현대 여성, 주부/어머니/신부로서 묘사, 배경은 무배경.
한은경 (2000)	남녀 간 역할 비교	여성은 섬유/의류/화장품/세제 등의 광고에 등장, 남성은 고가의 기계 정밀기계/자동차에 등장.
김희정 (2000)	1980년대와 1990년대 비교	화장품/의류에서 성적인 대상으로, 가전/유아/음식류에서는 주부/어머니로서 역할, 여성상이 사회 인식 반영.
마정미·강태완 (2005)	1920~1930년대 화장품 광고분석	미의 기준은 흰 얼굴/미려한 흑발을 미인의 조건으로 광고, 과학을 신봉하는 여성/사치하는 여성, 미인의 표준 제시.
김상훈·안대천 (2006)	양적 측면에서 여성이 많이 묘사되지만 주부와 어머니로서의 전통적 역할로 묘사되고 직업이 있어도 전문성이 떨어지는 단순 노무직으로 묘사, 성적 매력이 있는 의상을 착용하며 상호 작용이 없는 모델로 표현.	
김대환·이희복 (2006)	1930년대 한·일 여성지 신가정과 화장품 광고를 비교	광고 표현의 특징으로 여성미의 기준 제시, 새로운 광고 표현 기법의 등장, 몸에 대한 관심 증가.
김광옥·하주용 (2007)	지상파 TV 광고 분석	여성 모델은 남성 모델에 비해 성 역할/나이/메시지 제시/ 배경 등에서 고정관념에 의한 이미지로 묘사.

일도 잘하고 여성의 역할도 잘 수행하는 슈퍼우먼으로 그려지고 있다. 그렇지 않으면 여성은 스스로는 어떤 일도 해내지 못해 남성의 보호가 필요한 열등한 존재로 표현된다. 문제는 광고가 있는 그대로의 현실을 반영한 것이 아니라, 요구되는 사회상, 특히 여성에게 불리한 요구와 사회적 역할 및 이미지를 구성해낸다는 점이다.

광고에서 부정적으로 재현된 여성 이미지는 여성의 성취 동기나 자립심을 낮춤으로써 여성의 잠재성과 행동 범위를 제한한다. 그 결과 사회화가 덜 된 청소년에게 성 역할과 성 이미지에 대한 부정적 관념을 심어준다. 뿐만 아니라 광고 속 등장인물의 역할이나 이미지가 수용자에게 역할 모델로 작용될 경우, 청소년의 사회화 과정에 막대한 영향을 미친다. 광고에서 제시되는 여성상이 문제가 되는 것은 바로 이러한 사회화 측면 때문이다.

대중매체에서의 성차별은 대체로 외모, 연령, 역할, 지위에서 나타난다. 특히 외모지상주의 · 외모 비하 · 외모와 능력 동일시 등은 여성에게 더 강조되어 나타난다. 연령 면에서는 남성의 경우 나이가 많은 것을 연륜과 전문성의 측면에서 평가하는 반면, 여성은 젊고 미혼인 상태를 더 높이 평가한다. 또 남녀의 역할과 지위에 대한 정형화된 이미지도 대중매체에 나타나는 성차별의 주요 요소인데, 특히 광고는 이와 같은 정형화된 이미지를 적극 활용하여 성차별적인 메시지를 생산하고 재생산한다는 데 문제가 있다.

여성 재현과 성 이데올로기

1990년대 들어와서 광고 속 여성에 대한 연구는 젠더, 가부장제 등 여성주의적 연구와 관련된 개념들을 이용하면서 여성 재현과 이데올로기적 효과에 대한 연구 단계로 넘어갔다. 광고 속 여성 이미지를 내용 분석하는 연구가 여전히 지속되는 한편, 광고에서의 여성 문제를 사회적, 역사적 맥락에서 다루는 시도가 활발해진 것이다.

광고에 묘사된 여성 인물들을 고찰하여 개발된 인식의 5단계를 살펴보면 다음과 같다. ① 여성을 사고하지 않는 장식적이며 성적인 대상물로 격하시킨 단계, ② 여성을 가정이라는 전통적인 관점에서 보는 단계로 직업이 있더라도 여성 직종 분야에 한정시키는 단계, ③ 전문 직업을 가진 여성이지만 가정을 우선하는 단계, ④ 남성과 여성이 동등한 단계, ⑤ 정형화된 성 고정관념을 벗어나 한 사람의 개인으로서 자아실현을 하는 단계로 구분된다. 반면 광고 속의 남성은 ① 장식적인 역할 단계, ② 남성이 있을 곳은 직장이나 집인데, 집에서는 남성이 분담하는 일도 하는 단계, ③ 집안일도 익숙하지만 직장이 우선인 단계, ④ 남녀가 평등한 단계, ⑤ 성별 고정관념을 탈피하여 개인으로서 자아실현을 하는 단계로 구별된다. 물론 광고에서는 인물이라는 것 자체가 사람들의 시선을 끌어들이는 장식적 역할을 하는 것이지만, 단순히 장식적 역할을 하는 것은 남성의 경우보다 여성의 경우가 훨씬 더 심하다.

광고는 여성의 성에 대한 고정관념을 그대로 전하거나 과장 또는 왜곡하여 재생산해왔다. 그러면서도 시대에 따라 광고에서 표현되는 여성상도 변해왔다. 광고의 젠더 표상에 대해 이루어진 한 연구에서는 1997년, 2002년, 2007년 한국 텔레비전 광고에서, '외적인 미를 추구하는 여성상'의 표현이 급격하게 증가했다고 평가했다. 이렇듯 여성 이미지를 드러내는 외피는 변했으나, 여성과 남성의 관계, 여성의 사회적 지위와 역할에서는 어떠한 변화도 없는 것으로 보인다.

광고 속 여성 재현에 관한 연구에서는 고프먼이 자주 인용된다. 고프먼은 여성의 행동, 신체 위치, 몸짓을 통해 여성이 어떤 존재로 재현되는가를 설명한다. 고프먼은 광고가 매우 이상한 내용임에도 왜 우리에게 이상하게 보이지 않는지에 의문을 가졌다. 그는 특히 성과 관련해서 더욱 이상하다고 말한다. 광고에서 여성과 남성의 관계는 부모와 어린아이의 관계에 비유될 수 있는데, 남성이 부모 역할을 하면서 여성이 어린아이같이 행동하리라는 기대가 있다고 보고 있다. 실제로 광고에서 여성은 대체로 어린아이와 같은 취급을 받는다. 고프먼은 광고 속의 모습을 통해서 남성과 여성의 사회적 지위를 설명했다. 광고 속 손의 위치나 쓰임새는 남성과 여성 간에 차이가 있는데, 여성의 손이 광고에 나타날 때는 대개 물건을 쓰다듬거나, 살짝 스칠 때뿐이다. 이렇게 해서 여성이 완전한 통제력을 가지지 못한 것으로 보이게 한다. 반면, 남성의 손은 물건을 꽉 움켜지거나 조작하는 모습으로 나타난다. 그럼으로써 사물이나 상황에 대한 통제력을 가진 존재로 부각시킨다. 뿐만 아니라 모델의 위치와 자세 또한 성별로 차이가 있다. 고프먼이 분석한 광고에서는 여성과 어린이가 남성보다 침대와 방바닥에 있는 사진이 훨씬 많았다. 침대와 방바닥에 앉거나 서 있는 사람은 지위가 낮은 사람을 나타내고, 기댄 자세 또한 자신을 방어해야 할 낮은 지위를 나타내며 다른 사람의 동정심을 일으키게 된다는 것이다. 또 여성과 남성이 신체적으로 접촉하는 광고에서 여성은 어린아이가 엄마의 보호와 안락을 구하듯이 수동적으로 남자에게 안겨 있는 경우가 많다.

광고 속 남성과 여성의 행위의 차이를 보면서 여성과 남성 모델이 서로 반대되는 역할을 한다고 상상해보자. 그러면 그러한 성 역할 구분이 얼마나 성차별적이고 편향적인지를 쉽게 인식할 수 있을 것이다. 그런데도 왜 우리에게는 그러한 광고가 이상하게 보이지 않는 것일까? 남녀 관계는 사회마다 다르며, 특정 사회의 문화적 양태에 따라 차별적이다. 생물학적 성과 관련하여 문화적으로 정립된 관습화된 모습, 즉 '성의 전시gender displays'가 사회생활의 과정에서 형성되어왔으며, 모든 문화권에서는 기존의 성을 유지하기 위해 끊임없이 노력해왔다. 고프먼은 이러한 관습화된 성의 모습을 광고가 차용하고 있기 때문에 이상하게 보이지 않으며, 우리 생활의 한 측면을 극단적 형태로 반영하고 있다고 주장한다. 고프먼은 "가능한 한 광고주는 우리의 관습을 관습화하고, 이미 형성된 스타일을 정착시킨다"고 말한다. 하지만 광고가 관습화된 성적 관계를 단순히 반영만 하는 것은 아니다. 광고에서 보이는 성적 관계가 참이나 아니냐에 문제 제기를 하기보다는 광고가 성 전시의 특정 측면을 강조하고 다른 점을 도외시한다는 점을 비판해야 할 것이다.

2) 남성적 응시의 객체

광고와 섹슈얼리티

섹슈얼리티와 관련된 영상 이미지 분석은 4가지로 정형화될 수 있다. ① 관음적 쾌락의 섹슈얼리티, ② 파편화된 몸의 섹슈얼리티, ③ 호명적 섹슈얼리티, ④ 동일시적 섹슈얼리티 구조이다. 먼저 관음적 쾌락의 섹슈얼리티는 시각적 쾌락의 발생을 의미한다. 들키지 않는다는 전제하에서 계속적인 관찰이 가능하고 그녀의 사적인 성적 즐거움을 알아낼 수 있다는 기대를 유도한다. 여기서 여성은 남성의 시선에 좌우되는 수동적 볼거리로 전락하며 남성은 능동적인 주체가 된다. 파편화된 몸의 섹슈얼리티는 허벅지, 가슴 등 성적 상상과 관련된 특정한 신체 부위를 강조함으로써 부여된다. 여성의 신체 중에서 성적 자극을 줄 수 있는 부분을 확대·과장해서 표현하는 것이

이에 해당된다. 전형적인 핀업 걸pin-up girl의 포즈와 같이 글래머 이미지 등이 이에 포함된다. 호명적 섹슈얼리티는 객체인 수용자를 호명되는 특별한 사람으로 관계를 재정립해 주체로 만드는 것을 말한다. 동일시적 섹슈얼리티는 영상 속 시선, 관점을 통해 나타난다. 영상 속 인물이 영상 바깥의 관찰자를 정면으로 바라보지 않고(정면으로 바라보는 순간 상호 작용이 일어나서 영상 속 인물에 감정이입하던 관객이 타자로 튕겨져 감정의 이탈이 초래되어버린다) 측면적 시점으로 관계를 맺는 경우이다.

광고에 대한 젠더 이슈에서 빠질 수 없는 것이 여성을 성적으로 대상화하거나 여성의 성을 왜곡하여 성적 소구sex appeal의 도구로 활용하는 것이다. 이때 문제가 되는 것은 광고 속의 여성이 남성적 시선에 의해 보여지는 존재로 구성되어 수동적인 사물이 된다는 것이다. 바로 여성의 성 상품화이다. 성의 상품화는 여성과 남성의 구분과 차이에 관련이 있다. 말하자면 여성의 몸을 에로틱하게 묘사하고 에로틱하게 조성된 여성의 몸을 남성의 시선으로 응시하게 하는 방식으로 이루어진다. 이렇게 만들어진 광고는 성차별과 성 상품화를 동시에 진행시킨다.

여성의 성적 대상화

여성의 성 상품화와 관련된 다른 이슈는 '대상화'이다. 여성을 성적 호기심을 자극하는 도구적 대상으로 위치하게 하는 것이다. 여성의 몸이 남성의 시선에 의해 시각적 유희의 대상으로 구성되는 것은 광고의 경제적 이득과 광고 속 여성 재현 방식이 큰 연관성이 있기 때문이다. 여성을 대상화하고 객체화시킨 광고는 대중의 시선을 끌고 구매로 이어지게 해 궁극적으로 경제적 이윤을 취하는 본래의 목적을 달성한다.

그러면 광고에서 여성은 어떤 과정을 통해 성적으로 대상화되고, 객체화되는가? 이는 유화의 전통과 깊이 관련된다. 유럽에서 유화는 여성을 주제로 한 작품이 큰 부분을 차지해왔는데, 특히 누드화가 주종을 이루고 있다. 누드화를 검토해보면 여성이 풍경으로 보여지고 받아들여지게 되는 사회적 양상이 드러난다. 광고는 유화의 전통과 연속성을 갖고 있다. 말하자면 유화의 언어 형식이 그대로 광고에 전승되었다고 할 수 있다. 광고와 유화의 유사성은 단순히 시각적 차원에 국한된 것이 아니라, 양자의 기호 체계에서 드러난다. 여성에 대한 편견을 부추기는 다양한 표현들, 이를테면 인자한 어머니(성모 마리아), 바람둥이 비서(여배우, 왕의 정부), 완벽한 안주인(관객 겸 소유자의 부인), 성적 매력이 넘치는 대상(비너스, 놀란 표정을 짓는 요정 등)이나 성적 매력을 부추기기 위해 사용되는 여성의 다리 등이 그 사례이다.

광고는 유화의 전통을 이어가면서 오랫동안 작동해온 성에 대한 편견과 통념을 재생산해내고 있다. 남성과 여성에 대한 사회적 통념은 질적으로 다르다. 사회적으로 그려지는 남성의 현재적 모습presence은 힘과 힘의 행사라는 측면과 관련되어 그려진다. 힘을 행사할 가능성이 크고 믿을 만하면, 남성의 현재적 모습은 크게 부각되는 것이 보통이고, 힘이 적거나 그 가능성이 믿을 만하지 않다면 남성의 모습은 위축되기 마련이다. 이때 행사할 힘이란 도덕적, 신체적, 성격적, 경제적, 사회적, 성적 측면 모두를 포괄하는 것이다. 이에 비해 여성의 현재적 모습은 '여성에 대한 자신의 태도'를 통해 드러나는 게 보통이다. 여성이 자신에게 무엇을 할 수 있는가 혹은 할 수 없는가를 통해서 여성의 모습이 규정되는 것이다. 따라서 여성의 모습은 몸짓, 목소리, 의사표시, 표현, 복장, 그녀의 주변 환경, 취향 등을 통해 드러나는 것이다. 여성의 현재적 모습은 항상 여성 자신에 내재해 있는 것처럼 보이기 때문에 많은 남성들이 여성의 본질이 마치 물리적으로 발산되는 어떤 것(예: 체온, 체취, 혹은 분위기)처럼 생각하는 경향이 있다. 어떤 이는 이를 "남성은 행동하고 여성은 스스로를 드러낸다appear"라는 말로 표현한다. 남성은 여성을 바라다보는 반면, 여성은 '보여지는' 자신을 쳐다본다는 것이다. 이것이 남성과 여성의 관계를 결정하는 동시에 여성과 여성 자신의 관계를 결정하는 것이다. 여기서 분명한 것은 여성 내부의 관찰자는 남성(남성의 눈으로 여성 자신이 스스로를 쳐다보는 상황)이고 바라다보임을 당하는 것은 여성이라는 점이다. 이처럼 여성은 스스로를 대상화하는 셈이고, 많은 경우 바라보이는 대상, 즉 하나의 풍경sight이라는 것이다.

그러면 광고가 유화에 나타난 시각적 언어 형식에 의존하는 이유는 무엇일까? 광고는 소비사회의 문화 형식이고 그 사회에 내재하는 신념 체계를 이미지를 통해 전파한다. 그러한 광고가 유화의 형식에 의존하는 이유는 몇 가지로 정리될 수 있다. 우선 유화는 사유재산에 대한 찬양을 담고 있는 예술 형식이다. 즉 "당신이 가진 것이 곧 당신 자신"이라는 원칙에 근거한다. 둘째, 광고는 본질적으로 무엇인가에 대한 향수이다. 과거의 일을 미래를 위해 판매하는 것이다. 과거의 것, 전통적인 것을 이용함으로써 무엇인가를 주장하는 것이다. 셋째, 광고는 관객이며 소비자인 일반 대중들에게 부여된 교육 기회를 이용할 수 있다는 점이다. 일반 대중들에게 교육 과정을 통해 교육된 역사, 신화학, 시학 등이 모두 매력을 창출하는 소재를 제공한다는 사실이다. 담배 광고는 왕의 이름을 빌릴 수도 있고, 스핑크스를 속옷 광고에 사용할 수 있으며, 새로운 자동차 광고에 오래된 전원주택이 사용될 수도 있는 것이다. 유화의 언어 형식에도 이와 같이 애매하게 제시되는 역사적, 시적, 도덕적 소재들이 등장한다. 마지막으로 기술의 발전에 의해 유화의 언어 형식이 광고의 언어 형식으로 쉽게 전환될 수 있기 때문이다. 싼 가격으로 컬러 사진이 보급되었고, 이러한 사진 기술로 인해 유화에 담겼던 대상들이 지닌 색채감, 텍스처, 실물감 등이 그대로 재현될 수 있었다. 이러한 이유로 광고는 유화의 전통과 연속성을 갖게 된다.

광고가 유화의 전통을 이어받았지만, 광고에서 볼 수 있는 성적인 내용물은 노골적이기보다는 암시적이다. 광고업자들은 제품을 팔고자 하는 목표를 갖고 있다. 따라서 시청자의 기분을 상하게 하는 자료는 피하려 하기 때문에 성적인 내용은 우회적으로 표현된다. 유혹적인 의상을 입거나 자세를 취하는, 혹은 성적인 암시가 담긴 말을 하는 젊고 매력적인 여성 모델을 통해 우회적으로 성적인 내용이 표현된다. 그 결과 제품을 구매하는 사람들은 광고에 나오는 사람처럼 성적으로 매력적인 자신이 될 거라는 느낌을 받는다.

여성은 전적으로 남성의 응시에 의해 구성된다. 광고 안에는 어디에도 남성이 없으나 남성은 어느 곳에나 있다. 즉 보이지 않는 남성에 의해 모든 것을 정의하고 결정한다. 반면 모든 것으로부터 벗어나 자유로운 남성은 여성 모델과 달리 '수용자'를 바라보지 않는다. 그는 광고 밖을 바라보지 않고 수용자를 의식하지 않는다. 즉 수용자를 즐겁게 해줄 필요가 없는 것이다. 여성 모델과 달리 수용자는 그를 보는 것이 아니라, 그와 함께 제품을 바라보면서 상품을 소비한다.

3. 매체별 광고 분석

1) 잡지 광고

여성 묘사

잡지 광고에 나타난 여성 연구는 양적 연구가 많다. 1990년대에 들어와서는 광고 텍스트의 외연적 의미와 내포적 의미를 기호학적으로 밝혀낸 연구와 이데올로기 연구들이 있지만, 그때는 이미 잡지 광고 연구가 주춤하던 시기이기 때문에 연구 자체가 그리 많지는 않다. 잡지 광고 속 여성을 분석한 연구들은 분석 대상이 대부분 '여성 잡지'이다. 따라서 여성 모델 등장 빈도와 광고되는 제품군(화장품, 속옷, 육아 용품 등)의 유형이 양적으로 과도하게 나타날 수도 있다. 하지만 이것이 잡지 광고가 여성을 어떤 방식으로 묘사하는가를 가늠하는 데 부정적인 영향을 주지는 않는다.

1930년대에 여성 잡지는 본격적으로 전성기를 맞았다. 혹자는 1930년대가 조선 500년 동안 숨죽이고 있던 여성이 역사의 무대에 등장한 시기라고 평가한다(이희복 · 김대환, 2008). 여성 엘리트를 중심으로 신여성이 양산되면서 여성들의 목소리를 담은 여성 잡지들이 대거 등장한 것이다. 1906년의 〈가뎡잡지〉 이후 이전에 없든 매체 환경이 도래했다. 1930년대의 여성 잡지의 광고에 나타난 여성을 분석한 이희복과 김대환은 양적 방법론을 사용했다. 분석 결과를 보면 현재의 광고 속 여성 이미지와 크게 차이가 없다. 20대의 미혼 신여성이 주요 모델로 등장했으며, 장식적 역할을 수행하거나 물질적 가치를 드러내는 외형을 갖춘 여성 이미지가 주를 이루었다. 이는 광고가 여성을 다루는 방식 중에서 오랜 세월이 지나도 변하지 않는 부분이다.

신여성 모델 이미지가 전통적 여성보다 많았다는 사실은 잡지가 실제 존재하는 여성을 반영하기보다는 여성에 대한 사회적 관념을 구성하는 데 기여했다는 점을 보여준다.

김수진(2005)은 당시 잡지의 기사와 사진, 광고와 소설 등에서 새로운 여성에 대한 논란과 재현이 나타났으며, 신여성이 근대적 변동의 한 지표로 등장했다고 평가한다. 광고를 "사회를 비추는 거울(Fox, 2005)" 또는 "문화의 통조림(이경자, 2006)"이라고 간주할 때, 1930년대의 잡지 광고는 70여 년 전의 여성과 시대를 이해하는 데 중요한 자료가 된다.

1990년대 잡지 광고의 여성을 분석한 김희정(2000)의 연구에서도 여성 모델이 주로 등장하는 제품군이 화장품(86%)과 의류 광고(78%)이며, 이들 여성 모델은 신체적 매력에 관심을 가진 20~30대의 젊은 여성이었다. 잡지 광고에서 여성 묘사가 역사적으로 크게 변하

1930년대 여성 잡지 광고 속 여성의 이미지

- 분석 결과 제품별로는 화장 패션업종 광고가 43.7%로 가장 많았으며, 제약 · 의료가 25.1%였다. 전체 광고 중 모델이 등장한 광고가 56.6%이며, 그중에서 여성 모델이 등장한 경우는 53.8%였다.
- 여성 이미지를 분석한 결과 신여성(58.6%)이 전통적 여성(37.6%)보다 많았으며, 연령별로는 29세 이하(63.1%)가 가장 많았다.
- 패션 스타일은 양장(44.9%)이 한복(38.0%)보다 많았고, 헤어스타일은 파마나 고데(44.9%)가 전통적인 머리 모양(42.6%)보다 많았다.
- 제품과의 관계에서는 장식적 역할이 70.7%에 이르렀다.

발췌 및 요약: 『광고로 읽는 여성: 1930년대 잡지광고에 비친 여성의 모습』(2008).

지 않는다는 점은 시대별 비교 연구에서 잘 드러난다. 김희정(2000)은 1990년대와 2000년대 잡지 광고의 여성 이미지를 비교, 분석했다. 1990년대 광고에서 여성은 20~30대 미혼의 비고용된 모습으로 육체적 매력에 관심을 보이며, 또한 주부·아내로서의 역할 수행이 전형적인 것으로 나타났다. 하지만 2000년대에는 부분적으로 변화가 일어나 여성들은 미혼이면서도 더욱 젊어져서, 10대 모델의 등장이 3배 정도 증가했고 20대 모델도 증가했다. 반면 30~60대 모델은 현격하게 감소했으나 광고만 보고는 연령대를 가늠할 수 없는 경우가 증가했다. 성격 묘사를 살펴보면 1990년대 광고에서는 감성적, 수동적, 능동적, 독립적인 모습이 혼재되어 있었지만, 2000년대에는 능동적이고 독립적인 성격이 더 강화되어 있었다. 여성에 대한 부정적 묘사가 감소하기는 했지만 여전히 전통적인 여성의 역할이 강조되고 있었다고 평가할 수 있다.

여성 잡지에 비교적 높게 나타난 광고 제품군은 일반적으로 의류, 화장품, 약, 전자제품 순이다. 여성 잡지의 광고에는 가부장적인 가사 노동과 육아, 남성을 유혹하거나 아름다워지기 위한 상품이 대부분이며, 이는 자동차, 신용카드, 항공 안내 등 여가 행위와 관련된 내용이 주를 이루는 남성을 대상으로 하는 잡지 광고와 대조적이다. 특히, 잡지 광고에서 속옷 광고는 제품의 질이나 속성에 대한 정보를 제공하기보다는 그 제품이 여성의 몸매를 환상적인 라인과 곡선으로 만들기 위해 꼭 필요하다는 의미를 암시하는 데 집중한다.

잡지 광고의 성 이데올로기

여성 잡지 광고를 지배하는 주요 이데올로기는 크게 '성적 욕망' 이데올로기와 '모성 및 가정' 이데올로기로 구분된다. 먼저 성적 욕망 이데올로기는 소극적 측면의 순결하고 순수한 성적 욕망과 적극적인 면의 성적 경험이라는 두 가지 측면으로 구성된다. 흰옷을 입고 머리를 단정하게 빗어 올린 젊은 여인의 모습이 첫 번째에 해당한다. 적극적인 성적 경험은 여성들을 왜곡시키고 파편화시키는 속옷 광고나 스타킹 광고에서 찾아볼 수 있다. 입을 반쯤 벌리고 가슴이 드러나는 브래지어와 팬티를 입은 여인의 모습이 그 사례이다. 모성 및 가정 이데올로기는 주로 엄마 역할과 주부 역할을 통해 드러난다. '내 아이를 위한 이유식을 만들었습니다. 하나뿐인 내 아기. 하나뿐인 이유식, 맘마밀'이라며 모성애를 자극하는 이유식 광고와 '아기들의 영감을 키워주는 옷, 베이비 헌트의 아기 중심 사상' 등과 같은 아기 옷 광고 등에서 찾아볼 수 있다. 이러한 광고에는 두 가지 유형의 여성이 등장하는데, 하나는 성적 매력을 지닌 젊은 여성의 모습이고 다른 하나는 가정주부, 어머니, 아내의 모습이다. 모성을 강조하며 이를 여성의 문화적 권위로 나타내는 광고는 독신 여성들을 여성다움womanhood를 상실한, 실패하고 하잘것없으며 열등한 존재로 인식하게 만든다.

여성 잡지 광고에 나타난 이러한 여성의 두 가지 모습은 자본주의 생산관계와 권위주의적인 가부장적 관계와 맞물려 있다. 즉 성의 상품화와 남녀 간의 뚜렷한 성별 분업이 존재한다는 사실이다(한은경, 1993). 이러한 이분법적 광고는 여성과 남성의 활동 영역뿐만 아니라 성별 잠재력 또한 제한하기 때문에 남녀 모두가 자신의 능력을 최대한 발휘할 수 없게 만든다. 또한 억압적이고 왜곡된 인간상을 만들어낸다.

2) TV 광고

TV 광고에 재현된 여성은 잡지 광고의 여성과 달리 여전히 활발하게 논의되는 논쟁거리이다. 하지만 TV 광고는 광고의 영상 언어와 카피, 모델들의 몸짓언어 등 다양한 차원에서 분석되어야 하기 때문에 연구 결과물은 잡지 광고보다 적다.

TV는 잡지보다 더 보편적인 시청자를 대상으로 하기 때문에 성 전형성, 성 역할 고정관념에 보다 충실하다. 커트니Courtney는 TV에 나타난 여성을 정리하면서 ① 음성만 사용되는 광고의 85%는 남성, ② 여성은 대부분 주부와 어머니로 묘사됨, ③ 남성의 직종은 다양하나 여성의 직종은 제한됨, ④ 여성은 집에서 일을 하고 남성은 봉사를 받는 대상, ⑤ 여성은 상품을 사용하며 가사에 종사하나 남성은 상품의 특성만을 제시할 뿐 상품을 사용하지는 않음, ⑥ 남성은 옥외나 직장이 배경이고 여성은 가정이 배경, ⑦ 광고 속 여성은 남성보다 젊음, ⑧ 어린이 프로그램에서는 성인 남성과 남자 아이의 등장이 성인 여성과 여성 아이보다 많음, ⑨ 여성이 권위 있는 인물로 묘사되는 경우는 드묾 등을 특징으로 제시했다. 특히 광고와 관련된 부분을 주목할 만하다.

이러한 TV 광고에서 여성들의 모습이 변하기 시작한 것은 1990년대 초반이다. 여성의 사회 활동이 늘어나면서 여성 소비자들의 성향이 변화했고 광고 속 여성도 '나 자신'을 활발하게 표현하기 시작했다. 한국네슬레의 '네스카페' 광고에 커리어 우먼이 등장하고 화장품 광고에서도 여성이 변화하기 시작했다. '산소 같은 여자' 이영애가 미모의 여형사로 나오는 '마몽드' 화장품 광고는 "세상은 지금 나를 필요로 한다"는 카피와 함께 운동과 사격으로 자신을 단련하고 사건 현장에서 남성들을 지휘하는 모습을 보여준다. 화장품 광고에서도 여성들은 인형 같은 미인이 아니라 적극적이고 진취적인 개성파 미인으로 변하기 시작한 것이다. '세상은 지금 나를 필요로 한다', '이 봄을 정복하라', '이 봄의 출격 암호' 등의 카피를 사용하며 남성적 색깔을 입혔다. 여배우나 탤런트들이 화려한 드레스를 입고 우아한 표정을 짓는 광고는 약해지고 형사나 경호원, 비행기 조종사 등 남성의 전유물로 여겨지던 직종이 여성 모델의 배경이 된 것이다.

그러나 현실은 여성에게 그렇게 쉽게 자리를 내주지는 않았다. 그래서 남성 세계에서 성공한 이미지를 내세운 광고들이 대부분 화장품 광고에 그쳤는지도 모른다. 환상 산업인 화장품 업종의 광고들은 현실과는 동떨어진 '꿈'을 그리는 것이 대부분이다. 따라서 화장품 광고에서 보여준 이러한 변화는 여성에 대한 인식 변화를 반영했다기보다는 현실과는 동떨어진 '꿈'을 판매하는 환상 산업의 광고로서 여성에 대한 기표[1]가 다양해진 것으로 해석된다. 1990년대 초반의 이러한 변화와 더불어 여성의 몸을 성적 소구로 활용한 사례도 급격히 증가했다. 이는 여성에 대한 관념 자체가 변화한 것은 아니라는 점을 잘 보여준다.

성 정형성, 성 역할 고정관념

TV 광고에서 여성이 주인공인 경우는 주로 세제/식품, 화장품, 기전/가구 등의 광고에서 등장하고 남성인 경우는 세제/식품, 컴퓨터, 금융/보험의 순으로 등장하여 여성과 남성 이미지의 성 고정관념을 확인할 수 있었다(2003년 한국여성개발원 모니터 결과 참고). 이렇듯 TV 광고 속 여성 이미지는 시대가 변해도 근본적으로 변화하지는 않았다. TV 광고 속 여성 이미지 변화를 연구한 이현진(2007)은

1 **기표**
기호 표현, 즉 시니피앙signi-fiant을 말한다. 소쉬르에 의하면 모든 기호는 기표와 기의(시니피에signifié)로 이루어져 있다. 기표는 대상을 일컫는 문자나 청각 이미지 등 물적 속성을 갖는 것을 말하며 기의는 그에 대한 개념 혹은 의미를 지칭한다. 우리는 기표를 통해 사물에 대해 듣거나 보면서 기의를 떠올리게 된다. 소쉬르는 기표와 기의의 관계가 임의적이라고 말하면서 근대 언어학의 새로운 출발을 가져왔으며, 구조주의의 발달에 지대하게 영향을 미쳤다.

1981년과 2006년 TV 광고에 나타난 여성 이미지가 4가지 측면에서 변화했다고 주장한다. 첫 번째는 아름다움의 기준이 변했다. 1981년의 광고에서는 '순결'한 여성을 아름답게 여기는 반면에, 2006년의 광고에서는 '욕망'을 성취하는 여성을 아름답게 보는 경향이 있었다. 사회에서 보조적인 위치에 머무르던 여성이 다양한 분야로 진출하고 원하는 바를 성취해가는 환경 변화와 함께 미의 기준도 변한 것이다. 두 번째로 여성과 제품의 관계가 변했다. 1981년 광고에서는 광고 메시지와 여성이 분리되어 있는 반면, 2006년 광고에서는 여성의 이미지가 광고 구성의 한 요소가 되었다. 세 번째로 1981년 광고에서는 여성이 상품을 직접 착용하거나 먹으면서 소구한 반면, 2006년 광고에서는 브랜드와 상품 특성에 맞게 이미지를 설정하고 이야기를 만들어 우회적으로 암시하는 양식을 보였다. 마지막으로 1981년 광고에서는 여성의 역할이 단순히 상품을 제시하는 것에 그쳤지만, 2006년 광고에서는 외관상으로는 여성의 아름다움과 외모만 중요시하는 것 같아 보이지만, 그럼에도 불구하고 여성이 주체가 되어 광고를 주도적으로 구성하고 있다고 다소 긍정적으로 평가했다.

하지만 이러한 변화가 여성에 대한 인식과 사회적 관계의 변화를 의미하는지는 의문이다. 1987년 남녀고용평등법이 제정된 이후 1990년대에 들어와서는 주체적인 커리어 우먼 이미지가 광고 속에 자주 등장했다. 광고에서 제품을 설명하는 중심적 역할을 수행하는 해설자로서 여성 모델의 비중이 커졌으며 중심 모델로서 여성의 비중이 증가한 것은 사실이다. 하지만 이것이 여성에 대한 인식이 근본적으로 변화했음을 의미하지는 않는다. 성 정형성과 성 역할 고정관념을 활용하여 성차별적 메시지를 전달하는 광고는 여전히 무수히 많다.

심은하가 등장한 LG전자의 '디오스' 광고는 성적 정형화를 활용한 광고의 표본이다. 조수미의 노래가 흐르는 옅은 조명 아래에서 심은하가 "여자라서 행복해요"라고 외치며 상체를 비스듬히 기대는 장면은 누가 봐도 사랑스러운 장면이다. 디오스의 여성상은 동양적이고 남성 의존적인 역할로 나타나도록 연출되었다(이영희, 2002). 양문형 냉장고 하나에 여자라서 행복하고, 주방 공간이 여성 모델의 세계 전체인 것처럼 보이는 이 광고는 당시에 많은 젊은 여성의 반감을 샀다. 여성이 자신의 노력으로 이루어낸 자기 성취가 아니라 남편에 의해 보장된 안락함에 행복해하는 모습은 여성을 종속적인 존재로 보이게 했다. 맥심 '모카골드' 또한 심은하를 모델로 사용했는데, 여기서의 아내상 또한 여자라서 행복하고 남편의 냄새가 점점 좋아진다는, 극히 가정적이고 전통적인 여성상으로 재현되었다.

사진 1.
성적 정형화를 이용한 광고 사례: LG전자 '디오스' 심은하 편(출처: 유튜브 영상 캡처)

또한 성 역할 고정관념을 강화한 성차별 광고도 여전히 매우 많다. GM 대우의 '칼로스'와 MBC의 'idio'도 그에 속한다. GM 대우의 '칼로스' 자동차 광고에서는 남성을 향해 질주하는 듯 보이는 젊고 아름다운 여성이 멀리 있는 칼로스를 향해 달려가고, 남성이 자동차 열쇠를 반지처럼 끼워주면서 청혼하자 여성이 행복해하는 장면으로 구성되어 있다. 이 광고는 여성은 남성에게 의존하며 그들의 보호가 필요하다는 의미를 전달하고, 여성의 가장 중요한 자산이 젊음과 아름다움임을 강조하고 있다. 또한 광고 내에서 남성이 제품을 설명하는 반면 여성은 이미지를 제공하고 있다.

사진 2.
여성을 성적으로 대상화한 광고 사례: 배상면주가 '산사춘' 이효리 편(출처: www.tagstory.com 영상 캡처)

성적 대상화

이효리가 등장한 '산사춘' 광고는 2003년 한국여성개발원이 실시한 TV 광고의 성차별 현황 모니터링 결과에서 성차별 지수가 매우 높은 광고로 평가되었다. 술집 종업원이 '산사춘'을 주문하는 이효리와의 키스를 상상하는 장면이 주요 내용이다. '산사춘'을 주문하는 이효리의 입술을 클로즈업해 보여주면서 남자 종업원은 "이효리~ 그녀가 나에게 키스를 보냈다. 하이고~ 벌써 네 번째다"라고 말한다. 광고의 마지막에 이효리는 한술 더 떠 "뽀뽀하는 줄 알았어?"라며 눈웃음을 보낸다. 이 광고는 여성의 신체 일부를 따로 강조하여 성적 상상을 자극했으며, 대사 속에서도 여성을 성적 대상으로 암시했다. 또한 남성 인물이 여성의 몸을 들여다보는 등 남성 인물의 성적 행위나 성적 의도가 드러났다.

공효진이 등장한 '레세나: 엘리베이트 편' 또한 매우 성차별적인 광고인데, 이 또한 여성의 특정 신체 부위를 따로 강조하고 상품과 관계없이 여성의 몸을 전시하며, 남성 인물이 여성의 몸을 들여다보는 등의 특징이 나타났다. 'OB 맥주'는 맥주를 마시는 여성의 모습을 가슴 위에서 턱선까지 클로즈업하여 보여주기도 했다.

1990년대 후반부터 광고 속 여성의 모습과 역할은 다양해졌지만 성적 소구의 문제는 인간의 원초적 본능을 자극하는 소구 방법인 만큼 항시적으로 등장했다. 1990년대 들어와서 여성의 성적 노출이나 에로티시즘은 더욱 대범해졌다. 향수, 속옷, 메이크업 등의 CF에서 콘셉트는 주로 '현대 여성의 당당한 표현과 자신감'이다. 따라서 보여지는 존재로서의 여성이 아니라 스스로 육체의 아름다움을 즐기는 존재로 부각되며, 잘 만들어진 육체의 아름다움을 통해 자기만족과 자기애를 경험하고 정체성을 찾는다고 해석될 수도 있다. 하지만 이러한 자기애는 독자적으로 작동하는 것이 아니라 미의 사회적 기준으로 작동하면서 여성에게 또 다른 압박으로 작용하게 되었다. 출산을 해도 아가씨 같은 몸매를 유지하는 '미시족'에서 출발하여 V라인, S라인, 쇄골미인, 생얼피부, 도자기피부, 44 사이즈 등 여성에게 작동하는 압박은 수없이 만들어지고 또한 진화하고 있다.

사진 3.
여성의 특정 신체 부위를 강조한 광고 사례: 유니레버 '레세나' 공효진 편(출처: 유튜브 영상 캡처)

여성의 미를 평가 기준으로 삼아서 여성 스포츠 스타를 어떻게 차별적으로 활용하고 있는지는 290쪽에 소개한 별면 내용과 같이 김연아와 장미린이 출현한 광고를 통해 알 수 있다. 광고에 스포츠 선수를 등장시키는 것은 현대 사회 속 대중문화에서 이들이 단순히 운동선수가 아니라 문화적 아이콘으로 작동하기 때문이다. 운동선수가 지닌 모델로서의 가치는 인지도, 전문성, 신뢰도 등이 높기 때문에 긍정적이다. 또한 치열한 스포츠 경쟁에서 긴장과 승패를 함께 경험했기 때문에 소비자에게 보나 친근하게 다가온다. 외환위기 이후 박세리가 여성 광고 모델로 급부상한 데 이어 현재는 김연아, 장미란, 손연재 등이 그 뒤를 잇고 있다.

TV 광고에 나타난 스포츠 스타의 여성성: 김연아와 장미란

김연아

- 첩보원, 요정, 여신 등의 외적 미를 강조한 모습으로 나타났다. 남성과 여성 모두에게 '여성적 매력'의 표상으로 인식된 점을 광고에서 활용하여 남성들의 성적 판타지를 자극하고 섹슈얼리티를 극대화하여 표현했다.

	하우젠 에어컨	요거트 퓨어	홈플러스	현대자동차 기업PR
기표	본드 걸	숲속의 요정	스케이팅 선수	여신
기의	관능적 여성	로리타 여성	사춘기적 여성	신비한 여성
의미화/2차 단계	남성의 성적 대상	관음적 대상	성적 판타지의 대상	일탈적 상황의 대상
신화/이데올로기	성 상품화	성 상품화	성 상품화	신비주의

장미란

- 대부분의 광고에서 현실적 공간, 회상적 이미지, 미래에 대한 의지, 노력에 의한 성공을 중심으로 표현되었다. 노력/인내/성공 이데올로기를 극대화하여 여성성은 상실되고 집단적 무성적 자아로서의 모델로 표현되었다.

	올림픽 응원	기업 PR	올림픽 캠페인	에스오일
기표	국가대표 역도선수	국가대표 역도선수	국가대표 역도선수	힘센 여성
기의	강인한 의지	인내와 노력	실패와 극복	구원자
의미화/2차 단계	국민적 염원의 존재	의지적 존재	강인한 존재	우월적 존재
신화/이데올로기	대표주의	목표지상주의	성공지상주의	계급주의

광고에서 표현되는 여성성과 이데올로기는 외모지상주의에 대한 암묵적 합의 속에서 모델의 외모에 따라 차별화된 표현 양식으로 구현되고 있었다. 외모가 매력적인 여성은 섹슈얼리티를 강조한 이미지 표현을 통해 남성의 성적 대상이 되어 성적 판타지를 충족시키는 역할을 하고, 그렇지 못한 경우는 여성성을 배제하고 집단적이고 무성적인 자아를 가지고 성공을 위해 인내하는 과정만을 집중적으로 표현했다.

발췌 및 요약: 『TV 광고에 나타난 스포츠 스타의 여성성 표현과 이데올로기 연구』(2011).

4. 최근 광고 속 여성

1) 새로운 여성상의 등장

최근에는 전통적 가치관을 반영하는 정형화된 여성 이미지 재현에서 벗어나서 여성에게 새로운 가치를 부여하는 광고들이 등장하고 있다. 이러한 변화는 여성의 사회경제적 역할 증대와 그에 따른 의식과 가치관의 변화가 어떠한 형태로든 반영된 것으로 이해된다. 1980년대 이후 여성의 사회 · 경제적 참여가 꾸준히 증가하면서 여성의 물리적 지위가 변화한 것이 어느 정도 반영된 것으로 보인다.

세기말과 한 세기의 시작이 겹치는 2000년에는 광고에서 기존과 다른 방식으로 각기 다른 여성상이 선보였다. 오랫동안 금기시되었던 군 소재 광고가 등장하면서 텔레비전 광고에서 총을 쏘는 장면이 클로즈업되었다. "난 막 쏘는 여자야"라는 멘트 속에서 전쟁 영화 같은 긴박함마저 느끼게 하는 상황이 연출되면서 통화료 할인을 광고하는 여전사의 모습으로 등장한 것이다. 뿐만 아니라 출장 간 남편을 기다리는 아내를 묘사한 '아시아나항공'의 광고 속 여성과 "사랑은 움직이는 거야"를 외치는 휴대전화 광고 속 여성이 극과 극을 이루었다. N세대라고 불리는 새로운 세대가 등장하면서, 도발적인 여성과 상대적으로 위축된 남성상이 TV 광고에 등장했다. "넌 사랑을 몰라"라는 한국통신 엠닷컴, 광고에서 "사랑 가지고 장난하는 것 아냐"라며 남자는 떠나는 여자친구에게 터프가이처럼 행세하지만 실은 초콜릿으로 속이나 채우며 떠난 연인을 그리워하는 나약한 모습으로 비쳐졌다.

하지만 젊은 주부는 여전히 자동차나 냉장고 광고에서 남편 의존적인 모습을 보였고, 커피 광고에서는 여왕 대접을 받는 것으로 묘사되면서 주 소비층과 제품에 따라 여성을 묘사하는 방식이 세분화되고 있었다. 여전히 '사랑스러운 아내'로서의 여상상 광고가 줄을 이으면서 갓 결혼한 30대 초반 여성의 특성을 규정했다. 대우자동차 '매그너스' 광고는 "남편은 자꾸 미안하다고 합니다. 더 행복하게 못 해준다고, 더 좋은 곳에 데려가지 못한다고, 하지만 이대로 충분히 행복합니다. 그이의 넓은 어깨에 기댈 수 있으니까요. 내 남자의 자신감 매그너스"라는 목소리와 함께 남편에게 기대어 행복해하는 아내 황수정을 보여준다.

2009년에는 KT의 올레Olleh 광고 시리즈가 여성을 성적 대상으로 비하하는 내용을 담고 있다고 해서 성차별 논란을 일으키며 방영과 게재가 중단되는 사태가 벌어졌다. 온라인 광고는 '백만장자와 섹시녀' 편이며 TV 광고는 '금도끼와 선녀' 편이다. 광고 속 선녀들은 '올레'를 외치며 옷을 걷고 다리를 드러내며 섹시함을 부각시켰다. 여성민우회 측에서 처음 광고 중단을 요청했을 때는 KT가 수용하지 않았지만, '불매운동' 추진 의사를 밝히자 해당 2편을 중단했다.

그러면 2013년 현재 한국의 광고에서 여성은 어떻게 나타나는가? 결론부터 말하면 광고 속 남성은 변했지만 여성은 변하지 않았다. 293쪽 별면은 2012년 한국양성평등교육진흥원이 한국여성민우회 미디어운동본부에 위탁하여 실시한 TV 광고 모니터링 결과이다. 2012년 11월 1일부터 14일까지 등록된 137편의 TV광고를 모니터링하고 얻은 구체적인 결과를 정리한 내용이다.

성 평등 사례로 언급된 광고 속에서 부부가 함께 장을 보는 장면, 아이를 돌보는 아빠의 모습 등은 변화하는 남성상을 표현한 것으로 미디어의 긍정적 변화로 평가될 수 있다. 하지만 여전히 여성은 엄

2012년 TV 광고의 성 평등 모니터링 결과

• 주 등장인물의 역할과 성 역할 고정관념

광고 속에서 주 등장인물의 역할은 여성과 남성 모두 소비자 역할을 하는 경우가 가장 많았다. 어린이와 함께 등장해서 부모 역할을 하는 모습은 여성이 6명 남성이 3명이었다. 이는 아이를 돌보는 역할은 여성의 몫이라는 성 역할 고정관념을 드러내는 사례이다. 또한 가정주부로 재현된 남성은 한 번도 등장하지 않아 가사 노동은 여성의 영역이라는 고정관념에 기반을 두고 있었다. 반면 전문직 역할을 하는 경우는 남성이 7명, 여성이 2명으로, 3배 이상 차이가 난다. 이는 남성이 여성에 비해 전문가로서의 역할을 더 많이 담당하고 있다는 인식을 심어주었다.

• 광고 속 변화하는 성 평등 내용

총 137편의 광고 중 성 평등적 내용은 5건이었다. '예산 애플리나 사과: 까다로운 고객' 편에서는 이하정, 정준호 부부가 등장하여 사과를 고르고 장을 보면서 가사 노동을 함께 하는 부부의 모습을 표현했다. 또한 '씨티 메가마일 카드: 세상은 넓고 마일리지는 크게 쌓인다' 편과 '뮤코펙트: 가래 괴물' 편에서는 자녀 양육을 분담하는 남성의 모습을 찾아볼 수 있었다. '현대자동차그룹: 러블리하우스 양경애 씨' 편은 여성이 주 등장인물인 광고이다. "기프트카로 도배 일을 시작했습니다. 잘할 수 있을까 걱정도 되지만 남편이랑 더 열심히 해보려구요"라는 주 등장인물의 멘트를 통해 적극적으로 삶을 꾸려나가는 여성의 모습을 드러내고 있다.

출처 및 요약: 'TV 광고에서 변화하는 여성상 찾기 어렵다', 〈연합뉴스〉(2012. 12. 12).

사진 4. 예산 애플리나 사과: 까다로운 고객 편
(출처: 유튜브 영상 캡쳐)

사진 5. 뮤코펙트: 가래 괴물 편
(출처: 유튜브 영상 캡쳐)

메트로섹슈얼/위버섹슈얼/크로스섹슈얼

- 메트로섹슈얼metrosexual

  "자신의 외모 가꾸기와 라이프 스타일에 돈과 시간을 들이는, 미적 감각이 뛰어난 도시 남성"을 뜻한다. 영국의 작가이자 문화비평가인 마크 심슨Mark Simpson이 1994년에 일간지 〈인디펜던트Independent〉에 기고한 글에서 처음 사용했다. 외모 가꾸기에 시간과 돈을 투자하며 쇼핑을 즐길 뿐만 아니라 음식과 문화에도 관심이 많다. 영국의 축구 선수 데이비드 베컴David Beckham이 메트로섹슈얼의 전형으로 꼽힌다. 여성적인 면을 다양하고 과감하게 표출하는 이들을 겨냥한 패션산업과 남성용 화장품 시장이 크게 성장하고 있다.

- 위버섹슈얼übersexual

  강한 남성적 섹시함과 부드럽고 세련된 매너를 함께 지닌 남성을 이르는 말이다. '~의 위에, 초월한'의 의미를 지닌 독일어 위버über와 성性이라는 의미를 지닌 섹슈얼sexual을 합성한 신조어로, 단어의 일차적 의미만을 보면 기존의 모든 남성을 뛰어넘는 최고의 남성이라는 뜻이다. 미국 사회분석가인 매리언 샐즈먼Marian Salzman의 저서 『남자들의 미래The Future of Men』에 처음으로 등장했다. 강한 남성적 매력을 지니지만 동시에 세련되고 신사적인 위버섹슈얼은 남성의 자신감과 사내다움은 물론 여성의 부드러움과 감성적인 면도 지니고 있다. 따라서 거칠고 권위적인 남성을 뜻하는 마초와는 구별된다. 샐즈먼은 위버섹슈얼을 "자신감과 지도력, 정열, 자비심과 같은 남성의 긍정적인 측면을 지니면서도 여성에 대한 경멸, 감정적 공허함, 문화적 소양 부족과 같이 남성들이 흔히 지닐 수 있는 편견을 극복한 사람들"이라고 정의했다.

- 크로스섹슈얼crosssexual

  여성들의 머리 스타일, 액세서리 등을 하나의 패션 코드로 생각하고, 치장을 즐기며 여성적 외모를 지향하는 남성을 말한다. 크로스섹슈얼은 메트로섹슈얼의 차원을 넘어서 여성성과 남성성이 공존하고 여성의 화려한 패션을 차용하는 예쁜 남성상을 의미하지만 패션 이외의 행동, 말투 등은 남성스럽다는 것이 특징이다.

마, 주부 등으로 자주 재현되고 성적인 표현의 도구로 이용되는 등 광고 속에서 변화하는 여성상을 찾아볼 수는 없었다.

2) 남성의 섹슈얼리티 소비

최근에는 대중매체 전반에서 남성의 섹슈얼리티가 화두가 되었다. 여성의 전유물로만 여겨졌던 섹슈얼리티가 남성들에게 옮겨간 것이다. 이전까지는 마초적 남성상을 대체하는 새로운 남성상을 이야기할 때 남성 안에 존재하는 남성성과 여성성의 균형이 중요한 잣대가 되었다. 그것은 메트로섹슈얼, 위버섹슈얼, 크로스 섹슈얼 등 다양한 용어로 불렸다. 메트로섹슈얼의 등장은 남성 외모, 패션, 라이프스타일 전반에 큰 변화를 가져왔다. 깨끗한 피부를 위해 화장을 하는 것은 물론이고 미용과 피부 시술에도 적극적이며, 스키니 진을 입고 슬림한 수트를 입기 위해 다이어트를 하는 남성이 늘어났다. 하지만 이 모든 것은 섹스어필을 위한 것이라기보다는 '트렌디'하고 '멋있어' 보이기 위한 남성들의 노력이다.

하지만 최근에는 남성 스스로가 여성에게 매력적으로 보이고 싶어 하는 욕망을 담은 섹스어필이 중요한 화두가 되었다. 과거의 남성은 성적 욕망에서 항상 '대상'이 아니라 '주체'의 위치에 있었다. 하지만 남성들이 섹시함을 통해 적극적으로 여성에게 소구하고, 그러한 과정을 스스로 즐기기 시작한 것이다. 최근 들어 여성에게 '섹스어필'을 하기 위해 울퉁불퉁한 근육보다는 슬림한 잔근육을 발달시키고 제모를 하기도 한다. 이러한 추세를 반영하여 '비오템 옴므', '랑콤 맨', '오휘 포 맨' 등 기존에 여성 화장품으로 알려진 브랜드에서 남성 화장품 라인을 생산하고 있으며, 안티에이징, 모공 축소, 화이트닝, 슬리

밍 제품 같은 기능성 제품도 빠르게 출시되었다.

이러한 사회적 추세가 반영되어 광고계에서는 20~30대 여성들에게 섹스어필할 수 있는 남성 연예인들이 블루칩으로 등장했다. 소위 적당한 노출이 필수적인 '아이돌'들이 그 주인공이다. 패션, 화장품, 음료 등 전통적으로 여성 모델이 우세했던 다양한 분야에서 이들이 종횡무진하고 있다. 이러한 경향이 광고와 여성에 관한 논쟁에서 어떤 의미를 가질지는 더 지켜봐야 한다. 하지만 분명한 것은 성적 매력, 아름다움 등 외면적 가치가 그 어느 때보다도 숭배되고 있는 실정이다. 나날이 과해지는 외모에 대한 집중이 여성에게 어떤 굴레가 되는지는 상상할 수 있을 것이다.

일반 프로그램은 시청자 스스로 시청을 선택할 수 있지만 TV 광고는 그렇지 못하다. 따라서 시청자들은 스스로 인지하지 못하는 사이에 성차별성이 내재한 광고에 무차별적으로 노출될 수 있다. 2003년 TV 광고 모니터링 결과와 2012년에 실시된 모니터링 결과를 비교하면 다소의 변화가 발견된다. 즉 남성 이미지의 변화가 두드러진다는 점이다. TV 광고에서 가부장적이고 마초적인 남성이 사라지고 그 자리를 부드럽고 가정적인 남성이 대체함으로써 남성 이미지의 변화를 가져왔다. 하지만 여성에 대해서는 큰 변화가 나타나지 않는다. 광고 속에 비쳐지는 여성의 모습은 여전히 남성 중심적인 사회질서를 크게 벗어나지 못하고 있는 것이 현실이다. 여성의 사회적 역할의 다양성을 인정하고, 변화한 현재 여성의 모습을 반영하며, 시대에 맞는 여성의 모습을 재현하여 바람직한 성 역할 모델을 제시하는 것이 양성 모두가 평등한 사회로 나가가기 위해 광고가 해야 할 책무이다.

광고의 성차별에 대한 대응책으로 혹자는 광고 실무/제작자의 성

평등 의식 교육, 성차별적 광고에 대한 소비자 운동, 광고 리터러시 운동, 광고의 성차별성이 대중에게 미치는 영향 연구 등을 꼽는다. 이러한 제도적 차원의 강제적 도구도 필요하지만 무엇보다도 바람직한 성 인식의 구축이 필요해 보인다.

생각해볼 문제

1. 성차별적 광고가 수용자들에게 구체적으로 어떤 영향을 미치고 있는가?
2. 남성과 여성이 동시에 등장하는 광고 텍스트를 선택하여 광고 속 성 역할을 바꾸어보자. 이상한 점과 어색한 점은 무엇인가? 그것은 어떻게 성차별 인식과 관련되는지 이야기해보자.
3. 남성의 섹슈얼리티로 소구하는 광고를 선별하여 여성의 섹슈얼리티와 소비되는 방식에 차이가 있는지, 있다면 어떤 점이 있는지 살펴보자.

더 읽을거리

김명혜 · 김훈순 · 유선영(1994). 『성 · 미디어 · 문화』. 나남.
마정미(2004). 『광고로 읽는 한국의 사회문화사』. 개마고원.
섯 잘리(1987). 『광고 문화: 소비의 정치 경제학』. 윤선희 옮김(1996). 한나래.
원용진 · 한은경 · 강준만(1993). 『대중매체와 페미니즘』. 한나래.
주디스 윌리암슨(1978). 『광고의 기호학: 광고읽기, 그 의미와 이데올로기』. 박정순 옮김(1998). 나남.

더 볼거리

GM 대우, '칼로스'; '매그너스' 황수정 편

KT, 'Olleh – 금도끼와 선녀' 편

한국 사회의 사이버 공간과 젠더 이슈

10장

김수아

1. 사이버 공간과 젠더 이슈

통상 사이버 공간이란 PC 통신 및 인터넷 등으로 가능해진 네트워크를 통한 커뮤니케이션 공간을 지칭한다. 1980년대 이후 네트워크 통신 기술이 급격하게 발달하면서 새롭게 나타난 사이버 공간은 누구나 접속할 수 있고 탈퇴가 자유로우며, 이동에 시공간의 제약이 없고 의견 교환의 상호성이 보장된다는 특성을 갖고 있다(박성호, 2003).

바로 이러한 사이버 공간의 특성 때문에, 사이버 공간의 민주적 가능성에 대한 논의는 PC 통신 초기부터 활발하게 진행되었다. 이는 앞서 언급한 통신 및 인터넷 매체의 특성을 주목한 주장들이다. 물리적으로 신체 노출이 없기에 성별과 나이, 인종도 확인할 수 없고, 따라서 이에 기반을 둔 차별 역시 자연스럽게 발생할 수 없을 것이라는 기술 결정론적 난관론에 의거한 것이다. 사이버 공간에서는 익명적인 상호 작용이 일어나기 때문에 메시지가 중요하고, 그래서 의사 전달이 좀 더 솔직하고 가감 없이 진행될 수 있으며, 이로 인해 사회적 소수자들의 사이버 공간 참여 가능성도 높아진다.

사이버 공간과 공론장을 연결시키려는 시도들은 이러한 인터넷 매체의 기술적 특성에 대한 기대에 기반을 두고 있다. 인터넷의 익명성과 유동성은 이용자의 물리적, 생물학적인 제약으로부터 자유롭게 해주므로, 시공간의 이동과 자료의 저장, 변용과 활용이 가능하며 정체성 실험에서 중요한 공간이 될 수 있다. 전통적 민주주의가 대의민주주의에 가려 진정한 여론을 대표할 수 없다면, 사이버 공간에서 발언권을 갖는 이용자들은 자신들의 의견을 거침없이 개진하여 직접민주주의의 이상을 실현할 수 있는 가능성도 열게 된다.

그러나 이와 같은 사이버 걸리즘cybergrrl-ism 혹은 사이버 페미니즘의 초기 전망은 곧 비판에 직면했다. 기술에 익숙하고 사회경제적 능력을 갖춘 소수의 젊은 여성들이 기술과 사이버 공간을 찬양하는 동안 사회적으로 문제된 것은 정보 격차의 문제였다. 성별, 연령, 계층, 직업, 거주지, 학력 등에 따라서 사이버 공간의 접근 자체에 차이가 나타났다. 접근이 가능한 경우라도, 활용의 차원 즉 미디어 리터러시의 차원에서는 성별에 의한 차이가 나타났다. 온라인상에서도 동일하게 남성 중심성은 그대로 유지되었던 것이다. 또한 사이버 공간에서도 인종이나 성별에 따른 차이가 전혀 안 드러나는 것이 아니었다. 말투, 단어, 어휘, 전략 등에서 성별의 차이는 분명하게 나타나고 있었다. 또한 사이버 공간의 문화적 차원에서도 여성 배제적인 분위기가 드러나 여성이 사이버 공간에 접근하는 데 장애를 초래하고 있다. 사이버 플레이밍flaming[1]은 다양한 방향에서 일어나지만 젠

1 **사이버 플레이밍** 게시판 논쟁 중 벌어지는 격화 현상으로 욕설과 비방 인신공격 등이 이어지게 되는 현상을 가리키는 일반적인 용어이다. 여성들이 사이버 공간의 토론 참여시 특히 격화되어 나타난 사례들이 많이 보고되고 있다.

더 이슈를 둘러싸고 일어나는 경우도 많다.

이러한 관점에서 한국 사이버 공간의 젠더 문제는 그 공간의 남성 중심성과 사이버 공간에 대한 여성들의 진입 노력의 역사라는 관점에서 살펴볼 수 있다. PC 통신의 시작에서 최근의 SNS 서비스 활용에 이르기까지, 남성 이용자와 여성 이용자 간에 사이버 공간에 대한 접근 방식과 이용 양상이 어떻게 변화했는지를 살펴보고자 한다.

2. PC 통신의 등장과 남성/여성 이용자의 이용 행태

한국 인터넷의 기술적인 역사는 훨씬 더 거슬러 올라갈 수 있겠지만, 이용자들이 직접 콘텐츠를 생산한다는 의미의 사이버 공간의 역사는 1988년 PC 통신 상용화 서비스 천리안으로부터 그 시작점을 잡을 수 있다.

PC 통신은 보편적 접근이라는 점에서 여러 가지 문제점이 있었다. 랜LAN보다 전화선에 의존하는 통신 환경이 보편적이었기에, 대다수의 개인 이용자들은 높은 전화비와는 별도로 다달이 통신 이용 요금을 부담해야만 했다. 또한 인터넷 서비스 역시 통신사를 거쳐야만 이용할 수 있었고 부가 이용료를 부담해야 했기 때문에 인터넷에 대한 개인의 접근성은 낮은 편이었다. 또한 상대적으로 고가였던 컴퓨터 장비, 명령어를 기반으로 하는 PC 통신 체계에 대한 학습의 어려움 등은 초기 한국 사회에서 사이버 공간의 중요한 진입 장벽이 되었다.

그럼에도 남성 이용자들은 PC 통신 공간의 주 이용자로서 정치와 시사 등 전통적으로 남성적 영역으로 간주되는 공적 토론 공간에 활발하게 참여했다. 초기의 PC 통신은 성별에 대한 고려가 필요 없을 정도로 여성 이용자 수가 적었기 때문에 특별하게 성별화된 공간이 존재하지 않았다. PC 통신의 유저 인터페이스는 전통적으로 기술 친화적 교육을 받지 않은 여성들이 접근하기에는 어려웠다. 당시 한 조사에 따르면 PC 통신 이용자의 남성 비율은 75.5%였고, 주요 이용 계층은 중산층 이상 가정의 남성 대학생으로 나타났다(한국정보문화센터, 1998).

이런 까닭에 PC 통신 공간 내 여성 전용 공간은 몇 개 되지 않았다. PC 통신에서 여성 전용 공간이 가시적으로 등장한 것은 1997년 하이텔에 '여성프라자gowomanpia'가 개설되면서부터이다. 1998년 당시 여성 전용 공간은 다양한 정보 서비스를 제공했는데, 이들 서비스들은 여성/가정의 항목 내에서 주부 대상 정보나 소비 정보, 육아, 출산 및 미용 정보 등으로 제한된 내용을 담고 있었다(이선영, 1999).

이처럼 여성 전용 공간은 전통적으로 여성의 역할과 관련된 가정과 소비 영역에 맞추어 제공되었기 때문에, 공적 토론이나 정치적 의견 교환의 장에 대한 여성의 참여가 제한되고 있었다. 또한 사이버 성희롱[2] 혹은 온라인 성희롱, 성폭력 만연 역시 사이버 공간 내 여성의 공적 영역 참여 제한에 중요한 요인이 되었다. 현실 세계에서의 성희롱과 부분적으로 공통적인 속성을 지니고 있는 온라인 성희롱은 인터넷 이용자의 10% 이상이 경험이 있으며 현실보다 사이버상에서 더 많이 행해지고 있었다. 온라인 성희롱 · 성폭력은 대형 통신망 대화방, 여성 이용자들이 많은 여성 동호회 게시판, 유머 게시판에서 이루어지는 것으로 나타났고, 토론방과 의견 교환을 위한 장에서는 광범위한 여성 비하 게시물이 올라오는 경우도 많았다.

1998년에 이르러서야 통신사에 의한 대응이 시작되고, 1999년 한

2 **사이버 성희롱**
사이버 성폭력이라고도 한다. PC통신이나 인터넷 채팅 코너에서 음란한 대화를 요청하거나 채팅 중에 갑자기 음란한 말을 함으로써 상대방으로 하여금 불쾌감과 모욕감을 느끼게 하는 것을 말한다. PC 통신 시기에는 온라인 성폭력이라는 표현을 사용하기도 했으며, 원하지 않는 성적인 언어나 이미지를 사용함으로써 상대방의 통신 환경을 저해하고 위협적, 적대적, 공격적인 통신 환경을 조성하는 경우로 정의되었다.

국 여성의 전화가 관련 법률 상담을 받을 수 있도록 전문 인력을 배치하는 등 뒤늦게 대처가 이루어졌다. 그러나 여전히 사이버상에서 이러한 일은 비일비재하다. PC 통신 공간에서의 일대일 쪽지, 대화방에서의 언어적 성희롱 문제는 한국 인터넷 공간의 주요 문제점 중 하나로 자리 잡게 되었다.

3. 군가산점제 논란과 사이버 공간의 성별 분리

PC 통신 공간이 여성에게 친화적이지 않은 가운데, 1998년 전후의 군가산점제 논쟁은 사이버 공간과 여성 문제에서 더욱 중요한 사건으로 작용했다. 1998년 2월 이화여자대학교 학생 4명과 연세대학교 장애인 학생 1명은 1997년 12월 제정된 '제대 군인 지원에 관한 법률(속칭 군가산점제)'이 헌법상 평등의 권리를 침해한다면서 헌법소원을 제기했고, 이로 인해 PC 통신 토론 공간은 남성과 여성 간의

군가산점제 논란

의무 징병(징병제) 혹은 자원 입영을 통해 군대를 다녀온 남성과 여성에게 취업시 3~5%의 추가 점수를 보장해주는 보상 제도에 대한 법률인 '제대 군인 지원에 관한 법률'에 대해 1999년 위헌 소송이 제기되었다. 1999년 헌법재판소는 군가산점제가 과도하게 가산점을 받지 못하는 이들의 권리를 침해하고 있다는 이유로 위헌 판징을 내렸다. 해당 위헌 소송은 원래 장애인 인권 단체에서 제기되었으나 여성주의 단체들이 결합하면서 사이버 공간에서 남녀 문제로 비화되었다. 현재까지도 속칭 군가산점제 논란은 사이버 공간은 물론이고 현실 정치에서도 중요한 이슈로, 2013년에도 이와 관련한 논란이 국회를 통해 꾸준히 제기되었다.

논쟁 공간이 되었다. 논쟁이 정상적으로 진행되기에는 여성 이용자의 수가 적었고, 참여가 활발하지 못했다. 그러자 여성들은 사이버 공간상에서 성별이 여성으로 확인된다는 이유만으로 플라자와 같은 대규모 공통 토론방은 물론이고 여성 전용 동호회 공간에서조차 관련 논쟁에 휘말려야 했으며 폭언과 성희롱에 시달리게 되었다.

1999년 헌법재판소에 의해 해당 법률이 위헌 판결을 받은 후 상황은 더욱 격렬해졌다. 군가산점제 관련 논란에 따라 '한국남성운동협의회', '여성징병추진위', '남성우월자모임', '한국남성연합회' 등이 개설되었으며, 페미니즘에 대한 각종 안티 사이트들이 생겨나기 시작했다. 특히 2000년을 전후로 초고속 인터넷이 보급되고 다음 카페 등 공동체 서비스가 생기면서 이러한 반여성주의적 정서는 사이버 공간 내에서 주요한 문화 코드가 되었다.

'월장 사태'로 대표되는 온라인 성폭력 사건은 이러한 문제점을 극단적으로 보여준 사례이다. 부산대학교 여성학 소모임 학생들과 졸업생들이 모여 출범시킨 여성주의 웹진이었던 〈월장〉은 2001년 4월 창간했는데, 창간호에 실린 '도마 위의 예비역'이라는 글이 문제가 되어 10일 만에 사이트 접속이 차단되었다. 〈월장〉 홈페이지는 욕설로 도배되었고 웹진 회원들의 신상 정보가 유출되면서 이들에 대한 물리적인 위협과 협박이 이어졌다. 해당 회원들의 전화번호가 PC 통신 및 각종 인터넷 게시판에 공개되었고 온라인 성매매를 위한 공간에도 게시되어 해당 회원들이 성매매를 요구하는 남성들의 전화를 받는 상황까지 발생했다. 같은 해 5월 프리챌 커뮤니티에는 '안티월장'이라는 커뮤니티가 생겼으며, 해당 커뮤니티를 중심으로 언어폭력과 논쟁이 커져만 갔다.

이러한 상황이 문제인 것은 해당 회원들을 넘어서서 단지 여성이

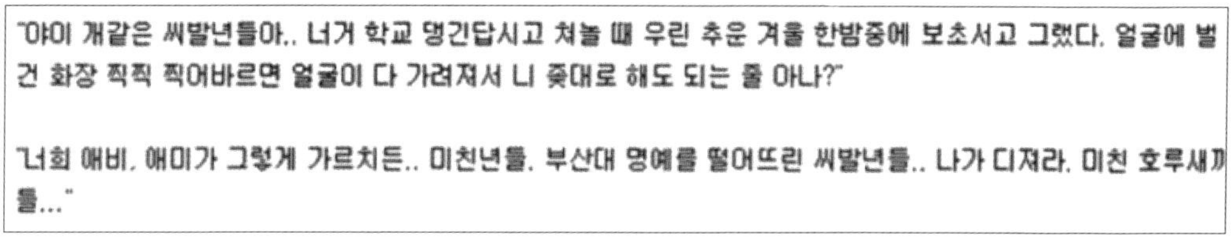
"야이 개같은 씨발년들아.. 너거 학교 댕긴답시고 쳐놀 때 우린 추운 겨울 한밤중에 보초서고 그랬다. 얼굴에 벌건 화장 직직 찍어바르면 얼굴이 다 가려져서 니 좆대로 해도 되는 줄 아나?"

"너희 애비, 애미가 그렇게 가르치든.. 미친년들. 부산대 명예를 떨어뜨린 씨발년들.. 나가 디져라. 미친 호루새끼들..."

그림 1.
월장 사태 당시 월장 게시판에 올라온 글의 일부(출처: 한국여성단체연합)

라는 이유만으로 사이버 공간에서 무차별 공격의 대상이 되기 때문이다. 여성 단체와 여학생회 등 여성주의자 집단들은 '시스터본드'와 같은 단체를 구성하여 여성들이 침묵하지 않도록 사이버 공간상에서 집결하자고 독려하려 했지만, 수많은 일반 여성들은 이에 응답하기보다는 사이버 공간에서 발화자가 되지 않는 방법을 선택했다.

4. 여성주의적 사이버 공간 창출을 위한 노력

한국 사이버 공간에서 성별 분리는 본격화되었다. 여성들은 안전하게 놀이와 정보 획득 등 인터넷 이용 욕구를 채울 수 있는 공간을 찾기 시작했고 이로 인해 인터넷에서는 소위 남초 공간(남성들이 주로 이용하는 인터넷 사이트), 여초 공간(여성들이 주로 이용하는 인터넷 사이트)이라는 분리된 공간 개념이 발생했다.

여성들이 주로 이용하는 여성들만의 사이버 공간 구축은 두 가지 방향으로 진행되었다고 할 수 있다. 먼저 여성주의적 목적을 사이버 공간에서 실행하고자 하는 시도가 있었다. 1997년부터 인터넷상에 다양하게 개설되기 시작한 여성 사이트들은 여성의 정치 참여나 연대를 목적으로 내세웠다. 주로 시민 단체를 중심으로 진행된 연대와 네트워크의 강조는 여성신문, 여성연합 등 기존 주류 시민단체를 중심으로 이루어졌다.

그러나 이러한 여성 사이트들은 실질적으로 앞서 나왔던 월장 사태와 같은 국면에서 제대로 일반인 여성들을 사이버 공간의 비우호적 분위기로부터 보호하거나 사이버 공간에서 발화하는 능력을 강화하는 데 큰 도움이 되지 못했다. 이러한 시점에서 등장한 것들이 여성주의적 공간을 만들려는 영 페미니스트 그룹이었다.

영 페미니스트 그룹은 여성주의를 단체의 지향으로 표방하고 단체 구성원들이 스스로를 여성주의자로 명명하는 일련의 그룹들인데, 1990년대 대학 생활을 한 여학생들로 1998년을 전후한 사이버 공간의 온라인 폭력을 경험한 사람들이었다. 직접적으로 경험한 사이버 공간의 남성 주도적 질서에 저항하기 위해, 이들은 대안적 정보를 구성하는 여성주의적 공간을 구성하고자 했다. 최초로 구성된 페미니스트 웹진은 〈달나라 딸세포〉이며, 웹진 〈언니네〉 역시 폭력적인 사이버테러로 위축되어 있는 여성 네티즌들이 자신이 여성임을 당당하게 드러내면서 소통할 수 있는 공간이 필요했다는 것을 배경으로 들고 있다. 2000년 4월 창간한 〈언니네〉는 이후 NGO 체제로 운

그림 2.
〈언니네〉 창립 목적
(출처: www.unninet.net)

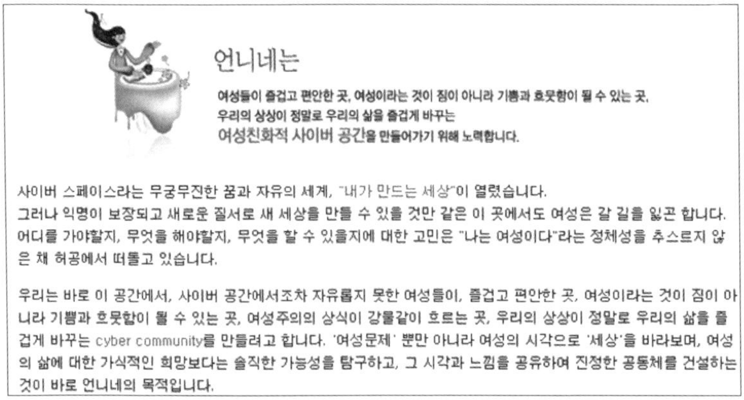
언니네는

여성들이 즐겁고 편안한 곳, 여성이라는 것이 짐이 아니라 기쁨과 호뭇함이 될 수 있는 곳,
우리의 상상이 정말로 우리의 삶을 즐겁게 바꾸는
여성친화적 사이버 공간을 만들어가기 위해 노력합니다.

사이버 스페이스라는 무궁무진한 꿈과 자유의 세계, "내가 만드는 세상"이 열렸습니다.
그러나 익명이 보장되고 새로운 질서로 새 세상을 만들 수 있을 것만 같은 이 곳에서도 여성은 갈 길을 잃곤 합니다.
어디를 가야할지, 무엇을 해야할지, 무엇을 할 수 있을지에 대한 고민은 "나는 여성이다"라는 정체성을 추스르지 않은 채 허공에서 떠돌고 있습니다.

우리는 바로 이 공간에서, 사이버 공간에서조차 자유롭지 못한 여성들이, 즐겁고 편안한 곳, 여성이라는 것이 짐이 아니라 기쁨과 호뭇함이 될 수 있는 곳, 여성주의의 상식이 강물같이 흐르는 곳, 우리의 상상이 정말로 우리의 삶을 즐겁게 바꾸는 cyber community를 만들려고 합니다. '여성문제' 뿐만 아니라 여성의 시각으로 '세상'을 바라보며, 여성의 삶에 대한 가식적인 희망보다는 솔직한 가능성을 탐구하고, 그 시각과 느낌을 공유하여 진정한 공동체를 건설하는 것이 바로 언니네의 목적입니다.

영하는 등 사이버 공간에서 여성주의 미디어의 가능성을 새롭게 창출하기 위해 노력했다. 〈달나라 딸세포〉를 비롯한 초기의 여성주의적 사이버 공간이 이후 지속성을 확보하지 못했던 것에 비해, 〈언니네〉는 회원 중심적인 커뮤니티 운영과 웹진의 결합 시도 등을 통해서 여성주의적 공간을 창출하면서 어느 정도 성공을 거두었다고 평가되고 있다. 1998년 창간된 여성주의 웹진 〈달나라 딸세포〉는 자신들의 웹진 창간이 불가피했음을 다음과 같이 설명하고 있다.

> 달딸에 대해 우리들이 느끼는 회의는 대충 이런 거야. "사이버 공간에서조차, 여전히, 우리는 그 지겨운 여성이어야 하는가. 더 보편적인 주체가 되면 안 될까. 더 넓은 세상으로 전진할 수는 없을까." 〈그러나 사이버 공간은 이미 남성인걸.〉
>
> _웹진 〈달나라 딸세포〉 제5호, Alice in the Cyberspace

여성주의적 사이버 공간의 창출이 가능했던 것은 국내 정보통신 환경이 1999년 전후를 기점으로 PC 통신에서 인터넷으로 바뀌면서 여성들에 대한 사이버 공간 진입 장벽이 훨씬 낮아진 것에 기인한다.

이러한 영 페미니스트 그룹 이외에도 다양한 여성주의자를 포괄한 〈줌마네〉, 〈살류쥬〉 등도 여성주의적인 사이버 공간의 하나로 분류할 수 있다. 다만 이와 같은 여성주의에 기반을 둔 사이버 공간들은 현재 〈일다〉와 〈언니네〉를 제외하고는 활발한 활동을 이어가지 못하고 있다. 여성주의자들을 위한 네트워크가 보편적인 지지를 받지는 못했고, 사실상 최초의 웹진 〈달나라 딸세포〉는 고작 3년 정도 활동했을 뿐이다. 여성주의 사이트 중 현재까지 유지되는 공간은 〈언니네〉가 유일하며, 〈일다〉와 같은 잡지들은 담론 형성에 기여하는 대안 미디어적 속성은 있었으나 커뮤니티 기능은 제공하지 못했다. 그러므로 여성주의에 기반을 둔 사이버 공간들은 사이버 페미니즘이 초기 예견한 대로의 평등한 여성 공간을 만들지는 못한 채 일종의 게토화된, 그러나 여성주의자들에게는 안전한 공간으로 기능했다고 평가할 수 있다.

5. 상업적 여성 사이트들의 탄생과 발전

여성들이 여성만의 분리된 공간을 갖게 된 것은 상업적 목적을 가진 여성 사이트들 내에서 커뮤니티를 구성하게 되면서부터이다. PC 통신에서 인터넷으로의 변화는 접근성의 변화를 의미했다. 그래픽 유저 인터페이스를 기반으로 하는 윈도우 시스템과 익스플로러 및 넷츠케이프와 같은 브라우저는 복잡한 명령어 체계 없이 간단하게 인터넷에 접속할 수 있게 해주었다. 또한 적극적인 인터넷과 컴퓨터 보급을 통한 정보 격차 해소 정책의 결과로 상당수의 여성들이 보다 손쉽게 인터넷에 접속할 수 있게 되었다. 2000년 전후로 급성장한 여성/주부 사이트들은 여성 잡지를 모델로 하는 다양한 콘텐츠들을 제공하는 동시에, 상업적 연계를 통해 수익 창출을 목적으로 기획된 것들이었다. 마이클럽, 룰루, 아이지아, 주부닷컴, 아줌마닷컴 등은 대표적인 상업 사이트들이다.

이들 사이트들의 주요 콘텐츠 구성은 사회적으로 구성된 젠더 역할에 맞는 정보 공유와 상품 판매를 포함하고 있는 경우가 대부분이었다. 여성만을 위한 여성 커뮤니티는 이와 같은 포털 외에 다음이나 네이버 같은 대형 포털 서비스의 하위 서비스인 카페/커뮤니티 형식으로도 발달했다. 패션 정보를 중심으로 한 다음 '베스트드레서' 카페가 개설된 것은 2001년이며, 성형 수술과 미용 정보를 중심으로 하는 다음 '쌍커풀코성형' 카페는 2003년 개설되었다.[3]

이미 PC 통신의 여성 전용 공간 구성과 이러한 여성, 가정, 소비와의 연관성은 페미니즘의 입장에서 비판을 받아왔다. 그러나 이처럼 여성을 대상으로 한 상업 사이트와 대형 포털 서비스 내 카페/커뮤니티는 PC 통신 공간에서 겪었던 비우호적 분위기에 지친 여성들에게 편안하고 안전한 공간을 제공하는 기능을 했다. 여성의 외모 관리를 중심으로 하는 여성 커뮤니티와 다음 카페들은 지금도 활발하게 활동하는 여성의 공간이다. 이들 공간은 취업과 결혼이라는 삶의 조건에서 외모 관리의 실천을 가능하게 해주는 공간이었다. 여성들은 여성주의에 대한 의식 없이 다이어트와 연애, 부유하고 조건이 좋은 남자를 찾아 안전하게 결혼하는 법에 대해서 이야기할 수 있는 공간을 요구했다. 여성들은 자신들의 이야기를 쓰고 그것이 들려지는 공명의 공간으로 여성 사이트들을 활용했다.

한편 이들 사이트들에서는 정치적 참여 활동 역시 활발하게 일어났다. '마이클럽'은 여성 소비자를 위한 대표적인 사이트였고 상품 판매와 연계되는 경우도 많았다. 그러나 2000년대 정치 상황이 기존 정치 구조와는 매우 달랐던 탓에 여성들 역시 온라인 상황에서 계속적으로 정치와 연결되고 있었다. '마이클럽' 내 정치 시사 게시판 운영은 이에 대한 명백한 징표였다. 이곳의 게시판은 토론을 중심으로 운영되었고 타 게시판에 비해 잦은 '정모'(정기 모임의 인터넷 용어)가 이루어졌다. 또 특정 정치인에 대한 팬 활동 역시 여성을 중심으로 이루어져왔다. '대장부엉이'는 정치인 이해찬의 팬 카페로 삼국 카페에서 의견이 맞은 회원들끼리 구성한 정치 카페이다. 팬 카페의

3 이들 카페들은 2000년대 중반 이후 운영진이 상업적 이익을 추구함에 따라 분리되어 '소울 드레서', '쌍화차코코아' 등의 다른 카페로 분화하여 활발하게 활동하고 있다. 여성들이 자발적으로 모인 커뮤니티 공간이 운영진에 의해 상업적으로 변질되고 소비자로 규정되는 것에 저항한 여성들이 따로 새로운 커뮤니티를 구성한 것으로, 이로 인해 기존 카페들은 힘을 잃게 되었다. 현재 다음 내 주요 여성 커뮤니티는 '소울 드레서', '쌍화차코코아', '화장발' 등 3개이며 이를 흔히 삼국 카페라고 부른다.

그림 3.
포털사이트 DAUM에 있는 이해찬 팬 카페 '대장부엉이' 메인 화면

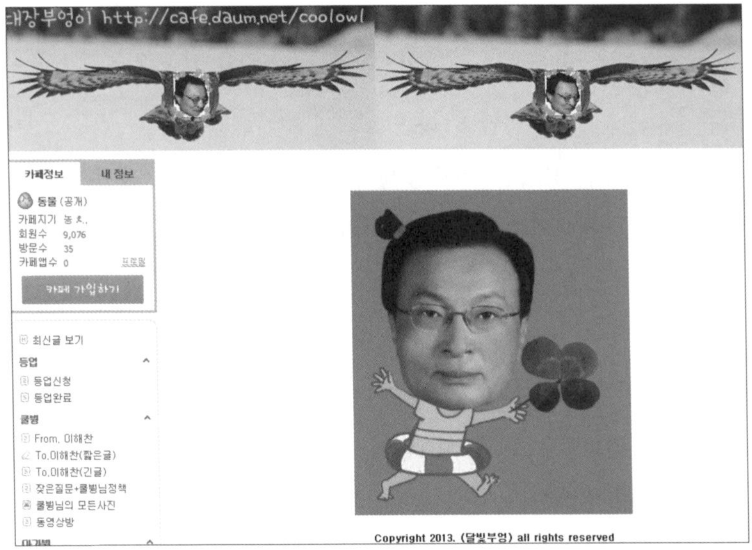

성격과 정치 시사 기능을 동시에 하고 있는 이 카페는 정치인들을 아이돌처럼 대한다는 비판과 동시에 정치에 대한 젊은 여성들의 개입과 관심의 새로운 표현 양식이라는 평가가 공존하고 있다(윤보라, 2011).

이러한 정치 참여와 공론장으로서의 참여가 본격적으로 가시화되어 드러난 계기는 2008년 촛불집회 상황과 관련이 있다. 광우병 소고기 논란 당시 여성 커뮤니티 회원을 중심으로 2008년 5월 17일과 19일 〈한겨레〉와 〈경향신문〉에 의견 광고를 게재했고 다른 다양한 온라인 커뮤니티의 참여와 함께 촛불 집회라는 거대한 흐름을 만드는 데 크게 기여했다. 집회 자체의 정당성에 대한 논의는 차치하더라도, 이와 같은 젊은 여성 세대의 집합적 정치 참여는 온라인 커뮤니티를 통한 집합 행동이라는 점에서 큰 주목을 받았다.

다만 삼국 카페의 경우 카페 회원이 되기 위한 진입 장벽이 매우 높다. 특정한 날에만 회원 가입을 받으며 회원 가입 이후에도 특정

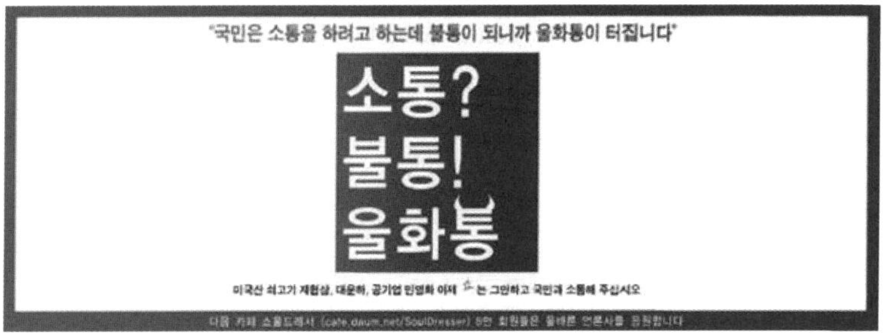

그림 4.
촛불 집회 당시 다음 카페 '소울 드레서'에서 게재한 의견 광고(《한겨레》, 2008. 6. 7)

한 게시판을 읽을 수 있는 자격을 얻기 위해서는 시간이 필요하다. 이는 여성만의 안전한 공간으로 유지하기 위해 회원들의 합의에 따라 이루어진 것이다. 따라서 이와 같은 젊은 여성 중심의 카페들은 폐쇄성이 중요한 특징이다. 그러나 주부 커뮤니티들이라고 할 수 있는 82cook, 레몬 테라스, 마이클럽, 맘스홀릭과 같이 전형적인 여성의 일을 제목으로 내건 여성 커뮤니티들은 대체로 여성 회원들이 자유롭게 경험과 사생활을 공유하고 남성 회원들의 개입 없이 토론할 수 있다.

폐쇄성과 비공개성의 문제에 대한 평가도 관점에 따라 다를 수 있다. 사이버 공간에 만연한 사이버 성희롱과 반여성주의 정서를 고려할 때 여성들이 사이버 공간에서 자유롭게 대화하고 공론을 형성할 수 있는 안전한 공간이 반드시 필요하다는 주장과, 그럼에도 불구하고 정치적 공론장에서 커뮤니티 회원들의 발언이 힘을 가질 수 있으려면 공개성이 필요하다는 주장으로 나뉜다(김수아, 2012).

그럼에도 전통적으로 남성적 공간이었던 사이버 공간을 여성들이 활용하고 있는 방식에 대해 평가 절하할 수는 없다. 특히 상업적 여성 사이트들을 통해 여성들이 전통적으로 여성의 영역인 가사, 육아와 가족 이야기를 나눈다고 해도, 그들의 일상 경험이 지식으로 공유되고 일상의 문제를 해결하는 방식을 공동으로 찾아낼 수 있다는

4 **임파워먼트**
개인, 조직, 사회가 자기 일상에 대한 지배력을 획득하는 과정을 의미하며, 통상 사회적 소수자들이 개인적으로 성장하는 것과 동시에 사회의 부조리나 부당함에 대응하는 집단적 능력을 획득하는 것을 지칭하고 있다.

것의 의미는 상당하다. 평범한 여성들의 임파워먼트empowerment[4] 과정이라 부를 수 있는 이러한 사이버 공간의 활용은 여성주의적 인식이 정치적인 추동력을 가진 사회운동에 대해 발현될 수도 있지만, 그와 동시에 여성들 개개인의 생존 조건에서 자연스럽게 발생할 가능성도 충분하다는 점을 시사할 수 있다.

6. 소셜 네트워크 서비스와 여성 이용자

한편 2010년을 기점으로 한국의 경우 트위터, 페이스북, 미투데이를 비롯한 다양한 소셜 미디어 서비스가 기존의 커뮤니티 서비스를 대체하고 있다. 소셜 미디어 시대에는 여성의 평등한 사이버 공간 참여에 대한 기대가 더욱 높아졌다. 소셜 네트워크 서비스에 대한 긍정적 전망의 기반에는 통계적 경향성이 자리하고 있다. 소셜 네트워크 서비스의 도입 초기에는 PC 통신의 경우에서처럼 이용에 있어 성별 격차가 발생하는 것에 대한 두려움이 있었다. 하지만 소셜 네트워크 서비스 이용 현황에 대한 통계 자료들은 성별 격차가 크게 나타나지 않는다는 것을 보여준다. 국내의 경우, 2015년 남성과 여성의 SNS 이용률의 차이는 2.5%p로 전년도(3.4%p)보다 격차가 줄어 성별 SNS 이용률 격차가 계속 감소하는 경향을 보여준다(김윤화, 2016). 미국의 경우에도 페이스북 서비스에서는 여성의 참여율이 훨씬 더 높게 나타나기도 한다. 이는 소셜 네트워크 서비스들이 기본적으로 인간관계 관리에 기반을 두고 있고, 대화를 수단으로 하는 서비스라 여성들이 더 선호하는 경향을 보인다고 설명하기도 한다.

이처럼 이용에서 성별 격차가 나타나지 않은데다가, 소셜 네트워크 서비스를 활용한 여러 가지 흥미로운 실험들이 사회적 소수자들에게 새로운 디지털 테크놀로지 활용의 의미를 보다 긍정적으로 부여하는 데 크게 기여했다. 여성과 관련된 이슈로 주목할 것은 2011년 7월 있었던 한국판 슬럿워크Slut Walk[5] '잡년 행진'의 실험이다. 통상 여성주의 오프라인 운동은 커뮤니티나 카페 등 이미 형성된 공동체가 중심이 되어 조직했다. 반면 '잡년 행진'의 경우, 한 트위터리안(도둑괭이)이 '20번 리트윗 되면 한국에서도 슬럿워크를 하자'는 트윗을 올렸다가 이 글에 대한 리트윗이 폭발적으로 일어나면서, 슬럿워크를 추진하려는 사람들이 공식 트위터 계정을 개설하게 되는 등 트위터를 중심으로 조직되었다는 특징이 있다. 즉 우연성에 근거해서 사이버 공간에서 발생한 공감들이 사회적 의미를 갖는 오프라인 활동으로 발전한 사례이다. 소셜 네트워크상에서 이미 선구성되어 있는 공동체/조직이 아닌 개인/점들이 갑자기 어느 순간 하나로 모여 행동하고 다시 사라지는 형식의 시위, 즉 플래시 몹 형태로 이루어진 것이다. '잡년 행진'은 비조직적이지만 동시에 효율적인 정치적 의사 표현 방식으로서 소셜 네트워크의 유용성을 증명해냈다.

이처럼 새로운 소셜 네트워크 테크놀로지를 통한 정치 참여 양식은 카페나 커뮤니티와 같은 공동체 서비스를 활용하는 것과 다소 차이가 있다. 소셜 네트워크는 카페나 커뮤니티에 비해서 보다 '정치적 개인'의 직접적 개입을 요구한다. 물론 소셜 네크워크 서비스가 제공하는 직접적 개입 양식은 '리트윗'이나 '인용'을 통한 공감의 표현이나 140자로 제한된 의견 제시에 불과하기 때문에 한계는 있다. 그러나 이와 같은 공감을 통한 연대는 기존의 테크놀로지가 해내지 못하는 영역에서 새로운 정치적 행위와 실천들을 개발해내기도 한다. 집단적으로 주도되지 않은 순수한 개인들이 공감을 통해 하나로 모이

5 **슬럿워크 운동** 2011년 캐나다 토론토에서 시작된 것으로, "성폭력의 피해자가 되지 않으려면 여성은 헤픈 여자Slut 같은 옷차림을 피해야 한다"는 캐나다 경찰의 발언 때문에 촉발되었다. 여성들의 옷차림이 성범죄를 유발한다는 남성 중심의 시각에 저항하기 위한 행진이다.

그림 5.
잡년 행진 포스터(출처: http://slutwalkkorea.blogspot.kr)

고, 이들의 공감이 실천으로 연계될 수 있다는 가능성은 민주주의라는 정치 체제에서 중요한 의의를 갖는다.

하지만 트위터나 페이스북을 통한 정치 양상이 반드시 긍정적인 양상만을 갖는 것은 아니다. 트위터의 익명성으로 인해 불필요한 인신공격과 성희롱에 노출되는 경우도 많고, 무엇보다 취향 공동체적 성격이 강한 소셜 네트워크의 특성상 의견이 다른 사람들 간의 상호 소통이 아닌 특정 의견과 사상을 공유하는 사람들 간의 확성기에 불과할 때가 많아 정치적 소통이 일어난다고 볼 수 없다. 또 소셜 미디어의 종류에 따라 다른 미디어 활용 양상들이 드러난다는 것에 주목할 필요가 있다. 여성들이 페이스북을 많이 활용하는 것은 기존의 여성 커뮤니티를 이용하여 안전한 공간을 추구했던 것과 크게 다르지 않은 효과를 갖고 있다. 친구관계를 맺어야만 서로 이어지는 폐쇄적인 속성 때문이다. 반면 공개성이 높은 트위터의 경우, 대중에게 언제든지 검색되고 논의될 수 있지만 140자라는 자수 제한 때문에 짧은 의견 표명 수준에 머무르게 되며, 논의의 확장은 하이퍼링크 형태로 이루어지게 된다. 트위터의 공개성 때문에 성별을 밝히지 않는 경우가 더 많다는 것 역시 염두에 두어야 한다.

7. 사이버 공간에서 놀기: 게임과 놀이 문화

사이버 공간에서의 다양한 놀이는 커뮤니티와 소셜 네트워크 서비스를 통해서도 이루어지지만, 온라인 게임이 가장 명확한 놀이 문화 중 하나라고 할 수 있다. 다만, 여기서는 젠더 이슈를 다루고 있으므로, 게임 일반의 요소보다는 게임 문화와 이용자의 젠더 문제를 좀 더 깊이 있게 다루고자 한다.

전통적으로 온라인 게임은 주로 남성 이용자가 많았고, 여성에게는 비우호적인 공간으로 분석된다. 실제로 2011년 게임백서에 따르면 여성 이용자의 경우 조사 대상의 44% 정도가 게임을 이용한 경험이 있는 것으로 나타났는데, 주로 모바일 게임을 많이 하며 온라인 게임은 남성보다 참여 비율이 낮았다. 우리나라에서 인기를 얻고 있는 MMORPG[6] 장르의 경우, 공격과 파괴를 중심으로 하는 게임의 특성상 여성들에게 큰 인기가 없었다. 또한 다수의 게이미들이 게임 요금과 속도 등의 문제로 PC방과 같은 환경을 이용해야 하는데, 남성 중심의 PC방 환경 역시 여성이 이용하기에는 진입 장벽이 있었다. 반면, 남성 이용자의 경우 게임을 위해 PC방을 이용하는 비율이 절대적으로 높게 나타나고 있다(2012년 기준 PC방 이용 조사 대상자 중 남성 84%). 현재의 온라인 게임 문화는 이처럼 남성 중심적으로 이루어지고 있다. 스타크래프트 리그나 리그 오브 레전드와 같은 대

6 **MMORPG**
Massively Multiplayer Online Role Playing Game의 약자로, 한 명 이상의 플레이어가 인터넷을 통해 모두 같은 가상공간에서 즐길 수 있는 롤플레잉 게임(RPG)의 일종이다. 한국에서는 '리니지'의 성공을 계기로 수많은 MMORPG 게임이 만들어졌는데, 대부분 전투 게임 형식을 띠고 있다.

표적 온라인 게임 리그의 프로 게이머들도 주로 남성이며 이 게임들의 주 이용자 역시 남성들이 차지하고 있다.

여성들이 게임 문화에 접근하기 어려운 장벽 중 하나는 역시 게임 공간에서의 언어적 성폭력과 관련이 있다. 사이버 명예훼손 및 성폭력 상담집에 실린 주요 사례들은 대부분 온라인 게임에서 경험한 것들로 구성되어 있다. 익명성을 이용하거나, MMORPG 게임의 특성상 레벨이 높은 이용자에게 무조건 잘 보여야 게임에 참여할 수 있는 특성을 악용하는 남성 이용자들의 폭언이 주요 상담 내용이다.

한편 게임하는 여성들 스스로도 게임을 통한 커뮤니티 형성과 대인관계를 즐길 뿐, 게임하기 자체를 놀이로 삼지 않는다는 관찰 결과도 보고되었다. 그러나 MMORPG 장르의 고高 레벨 여성 이용자들은 남성과 동일하게 게임 내 권력 획득과 게임하기 자체를 즐기는 경우도 많은 것으로 나타났다. 따라서 여성성에 대한 편견으로 여성 게임 이용자를 섣불리 진단할 수 없다는 것에도 주의해야 한다(전경란, 2008).

8. 사이버 공간의 남성 문화

앞 절에서는 사이버 공간과 여성 문화의 이슈들을 중점적으로 살펴보았다. 현재 사이버 공간의 정보 격차 문제에서 성별 격차는 거의 사라진 것으로 보고되고 있지만, 성별 분리 현상은 뚜렷하다. 앞서 살펴본 여성 중심 공간과 달리, 스포츠, 게임, 디지털 기기 등을 중심으로 한 전통적인 남성 중심의 취미 공간들에서는 남성 중심성이 분명하게 나타나고 있다. 이러한 남성 중심성이 높은 사이버 공간들의 특징은 무엇일까?

초기의 PC 통신 공간들이 놀이 공간이면서 취미 공동체의 정보원이자 지식 공동체의 역할을 수행해왔다면, 현재 남성 중심의 사이버 공간 역시 온라인 게임을 필두로 한 놀이 공간이자 지식 공동체의 역할을 가장 크게 수행하고 있는 것으로 보인다. 인터넷과 관련해 대표적인 남성 중심 사이버 공간은 주제별로 구성되며, 스포츠, 기술, 취미 등의 전통적 남성 영역과 관련해 발달하고 있다. 엠엘비파크(MLBPARK.COM), 디비디프라임(DVDPRIME.COM), 피지알(PGR21.COM), 아이러브사커 다음 카페 등이 그 대표적인 예이다. 일견 남성과 여성의 일반적 성차에서 비롯된 것으로 보이지만, 정보 추구와 인맥 추구의 경향성 차이에 따른 것으로도 볼 수 있다.

그러나 동시에 이러한 정보 중심의 지식 공유 사이트들은 커뮤니티 역할을 수행하며, 독특한 남성 문화를 구성하기도 한다. 2000년대 후반부터 사이버 공간상에서 두드러지게 된 루저 문화도 그 한 예이다(안상욱, 2011).

루저 문화의 명확한 정의를 내리기는 어렵지만, 대체로 전통적 남성성의 권위가 상실되어가고 있는 현재의 상황과 맞물려 스스로의 상황을 자조적 유머로 표현하는 문화적 특성을 가리키는 것으로 이해할 수 있다. 신자유주의 사회에서 경쟁이 심화되면서 안정적 직장을 갖고 집안 경제를 담당하는 전통적 남성 가장의 권위를 확보하기는 어려워진 것이 사실이다. 반면 여권은 이전보다 신장되어 여성의 사회적 진출이 활발해졌다. 루저 문화는 변화한 남성의 위치를 패러디라는 형태로 대응하는 문화적 양식들이다. 경제적 논리에 따라 급격하게 변모하는 결혼 시장에서 청년실업 세대들은 불안함을 느끼게 되고 이는 "연애 못 해본 남자"라는 패러디 정체성을 만들어내는 것으로 대응된다. "여기서 댓글 달고 있는 우리에게 여자 친구란 있을 리가 없어"라는 식으로 표현되는 댓글 놀이가 한 예이다.

한편으로 이는 쉽게 여성 혐오와도 연관되어 폭력적인 반여성주의 댓글 문화로 연결되기도 한다. 방송통심심의위원회에서 2013년 특별 심의를 진행했던 '일간베스트' 사이트에서 "김치년" 등의 표현으로 한국 여성을 지칭하는 것이 그 극단적 사례라 할 것이다.

물론 루저 문화만이 남성 중심적 사이버 공간의 전적인 특징은 아니다. 일종의 놀이이자 패러디로서 수행되는 루저 문화는 사이버 공간에서 벌어지는 문화의 하이퍼텍스트적 속성, 즉 상호 참조와 링크, 수용자 참여의 용이함, 개작과 전작 가능성 등에 기인한 놀이 문화의 한 양상이자, 21세기에 들어서면서 복잡다단하게 일어나고 있는 사회문화적 변화를 반영한 것으로 보아야 한다.

생각해볼 문제

1. 사이버 공간에서 성별을 감추고 활동하는 것이 가능할지, 가능하다면 그러한 활동이 어떠한 의미가 있을지 토론해보자.

2. 사이버 공간상에서 경험한 성별 분리 문제는 어떤 것이 있었는지 자신의 경험을 통해 예를 들어보자.

3. 사이버 공간에서 젠더 관련 이슈(예: 할당제)에 대해 토론이 가능한지, 가능하다면 어떤 조건하에 가능할지 자신의 생각을 말해보자.

더 읽을거리

윤선희 외(2000). 『여성커뮤니케이션 연구총서 4: 사이버문화와 여성』. 한나래.

조한혜정 외(2007). 『인터넷과 아시아 문화 연구』. 연세대학교출판부.

한국여성연구원 편(2002). 『정보 매체의 지구화와 여성』. 이화여자대학교출판부

더 볼거리

〈후아유〉, 최호 감독, 한국, 2002.

웹진 〈언니네〉 홈페이지(www.unninet.net)

여성주의 저널 〈일다〉 홈페이지(www.ildaro.com)

참고문헌

▶ 1장

김명혜 · 김훈순 · 유선영 편(1994). 『성 · 미디어 · 문화: 여성과 커뮤니케이션』. 나남.

박정순 · 김훈순 편(1997). 『대중매체와 성의 상징질서』. 나남.

배은경(2012). 「여성과 여성성에 대한 실존주의적 성찰」. 한정숙 엮음. 『여성주의 고전을 읽는다: 계몽주의에서 포스트모더니즘까지, 두 세기의 사상적 여정』. 한길사.

백미숙 · 이종숙(2011). 「한국 언론학에서 '여성주의/젠더 연구'의 지식생산」. 『언론과 사회』 19권 4호. 162-231.

성정숙 · 이나영(2010). 「사회복지학에서 '성적 소수자' 연구동향과 인식론적 전망: 페미니스트 섹슈얼리티 이론의 가능성」. 『사회복지연구』 41권 4호. 5-44.

원용진 · 한은경 · 강준만 편(1993). 『대중매체와 페미니즘』. 한나래.

이나영(2009). 「급진주의 페미니즘과 섹슈얼리티: 역사와 정치학의 이론화」. 『경제와 사회』 82호. 10-37.

_____(2006a), 「포르노, 억압과 해방의 이분법을 넘어」. 『섹슈얼리티 강의, 두 번째』. 동녘.

_____(2006b), 「초/국적 페미니즘: 탈식민주의 페미니스트 정치학의 확장」. 『경제와 사회』 70호. 63-88.

한정숙 엮음(2012). 『여성주의 고전을 읽는다: 계몽주의에서 포스트모더니즘까지, 두 세기의 사상적 여정』. 한길사.

Bordo, S.(1993). *Unbearable Weight*, Berkeley. CA: University of California Press.

Brooks, A.(1997). *Postfeminisms: Feminism. Cultural Theory, and Cultural Forms*. New York: Routledge. 김명혜 옮김(2003). 『포스트페미니즘과 문화이론』. 한나래.

Butler, J.(1990). *Gender Trouble*, New York: Routledge. 조현준 옮김(2006). 『젠더 트러블』. 문학동네.

Byerly, C. M. & Ross, K.(2006). *Women & Media: A Critical Introduction*, Malden. MA: Blackwell.

Carter, C. & Steiner, L. eds.(2004). *Critical Readings: Media and Gender*. London: Open University Press.

Dworkin, A.(1981). *Pornography: Men Possessing Women*. London: Penguin Group. 유혜연 옮김(1996). 『포르노그래피: 여자를 소유하는 남자』. 동문선.

Fireston, S.(1997/1970). "The Dialectic of Sex," *The Second Wave: A Reader in Feminist Theory*. Linda Nicholson(ed.). New York: Routledge, pp.11-18.

Foucault, M.(1978). *History of Sexuality*. London: Vintage. 이규현 옮김(2004). 『성의 역사: 앎의 의지』 나남.

Gerhard, J.(2001). *Desiring Revolution: Second-Wave Feminism and the Rewriting of American Sexual Thought 1920 to 1982*. New York: Columbia University Press.

Gill, R.(2007). *Gender and the Media*. London: Sage.

Grosz, Elizabeth(1994). *Volatile Bodies*. IN: Bloomington. Indiana University Press.

hooks, b.(2000). *Feminism is for Everybody*. Cambridge. MA: South End Press. 박정애 옮김(2002). 『행복한 페미니즘』. 큰나.

Gauntlett, D.(2008). *Media, Gender and Identity: An Introduction*. New York: Routledge.

Kearney, M. Celeste, ed.(2012). *The Gender and Medea Reader*. New York: Routledge.

Kim, Seung-kyung and C. McCann, eds.(2003). *Feminist Theory: Local and Global Perspectives*. New York: Routledge.

Lober, J.(1999). *Gender Inequality: Feminist Theories and Politics*. Los Angeles. CA: Roxbury Publishing Company.

Mackinnon, Catharine A.(2000). "Not a Moral Issue." *Feminism and Pornography*. Drucilla Cornell(ed.). New York: Oxford University Press. pp.169-197.

McClintock, A.(1996). "No Longer in a Future Heaven: Nationalism, Gender, and Race." Becoming National. Geoff Eley and Ronald Grigor Suny(eds.). Oxford: Oxford University Press.

Newbold, C.(2001). "Feminist Studies of the Media." *Approaches to Media: A Reader*. Oliver Boyd-Barrett & Chris Newbold(eds.). London: Arnold.

Nicholson, L., ed.(1997). *The Second Wave: A Reader in Feminist Theory*. New York: Routledge.

Steeves, H. Leslie(2001). "Feminist Theories and Media Studies." *Approaches to Media: A Reader*, Oliver Boyd-Barrett & Chris Newbold(eds.). London: Arnold(originally from *Critical Studies in Mass Communication*, Vol. 4, No. 2, 1987).

Strinati, D.(1995). *An Introduction to Theories of Popular Culture*. New York: Routeldge.

Tuchman, G.(2001). "The Symbolic Annihilation of Women by the Mass Media." *Approaches to Media: A Reader*, Oliver Boyd-Barrett & Chris Newbold(eds.). London: Arnold(originally from Tuchman, G., Kaplan Daniels, A. and Benet, J.(eds.)(1978). *Hearth and Home: Images of Women in the Mass Media*. New York: Oxford University Press. pp.3-17).

van Zoonen, L.(1994). *Feminist Media Studies*. London: Sage.

______(2013/1991). "Feminist Perspectives on the Media." *The Gender and Medea Reader*, Mary Celeste Kearney(ed.). New York: Routledge.

Young, R. J. C.(2001). *Postcolonialism: A Historical Introduction*. Malden. MA: Blackwell Publishers Ltd.

▶▶ 2장

권행가(2007). 「명성황후와 국모의 표상」. 『미술사연구』 21호. 203-230.

김경일(2004). 『여성의 근대, 근대의 여성』. 푸른역사.

김수진(2006). 「신여성담론 생산의 식민지적 구조와 '신여성'」. 『경제와 사회』 69호. 255-284.

_____(2009). 『신여성, 근대의 과잉』. 소명출판.

박창수(2007). 『여인별곡』. 인화.

방민희(2010). 「2010년 여성운동의 과제」. 〈사회운동〉 93호. 9-22(http://www.movements.or.kr/bbs/view.php?board=journal&id=2093&page=1&category=103).

연구공간 수유+너머 근대매체연구팀(2005). 『신여성: 매체로 본 근대 여성 풍속사』. 한겨레신문사.

이민원(2005). 「근대의 궁중여성: 명성황후의 권력과 희생」. 『사학연구』 77호. 65-99.

이배용(2005). 『한국 역사 속의 여성들』. 어진이.

이배용 외(1999). 『우리나라 여성들은 어떻게 살았을까 1』. 청년사.

이화형(2009). 『뜻은 하늘에 몸은 땅에: 세상에 맞서 살았던 멋진 여성들』. 새문사.

장영숙(2005). 「서양인의 견문기를 통해 본 명성황후의 정치적 위상과 역할」. 『한국 근대사 연구』 35호. 7-31.

정성희(1998). 『조선의 성풍속』. 가람기획.

정영희(2005). 『한국 사회의 변화와 텔레비전 드라마』. 커뮤니케이션북스.

정진성 · 안진 외(2004). 『한국현대여성사』. 한울아카데미.

조범환(2000). 『우리 역사의 여왕들』. 책세상.

최숙경 · 하현동(2001). 『한국여성사: 고대~조선시대』. 이화여자대학교출판부.

최일성 · 김현정(2006). 『한국 여성사』. 백산자료원.

한국여성연구소 여성사 연구실(1999). 『우리 여성의 역사』. 청년사.

호성희(2007). 「한국여성운동의 과거, 현재, 미래」. 〈사회운동〉 71호(http://www.movements.or.kr/bbs/view.php?board=journal&id=1680&page=2&category1=78).

▶ 3장

강익희(2011). 「방송영상산업 제작스태프의 근로환경 개선방안에 관한 연구」. 한국콘텐츠진흥원.

김도학 · 원동연 · 홍태희(2012).「2012 영화스태프 근로환경 실태조사」. 영화산업협력위원회.

김보형 · 백미숙(2009).「초기 여성아나운서 직업 성격과 직업정체성 연구」.『한국언론학보』53호 1권. 59-83.

김일(1998).「집중분석- 여기자 고용 불안하다: 사례로 본 구조조정 속의 여기자」.『여기자』8호.

김태희 · 나미수(2012).「여성방송인의 시대별 위상변화에 대한 질적 연구－전북지역 여성아나운서를 중심으로」.『미디어, 젠더 & 문화』22호. 37-74.

김현미(2005).「문화산업과 성별화된 노동」.『한국여성학』21(2). 69-103.

김훈순 · 박동숙(1999).「TV 드라마 여성작가연구: 여성주의적 글쓰기의 가능성과 한계」.『언론과 사회』24. 149-186.

문영숙 외(2004).「커뮤니케이션 분야의 여성 전문인력」. 한국언론학회연구보고서.

박진우(2011).「유연성, 창의성, 불안정성-미디어 노동연구의 새로운 문제설정」.『언론과 사회』19(4). 41-86.

서문희(2011).「여기자 육아전쟁, 그 해법은」.『여기자』20호, 36-43.

손기영(2009).「출판산업의 수요에 근거한 맞춤형 여성인적 자원 개발에 관한 연구: 파주출판단지를 중심으로」.『인력개발연구』11(1). 93-108.

양민석(2004).「한국 애니메이션 문화산업의 성별정치학」.『사회과학연구』12(2). 254-285.

유선영 · 김경희 (2003).『미디어 조직과 성차별: 여성언론인 주류화방안』. 한국언론재단.

임영호 · 김정아(2011).「프리랜서 방송진행자의 직업현실 인식과 대응전략」.『언론과 사회』19(2). 49-109.

임영호 외(2012).『커뮤니케이션학을 공부하는 당신을 위하여』. 커뮤니케이션북스.

정진석(1992).「한국의 여기자」.『여기자』3호. 124-149.

최미혜(2011).「나이 마흔다섯의 성장통－ '내 마음이 들리니'의 작가 문희정」.『방송작가』11월호. 3-8.

최이숙(2009a).「산업화시기(1961～87) 성별화된 뉴스생산노동과 여성언론인의 정체성 관리」. 서울대학교 박사학위논문.

_____(2009b). 「산업화시기(1961~87) 성별화된 언론노동시장과 여성언론인의 경력이동」. 『한국언론학보』 53권 1호, 133-160.

한국언론진흥재단(2012). 『한국언론연감』. 한국언론진흥재단.

한국여성개발원(2006). 『문화산업분야 여성인력실태 및 양성방안』. 한국여성개발원.

한국콘텐츠진흥원(2007). 『방송영상산업백서』. 문화체육관광부.

한국콘텐츠진흥원(2012). 『2012 콘텐츠 산업통계』. 문화체육관광부.

한윤형 · 최태섭 · 김정근(2011). 『열정은 어떻게 노동이 되는가?』. 웅진지식하우스.

홍승기(2012). 「작가의 전투력」. 『방송작가』 12월호. 33-35.

홍은희(2003). 「간부 여기자의 현장경험－스펀지, 그리고 한 걸음 앞서 가기」. 『여기자』 13호.

홍은희(2010). 「언론사의 여성리더십에 대한 탐색적 연구: 승진 및 리더십 인식을 중심으로」. 『미디어, 젠더 & 문화』 13호. 115-154.

「사람과 화제, 『국내 홍일점』 CF여감독 신미경 씨」. 〈동아일보〉(1997. 3. 29.).

「야근은 바람직한 출판인의 자세－출판노동자협의회 안명희 대표」. 〈프레시안〉(2010. 11. 18. http://www.pressian.com/article/article.asp?article_num=30101118084331).

「여성출판인 좌담－여성출판인이 말하는 출판현실과 이 시대 책의 경쟁력」. 『출판저널』 2007. 11. 62-67.

「여차하면 잘리는 파리랜서」. 『한겨레21』 367호(2001. 7. 11. http://legacy.www.hani.co.kr/section-021065000/2001/07/021065000200107110367023.html).

「일간스포츠는 여기자들에 대한 부당해고통보를 당장 취소하라!」. 한국여기자협회 성명서(2005. 6. 20. www.womenjournalist.or.kr).

「투포환 선수 출신 한국 최초의 여성감독 박남옥」(http://interviewfunny.tistory.com/m/52).

한국여기자협회 홈페이지(www.womenjournalist.or.kr)

Gill, R.(2002). Cool, creative and egalitarian? Exploring gender in project-based new media work in Europe." "*Information, Communication & Society*, 5(1), 70-89.

Hesmondhalgh, D.(ed)(2006). Media Production. London: Open University Press. 김영한 옮김(2010).

『미디어 생산』. 커뮤니케이션북스.
Reskin, B.(1993). “Sex segregation in the workplace.” *Annual Review of Sociology Annual 19*, 241-269.
van Zoonen, L.(1994). *Feminist media studies*. London: Sage Publication.

▶▶ 4장

김명혜(2005). 「이동전화를 통한 어머니 노릇의 재생산」. 『한국언론학보』 49권 4호. 140-165.
_____(2006). 「드라마 〈내 이름은 김삼순〉에 대한 여성 수용자의 해독과 일상적 실천에 관한 연구」. 『언론과학연구』 6권 2호. 76-112.
나미수(2001). 「홈컴퓨터의 소비를 통해 본 젠더와 테크놀로지에 관한 연구」. 『한국언론학보』 46권 1호. 72-115.
_____(2002). 「일상생활에서 인터넷의 문화적 의미: 전업주부의 인터넷 이용을 중심으로」. 『한국방송학보』 16권 3호. 260-293.
박동숙(1994). 「문화론적 수용자론」. 『언론과 수용자』(97-130). 한국언론연구원.
이동후 · 손승혜(2006). 「휴대전화 이용의 성별차이에 관한 연구」. 『한국방송학보』 20권 1호. 249-284.
정영희(2007). 「〈내 이름은 김삼순〉에 대한 수용자의 현실적 공감과 즐거움에 대한 연구」. 『한국언론학보』 51권 4호. 32-57.
정영희 · 김미라(2012). 「한국 텔레비전 드라마의 소구요인 분석: 재한 동아시아 유학생을 중심으로」. 『미디어, 젠더 & 문화』 22호. 226-256.
Allen, R. C.(1985), *Speaking of Soap Operas*. Chapel Hill: The University of North Carolina Press.
Ang, I.(1985). *Watching Dallas: Soap Opera and the Melodramatic Imagination*. London: Methuen.
Bourdieu, P.(1984). *Distinction: A Social Critique of the Judgment of Taste*. London and New York: Routledge.
Cockburn, C.(1985). *Machinery of Dominances: Women, Man and Technical know-how*. London: Pluto Press.

Fiske, J.(1986). "Television: polysemy and Popularity."*Critical Studies in Mass Communication*. 3(4), pp.391-408.

Goodman, I.(1983). "Television's role in family interaction: a family systems perspective." *Journal of Family issues*, June.

Gray, A.(1992). *Video Playtime: The Gendering of a Leisure Technology*. London and New York: Routledge.

Haddon, L.(1990). "Researching gender and home computers."paper given at the workshop on Technology and Everyday Life: Trajectories and Transformations, University of Trondheim. Trondheim, Norway, May.

Hall, S.(1980). "Encoding/decoding."in S. Hall, D. Hobson, A. Lowe and P. Willis(eds.). *Culture, Media and Language*, London: Hutchinson.

Hobson, D.(1982). *Crossroads: The Drama of a Soap Opera*. London: Methuen.

Modleski, T.(1982). *Loving with a Vengeance: Mass-produced Fantasies for Women*. New York: Methuen.

Moores, S.(1988). "The box on the dresser: memories of early radio and everyday life."*Media, Culture and Society*, 10(1). pp.23-40.

Morley, D.(1980). *The 'Nationwide' Audience: Structure and Decoding*. London: British Film Institute.

_____(1986). *Family Television: Cultural Power and Domestic Leisure*. London: Comedia.

_____(1992). *Television, Audiences and Cultural Studies*. London and New york: Routledge.

Phal, J.(1995). Household Spending, Personal Soending and the Control of Money in Marriage, in S. Jackson and S. Moores, eds.. *The Politics of Domestic Consumption*. Prentice Hall/Harvester Wheatsheaf.

Radway, J.(1987). *Reading the Romance: Women, Patriarchy and Popular Literature*. London: verso.

Seiter, E., Borchers, E., Kreutzner, G. & Warth, E.(1989). "Don't treat us like we're so stupid and naive: towards an ethnography of soap opera viewers."in seiter, Borchers, E. H., Kreutzner, G. &

Warth, E. (eds.). *Remote Control: Te;evision, Audiences and Cultural Power*. London: Routledge. pp.223-247.

Silverstone, R.(1991). "Beneath the bottom line: households and information and communication technologies in an age of the consumer." *Policy Research Papers*, 17. London: PICT.

Turkle, S.(1984). *The Second Self: Computers and the Human Spirit*. Granada.

_____(1988). "Computational Reticence: Why Women Fear the Intimate Machine." in C. Kramarae(ed.). *Technology and Women's Voice*. London: Routledge & Kegan Paul. pp.41-61.

Wajcman, J.(1991). *Feminism Confronts Technology*. Cambridge: Polity Press.

5장

김창남(2010). 『대중문화의 이해』. 한울.

김훈순(1997). 「텔레비전 뉴스 속의 성의 역학」. 『한국방송학보』 9호. 147-178.

_____(2004). 「한국 언론의 젠더 프레임: 범죄 뉴스와 여성」. 『한국언론정보학보』 27호. 63-91.

김희진 · 이수민(2012). 「언론에 재현된 여성 경제리더의 모습」. 『미디어, 젠더 & 문화』 23호. 79-110.

양정혜 · 이현주(2007). 「텔레비전 뉴스와 젠더 질서」. 『한국방송학보』 19권 2호. 378-416.

이규원(2003). 「한국 여성 앵커의 위상과 전문성에 관한 연구」. 이화여자대학교 석사학위논문.

임영숙 · 엄정윤(2005). 「언론사 간부직 여기사의 성 인지의식과 보도태도 분석」. 『미디어, 젠더 & 문화』 3호. 144-181.

임영호(2005). 『신문원론』. 한나래.

주창윤(2011). 「젠더 호명과 경계 짓기」. 『한국 사회의 소통 위기』(433-461). 커뮤니케이션북스.

한국언론진흥재단(2012). 『방송산업실태조사』. 한국언론진흥재단.

허명숙(2007). 「전문직 여성에 대한 언론보도 프레임 연구」. 『미디어, 젠더 & 문화』 7호. 5-45.

홍은희(2009). 『언론사의 조직문화와 여기자의 리더십 연구』. 한국여기자협회.

Edgar, A., & Sedgwick, P.(1999). *Key Concepts in Cultural Theory*. London: Routledge. 박명진 외 옮김(2003). 『문화이론사전』. 한나래.

Tuchman, G.(1978). *Making News: A Study in the Construction of Reality*. New York: Free Press.

van Zoonen, L.(1991). A Tyranny if Intimacy?: Women, Femininity and Television News. In Dahlgren, P., & Sparks, C. (eds.) *Communication and Citizenship: Journalism and the Public Sphere*(pp.217-235). London: Routledge.

_____(1988). "Rethinking Woman and News." *European Journal of Communication*, 3(1), 35-53.

▶ 6장

강익희 · 하윤금(2001). 『텔레비전에 나타난 직업의 성정형화에 대한 연구』. 한국방송진흥원.

고찬희(1984). 「텔레비전 드라마의 성차별에 따른 고정관념에 대한 연구」. 서강대학교 석사학위논문(미간행).

김명혜(2000). 「텔레비전 드라마 속의 로맨스」. 『여/성이론』(224-227). 여성문화이론연구소.

김명혜 · 김훈순(1996). 「여성이미지의 정치적 함의: 텔레비전 드라마를 중심으로」. 『한국언론학보』 38호. 203-248.

김민정(2001). 「아줌마? 아줌마!」. 『여/성이론』(158-173). 여성문화이론연구소.

김선남 · 장해순 · 정현욱(2004). 「수용자의 드라마 여성이미지에 대한 수용행태연구」. 『한국방송학보』 18호. 76-115.

김양희 · 민인철(1996). 『대중매체의 여성차별지표개발: 텔레비전을 중심으로』. 한국여성개발원.

김훈순 · 김미선(2008). 「여성담론 생산의 장으로서 텔레비전 드라마: 30대 미혼여성의 일과 사랑을 중심으로」. 『한국언론학보』 52권 1호. 244-270.

김훈순 · 김명혜(1996), 「텔레비전 드라마의 가부장적 서사전략」. 『언론과 사회』 12호. 6-50.

김훈순 · 박동숙(1999), 「TV 드라마 여성작가연구－여성주의적 글쓰기의 가능성과 한계」. 『언론과 사회』 24호. 149-189.

남명자(1984). 「텔레비전 드라마에 비친 한국여성상에 관한 분석」. 『방송연구』 9호. 125-137.

송유재(1990). 「여성과 매스미디어」. 『방송연구』 겨울호. 217-238.

양문희 · 강형철(2005). 「텔레비전 드라마의 직장 내 여성 관리자 및 경영자 묘사에 관한 연구」. 『한국언론학보』 49권 5호. 95-123.

오혜란(1991). 「TV 드라마에 나타난 여성의 역할에 관한 연구」. 서강대학교 석사학위논문(미간행).

이경자(1986). 「TV 여성프로그램에 관한 연구」. 『여성연구』 봄호. 123-153.

이은진(1991). 「드라마를 통한 의미생산에 대한 연구」. 서울대학교 석사학위논문(미간행).

정영희(2007). 「여성주의적 요구와 가부장적 질서의 동거: 〈내 이름은 김삼순〉을 중심으로」. 『미디어, 젠더 & 문화』 8호. 43-72.

한동신(1984). 「텔레비전 연속극에 나타난 여성의 이미지에 대한 연구」. 서강대학교 석사학위논문(미간행).

황혜선(2002). 「주말 TV 드라마의 이야기 구조와 가부장적 이데올로기」. 『여/성이론』(226-244). 여성문화이론연구소.

Allen, R.(1992). *Channels of Discourse, Reassembled: Television and Contemporary Criticism*. NC: The University of North Carolina Press. 김훈순 옮김(1992). 『텔레비전과 현대비평』. 나남.

Glenhill, C., & Ball, V.(2013). "Genre and Gender: the Case of Soap Opera." In Hall, S., Evans, J., & Nixon S.(2nd eds.), *Representation*. London: Sage Publications. pp.335-361.

Rakow, L.(1986). "Rethinking Gender in Communication." *Journal of Communication*. Autumn, pp.11-26.

Rosenberg, R.(1982). *Beyond Separate Spheres: Intellectual Roots of Modern Feminism*. New Haven, Conn: Yale University Press.

Tong, R.(1993). *Feminist Thought: A Comprehensive Introduction*. Boulder & San Francisco: Westview Press.

7장

김명혜(2001). 「성 스펙타클에서 성 담론으로: 〈아름다운 성〉의 담론 분석」. 『언론과 사회』 9권 2호. 6-41.

김미라(2008). 「리얼리티 데이트 프로그램 시청이 데이트와 이성관계에 대한 시청자 인식에 미치는 영향에 관한 연구」. 『한국언론학보』. 52권 2호. 353-450.

김보년(2010). 「당신의 아이돌은 안녕하십니까—리얼리티 프로그램 속 아이돌의 감정노동」. 『문화/과학』 64호. 265-277.

김수정(2010). 「글로벌 리얼리티 게임쇼에 나타난 '자기통치'의 문화정치: 〈프로젝트 런웨이〉와 〈도전! 슈퍼모델〉 프로그램을 중심으로」. 『한국방송학보』 24(6). 7-44.

김수정 · 김수아(2013). 「아이돌 리얼리티 쇼를 통한 아이돌 그룹의 정체성 표상방식」. 『한국방송학보』 27(2). 276-114.

김수아(2010). 「소녀 이미지의 볼거리화와 소비 방식의 구성」. 『미디어, 젠더 & 문화』 15호. 79-119.

김호영 · 윤태진(2012). 「한국 대중문화의 아이돌 시스템 작동방식: 아이돌문화 생산 소비의 이중적 구조에 대한 탐색적 연구」. 『방송과 커뮤니케이션』 제13권 4호. 45-81.

윤조원(2008). 「문화비평: '원더걸스'와 롤리타 신드롬」. 『안과밖: 영미문학연구』 제24호. 203-218

윤조원(2010). 「문화비평: "꽃미남"과 "식스팩": 대중문화 속 오늘의 남성성」. 『안과밖: 영미문학연구』 28권. 278-302.

이수안(2011). 「대중문화에서 기호가치로서 몸 이미지의 소비양식」. 『문화와 사회』 11권. 193-234.

이동연 엮음(2011). 『아이돌』. 이매진.

이종수(2008). 「오디션 리얼리티쇼와 현대 여성의 '통과의례': 도전 슈퍼모델 서사분석을 중심으로」. 『미디어, 젠더 & 문화』 9호. 51-86.

임인숙(2005). 「남성이 외모관리 허용 수위와 외모발안 지대」. 『한국사회학』 39권 6호. 87-118.

조심선희(2006). 「페미니즘 사전: 섹슈얼리티」. 『여/성이론』 14호. 227-240.

홍지아(2009). 「리얼리티 프로그램의 서사전략과 낭만적 사랑의 담론: 〈우리 결혼했어요〉를 중심으로」. 『한국방송학보』 23권 2호. 567-608.

홍석경(2012). 「프랑스의 한국 아이돌 문화 여성 팬덤과 성 담론에 대한 연구」. 『한국언론학보』 제56권 1호. 185-208.

Banet-Weiser, S. & Portwood-Stacer, L.(2006). "'I just want to be me again!': Beauty pageants, reality television and post-feminism." *Feminist Theory*, 7(2). 255-272.

Beauvoir, S. de.(1949). *Le Deuxième Sexe*. Paris: Gallimard. 윤영내 옮김(1988). 『제2의 성』. 자유문화사.

Frith, H., Raisborough, J., & Klein, O.(2010). "C'mon girlfriend Sisterhood, sexuality and the space of the benign in makeover TV." *International Journal of Cultural Studies*, 13(5). 471-489.

Foucault, M.(1984). *Histoire de la sexualite*. Paris: Gallimard. 이혜숙 옮김(2004). 『성의 역사』. 나남.

_____(1975), Surveiller et punir: Naissance de la prison, Paris: Gallimard. 오생근 옮김(2003). 『감시와 처벌: 감옥의 역사』. 나남.

Harry, J. C.(2008). Cheaters: "Real" reality television as melodramatic parody." *Journal of Communication Inquiry*, 32(3), 230-248.

Squire, C.(1994). "Empowering women? The Oprah Winfrey Show." *Feminism & Psychology*, 4(1). 63-79.

Zurbriggen, E. L., & Morgan, E. M.(2006). "Who wants to marry a millionaire? Reality dating television programs, attitudes toward sex, and sexual behaviors." *Sex Roles*, 54(1). 1-17.

▶▶ 8장

권수현(2005). 「팜므 파탈의 도상연구」. 『영화연구』 27호. 7-34.

김주영(2003). 「걸 파워 의상에 표현된 3세대 페미니즘 여성성」. 숙명여자대학교 박사학위논문.

서울국제여성영화제 · 한국여성정책연구원(2013). 『여성영화제의 새로운 지도 그리기: 산업 정책, 네트워크』. 서울국제여성영화제 국제학술대회.

서인숙(1999). 「공포영화 속의 여성 섹슈얼리티－바바라 크리드의 여성 괴물을 중심으로」. 『영화교육연구』 창간호.

_____(2003). 『씨네 페미니즘의 이론과 비평』. 책과길.

신광현(2002). 「시선과 영화－로라 멀비의 '시각적 쾌락과 서사 영화'를 중심으로」. 『비평』 8(여름호).

신경아(1998). 「한국여성의 모성 갈등과 재구성에 관한 연구－30대 주부를 중심으로」. 서강대학교 박사학위논문.

오현경(2012). 「여성감독 영화에 재현된 여성 정체성 연구: 2000년대 페미니즘 영화를 중심으로」. 동국대학교 석사학위논문.

이희원(2000). 「여성, 관객성, 쾌락－시네 페미니즘」. 한국영미문학페미니즘학회. 『페미니즘, 어제와 오늘』. 민음사.

장일 · 김예란(2006). 『시네마 인 & 아웃』. 지식의날개.

정사강 · 김훈순(2010). 「한국영화의 여성재현」. 『미디어, 젠더 & 문화』 13호. 6-34.

주유신(2003). 「한국영화의 성적 재현에 대한 연구」. 중앙대학교 박사학위논문.

Butler, A.(2002). *Women's Cinema: The Contested Screen*. 김선아 · 조혜영 옮김(2011). 『여성영화: 경계를 가로지르는 스크린』. 커뮤니케이션북스.

Creed, B.(1993). *The Monstrous Feminine*. Alterity Press. 손희정 옮김(1998). 『여성괴물, 억압과 위반 사이』. 도서출판여이연.

Turner, G.(1993). *Film as Social Practice*. Routledge. 임재철 옮김(1994). 『대중영화의 이해』. 한나래.

Wood, J.(2005). *Gendered Lives: Communication, Gender, and Culture*. Wadsworth Publishing. 한희정 옮김(2006). 『젠더에 갇힌 삶』. 커뮤니케이션북스.

▶▶ 9장

김광옥 · 하주용(2007). 「지상파 텔레비전 광고에 나타난 여성의 이미지」. 『한국언론학보』 51권 2호. 453-478.

김대환 · 이희복(2006). 「근대한일 잡지에 나타난 여성의 이미지: 신가정과 주부의 벗 화장품 광고를 중심으로」. 『일본학연구』 18. 453-476.

김상훈 · 안대천(2006). 「인터넷 광고에 반영된 여성의 사회적 역할에 관한 내용연구」. 『광고학연구』 17(3). 163-195.

김수진(2005). 「1920-30년대 일제하 조선의 신여성담론과 상징의 구성」. 서울대학교 박사학위논문.

김희동(1983). 「잡지광고의 여성묘사에 관한 연구」. 중앙대학교 석사학위논문.

김희정(2000). 「잡지광고에 나타난 여성의 성역할 이미지 분석」. 중앙대학교 박사학위논문.

마정미 · 강태완(2005).「근대광고 논증을 통해 본 근대적 여성의 주체구성」. 한국광고홍보학회 춘계 학술대회 발표문.

손돈(2011).「TV 광고에 나타난 스포츠 스타의 여성성표현과 이데올로기 연구: 김연아와 장미란 광고에 대한 비교분석을 중심으로」. 성균관대학교 석사학위논문.

송유재(1987).「광고에 반영된 한국여성상 연구」.『한국문화연구원논총』52. 181-227.

송진희(1991).「잡지광고에 나타난 여성상 비교연구」.『광고연구』22(1). 119-145.

여성부(2003).「TV 광고의 성차별 현황에 대한 모니터 결과 보고서」.

이경자 외(2006).『현대사회와 광고』. 한경사.

이영희(2002).『광고는 여성 소비자를 이해하는 과정이다』. 예경.

이희복 · 김대환(2008).『광고로 읽는 여성－1930년대 잡지광고에 비친 여성의 모습』. 한경사.

한은경(1993).「여성잡지와 광고: 여성잡지의 광고실태와 그 이데올로기」.『저널리즘 비평』제9권. 53-57.

Fox, Stephen R.(1984). *Mirror Makers: A History of American Advertising and Its Creators*. New York: William Morrow & Co. 차유철 옮김(2005).『광고크리에이티브사』. 한경사.

▶▶ 10장

권김현영(2000).「군가산점 소동과 사이버 테러」.『여성과 사회』11호 1권. 133-45.

김수아(2006).「사이버 공간에서의 '힘 돋우기 실천(empowerment)' 가능성에 대한 연구: 온라인 여성 커뮤니티를 중심으로」. 서울대학교 박사학위논문.

_____(2011).「한국 사회 사이버 공간과 젠더 정치」. 강상현 외.『한국 사회의 디지털 미디어와 문화』(134-170). 컴북스.

_____(2012).「디지털 테크놀로지의 발전과 새로운 여성 정치 주체의 가능성」.『페미니즘 연구』제12권 1호. 193-217.

김유정 · 조수선(2001).「사이버커뮤니티로서의 인터넷 사이트 연구－여성 사이트에 대한 탐색적 접근」.『한국언론학보』45권 3호. 5-38.

김윤화(2016). 「SNS(소셜네트워크서비스) 이용추이 및 이용행태 분석」. 정보통신정책연구원 STAT 리포트.

박성호(2003). 「사이버 공간의 매체적 특성과 사회적 영향에 대한 연구」. 『한국방송학보』 17권 1호. 75-113.

박은희 · 김수정 · 김예란(2006). 『사이버공론장의 성평등화 측정과 평가』(2006-26). 여성가족부.

안상욱(2011). 「한국 사회에서 '루저문화'의 등장과 남성성의 재구성」. 서울대학교 석사학위논문.

윤보라(2011). 「온라인 외모관리 커뮤니티와 20-30대 여성의 정치주체화」. 서울대학교 석사학위논문.

이선영(1999). 「사이버스페이스에서의 여성 배제 구조와 저항에 관한 연구」. 이화여자대학교 석사학위논문.

전경란(2008). 「여성 게이머의 게임하기와 그 문화적 의미에 대한 연구」. 『사이버커뮤니케이션 학보』 제22호. 83-117.

한국정보문화센터(1998). 『PC 통신 이용실태 및 이용자 만족에 관한 조사』(98-01). 한국정보문화센터.

사이버인터넷역사박물관 홈페이지(www.i-museum.or.kr)

한국정보화진흥원 홈페이지(www.nia.or.kr)

Harcourt, W.(1999). Womens's Empowerment through the Internet. *Asian Women*, 10, 19-31.

Herring, S. C.(1996). Gender and Democracy in Computer-Mediated Communication. in Kling, Rob(ed). *Computerization and Controversy; value conflicts and social choices*. pp.476-489. San Diego: Academic Press.

O'Brien, J.(1998). Writing in the body: gender (re)production in online interaction. in Mark Smith & Peter Kollock(eds.), *Communities in Cyberspace*. pp.76-106. London: Routledge. 조동기 옮김(2001). 「몸으로 글쓰기」. 『사이버공간과 공동체』(171-222). 나남.

다시 보는
미디어와 젠더

펴낸날 1판 1쇄 2013년 11월 1일
2쇄 2017년 3월 6일
지은이 이나영 · 김명혜 · 최이숙 · 나미수 · 김세은 · 김훈순 · 이경숙 · 한희정 · 정영희 · 김수아

펴낸이 권은미
펴낸곳 이화여자대학교출판문화원
주소 서울특별시 서대문구 이화여대길 52(우 03760)
등록 1954년 7월 6일 제9-61호
전화 02) 3277-2965(편집), 362-6076(마케팅)
팩스 02) 312-4312
전자우편 press@ewha.ac.kr
홈페이지 www.ewhapress.com
책임편집 이정원
디자인 정혜진
찍은곳 (주)현문자현

ISBN 978-89-7300-991-6 93300

값 20,000원

이 도서의 국립중앙도서관 출판시도서목록(CIP)은 서지정보유통지원시스템 홈페이지(http://seoji.nl.go.kr)와
국가자료공동목록시스템(http://www.nl.go.kr/kolisnet)에서 이용하실 수 있습니다. (CIP제어번호: CIP2013021255)